반평의 천국

KB190165

특별히_____님께

이 소중한 책을 드립니다.

반평의 천국

〈반평짜리 간이 침대에서 만난 천국〉

성화영 지음

나침반

다시금, 결단하게 하셨다

2017년 새해, 사랑하는 남편이 하늘나라로 가셨다. 그리고 나는 생애 처음으로 캄캄한 절벽을 만났다. 가난한 집안의 막둥이로 태어나 어렵고 험난한 시절을 살았지만 한 번도 좌절하거나 낙담하지 않았는데 남편이 가시고 난 후 나는 처음으로 실의에 빠졌다. 나를 위해 모든 것을 준 사람, 32년 간 내게 매일 새롭고 행복한 나날을 선물한 남편을 잃고 나자 삶의 지축이 흔들리는 것 같았다. 남편을 잃고서야 나는 내 몸이 눈물로 이루어졌다는 것을 알았다. 내 몸을 휘돌아 흐르는 눈물이 날마다 남편을 부르고 그리워하며 나를 슬픔 속에 가두었다. 마음의 빛이 꺼져버려 나를 안고 내 볼을 어루만지며 위로하시는 주님도 보이지 않았다.

슬픔에 빠진 우리 가정에 하나님은 귀한 선물을 예비하셨다. 남편을 천국으로 부르시고 손자를 우리 품에 안겨주신 것이다. 만삭이었던 혜신이가 아버지 장례를 무사히 마치고 새벽녘에 몸을 풀었다. 생명의 교차가 느껴지는 순간, 남편의 모습이 얼핏 보이는 손자를 보며 큰 기쁨과 위로를 받았다. 하지만 마음 깊은 곳의 공허는 사라지지 않았다. 그것은 다른 무엇으로도 채울 수 없었다. 남편의 빈자리로 인한 것이 아니라 주님의 사랑을 놓쳐버려 생긴 마음의 구멍이기 때문이다.

그것을 깨닫는 순간 회개하며 나는 다시금 주님께 무릎을 꿇었다. 남편을 잃고 나자 상실감에 마음이 어둡고 무거웠지만 지금까지 내가 알고 경험한 하나님을 기억하며 온전히 주님을 믿어드리기로 했다. 신실하시며 실수가 없으신 사랑의 하나님, 어떤 경우에도 나를 아프거나 해롭게 하지 않으셨고, 내게 더 좋은 것을 주지 못해 안타까워하셨던 하나님께서 내게서 남편을 먼저 데려가신 데는 분명히 이유가 있을 거였다. 나는 그 이유를 더듬어 찾으며 하나님의 사랑으로 다시 채워지길 기도했다.

생각해 보면 주님은 남편을 가장 귀한 모습으로 데리고 가셨다. 남편의 믿음이 온전히 바로 설 때까지 기다려주시고, 거룩한 주의 신부로 단장시켜 준비시키신 후에 천국으로 손잡고 데려가셨다. 그것은 나의 고백에 대한 주님의 응답이셨다. 스리랑카에서 성경맥 세미나를 할 때 나는 요한계시록의 결론을 순교로 매듭지었다. 목숨으로 믿음을 증명한 초대교회 성도들은 거룩한 순교로 신앙을 지켰다. 그런 초대교회 성도들의 신앙 없이는 스리랑카에서 믿음을 지키며 살 수 없기에 나는 늘 순교를 각오한 믿음을 갖자고 선포했었다. 그리고 나부터 그런 믿음을 사모하며 그 땅을 위해 목숨을 내놓겠다고 결단했다. 나를 통해 스리랑카 교인들 역시 복음을 위해 목숨을 내놓는 믿음 갖기를 간절히 바라고 기도했다. 그러나 주님은 그 말씀을 선포한 나 대신 남편을 선교의 제물로 받으신 것이다. 그렇게 스리랑카에서 내가 선포했던 말씀은 남편으로 인해 이루어졌다.

이제 주님의 시선은 나를 향하셨다. 가장 사랑하는 분이었던 남편을 주님께 보낸 나의 모습을 묵묵히 지켜보고 계셨다. 주님의 시선을 느끼자 지금 내 모습을 보시면서 주님이 무슨 생각을 하실지 생각하니 마음이 아파왔다. 주님의 제자로 살겠다고 결단하고, 나를 순교의 제물로 드리겠다고 선포했던 내가 남편을 잃은 상실감으로 눈물을 식물 삼아 그를 그리워하고 있는 게 옳은 것일까. 주님은 사랑하는 남편도 자녀도 나의 목숨까지도 주님보다 더 앞세우길 바라지 않으시는데 그것들을 주님보다 앞세워 마음의 우상으로 삼기를 원치 않으시는데, 내가 이렇게 슬픔에 빠져 있는 게 맞는 것일까?

이 질문이 나를 찌름과 동시에 눈앞에 반 평의 천국이 펼쳐졌다. 남편을 간병하며 쪽잠을 잤던 반 평짜리 간이침대에서 만난 천국, 죽어가는 남편을 곁에 두고도 죽음의 찬가를 부르게 했던 그 빛이 어둠에 갇혔던 나를 다시 살려냈다. 그 천국의 빛은 죽음의 문턱에서도 천국의 환희를 누리게 했고, 절망과 좌절의 구렁텅이에 빠진 이들과 내가 함께 있는 것만으로도 그들에게 천국을 흘려보내게 해 주었다. 그 빛으로 말미암아 나는 하나님의 존귀하심을 깨닫고, 내가 주님의 향기요. 편지임을 알게 하셨다.

그 빛이 다시 가슴에 흘러들어와 주님을 바라보게 했다.

죽음을 향해 한 걸음씩 다가가는 남편을 간병하면서 나는, 무릎 꿇고 기도할 수 있는 반 평만 있다면 어디서든 천국을 누릴 수 있다는 것을 배웠다. 그 역설의 은혜, 그 모순된 축복을 이제 다른 이들과 나누고 싶다는 마음에서 이 책을 썼다.

이 책이 고통 중에 씨름하고 있는 이들에게 보내는 하나님의 초청장이 되기를 소망한다. 사방이 막히고 조여드는 고통 속에서 오직 주님만 바라볼 수밖에 없는 그 반 평에서 주님은 내게 천국의 문을 열어주셨다. 소망을 바랄 수 없는 고통 중에서 내 안에 계신 주님으로 말미암아 내가 천국의 통로임을 깨닫게 하신 주님의 그 사랑이 나를 다시 살렸다. 그리고 기도하는 자리, 전도하는 자리 그리고 말씀을 전하는 자리가 있다면 그곳이 어디든 그 자리를 천국으로 삼아 하나님 나라를 세워나가는 주님의 동역자로 살겠다고 다시금 결단하는 은혜를 주시며 나를 일으켜 세워 주셨다.

내 평생에 신실하셨던 주님은 고통 중에 나를 만나주셨고, 내가 빈자리로 느꼈던 그 자리가 바로 반 평의 천국을 이뤄나갈 순종의 자리, 온전한 사랑을 주님께 드리고 또한 풍성히 받을 수 있는 축복의 자리임을 깨닫게 하시며 나를 새롭게 만나주셨다. 이 책이 침상에서 고통당하는 이들에게 위로가 되고 질병으로 죽어가는 이들에게 천국으로 갈 준비서가 되길 바란다. 그들 모두 내가 만난 하나님, 세상 것과 비교할 수 없는 기쁨과 희락을 부어주시는 주님을 만나길 간절히 기도한다.

그 32년 동안

선물 같은 삶을 살아가도록

함께 해주었던

사랑하는 남편 융성씨에게,

또 다시 나의 진정한 신랑이 되어

나와 동행해 주실 주님께

이 책을 올립니다.

목차

제3부 깊은 곳에 그물 던져

제4부 십자가 군병 되어 열방 속으로

제5부 주님의 순결한 신부로

제1부

예수로 나의 구주 삼고

인생을 살아

가면서 누군가의 뒷모습을 오롯이 볼 수 있는 건 행운이다. 그 사람이 남기고 간 발자국이 내 삶의 이정표가 된다면 그보다 더한 축복은 없다. 나는 내 어머니, 박신천 권사님 덕분에 그 축복을 온전히 누리며 살았다. 2남 3녀 중 막내로 태어난 나는 늘 어머니와 함께였다.

이미 사춘기에 접어든 언니 오빠들은 터울이 많이 지는 나보다는 친구들과 어울리기 바빴다. 그래서 나를 돌봐줄 분은 어머니뿐이었다. 어머니가 내 유일한 의지가지였다. 하지만 그 어머니도 내가 치맛자락을 단단히 붙잡고 있지 않으면 놓치기 십상이었다. 다른 형제들과 마찬가지로 어머니도 밤낮 집을 비우셨기 때문이다.

내 기억에 어머니는 항상 부재중이었다. 잠결에 문득, 어머니 품을 찾아 이불 위를 더듬으면 허룩해진 이불 사이에 미지근한 온기만 남아 있기 일쑤였다. 어머니는 초저녁에 잠시 눈을 붙이신 후 새벽 한 두시쯤 교회에 가셨기 때문이다. 매일 밤을 새워 기도하고 새벽예배가 끝난 후에야 집에 오셨기에 밤중에 슬며시 나가시는 어머니를 놓치면 밤새도록 혼자 방에 있어야 했다. 언니 오빠가 바로 옆방에서 자고 있었지만 열 살짜리가 혼자 지새우기에 밤은 너무 길고 무서웠다.

그래서 나는 밤마다 감겨드는 눈을 억지로 치켜뜨고 있다가 어머니가 나가실 때 살며시 따라 나갔다. 그리고 어머니의 기도소리를 자장가 삼아 나도 함께 중얼거리다 예배당에서 잠들었다. 딱딱한 마룻바닥에 등이 결리고 아팠지만 어머니 뒷모습을 보고 있노라면 안심이 됐다. 아버지가 갑자기 돌아가셨기 때문에 나는 어머니에 대한 집착이 있었다.

어머니가 내 눈에서 멀어지면 왈칵 겁이 나고 초조해서 어머니 뒤를 쫓는 게 내 일상이었다. 어머니 껌딱지였던 나는 집사님들의 만류에도 불구하고 심방도 따라 다니고 기도원에도 가고 교회의 모든 예배에도 다 참석했다. 얼마나 어머니를 졸졸 쫓아다녔는지 나를 보는 사람마다 '쫄쫄이'라고 불렀다. 그러면서 내 머리도 쓰다듬어 주고, 손에 사탕도 쥐어주셨다. 그런 모습을 볼 때마다 어머니는 흐뭇하게 웃으셨다. 나는 그 웃음이 참 좋았다.
그때 어머니는 눈물 마를 날이 없고 한숨 가시는 날이 없었다.

아버지가 갑자기 돌아가신 상황에서 얼마 남지 않은 재산을 사기로 다 날려버려 살 길이 막막한데 자식들까지 엇나갔기 때문이다. 아쉬울 것 없이 살다가 하루아침에 뒤집힌 집안 형편에 언니오빠들은 적응하지 못하고 밖으로만 돌았다. 당장 끼니를 걱정해야 할 판에 자식들이 펑펑 내지르는 사고 뒷수습까지 해야 했으니 어머니 속이 새카맣게 탔을 거다. 구멍구멍 돈 들어갈 데는 많은데 살 길은 꽉 막혔으니 어린 내가 봐도 어머니는 벼랑 끝에 서 있는 것처럼 위태로워 보였다.

내 앞에서 항상 의연하셨지만 눈치가 말짱했던 나는 어머니가 얼마나 힘드실지 짐작하고도 남았다. 속으로 삭이지 못하고 새어나오는 옅은 한숨 소리를 들을 때마다 내가 어머니의 힘이 되겠다고 결심했다. 어머니 곁에 든든히 서서 어머니가 버티고 살아갈 힘이 되어드려야겠다고 생각했다.

하지만 어머니의 공급원은 따로 있었다. 어머니는 내가 아니라 하나님으로부터 살 힘을 얻으셨다. 자식에게도 부모에게도 풀어놓지 못한 그 시꺼먼 속을 어머니는 오직 하나님께만 털어놓으셨다. 그때 어머니는 십자가 아래 나아가 우는 것밖에 할 수 있는 게 없었다. 매일 밤 예배당에 가서 어머니는 두 다리를 뻗고 앉아 대성통곡을 하셨다. 가슴을 쥐어뜯으며 몸부림치며 우셨다. 그 통곡이 어찌나 절절하던지 기도가 아니라 절규로 들렸다. 인생의 나락으로 떨어진 여인의 애끓는 한풀이, 그것이 끝도 없이 이어졌다.

두어 시간 넘게 마음 밑바닥에 가라앉은 감정의 찌꺼기까지 다 쏟아놓고 나서야 어머니는 기도 같은 기도를 시작하셨다. 장탄식을 하듯 "아버지"를 외치며 어머니의 기도가 시작되면 내 가슴은 두방망이질을 시작했다. 기도를 이어갈수록 어머니가 이상해졌기 때문이다. 방금까지 가슴 저미게 우시던 분이 환한 얼굴로 덩실덩실 춤을 추고, 가슴을 치던 두 손을 하늘 높이 들어 올리며 찬양하기도 했다.

어쩔 때는 "화영아, 하늘에서 나팔이 내려온다. 거문고가 내려온다"라고 말씀하시며 그 악기를 연주하는 시늉을 내기도 하셨다. 그럴 때마다 나는 저러다가 어머니가 미쳐버리는 건 아닌지 걱정되어 조마조마한 마음으로 어머니를 지켜봤다. 지금 생각하니 그건 주님의 특별한 사랑의 손길이셨다. 한 맺힌 여인을 만져주시고 상처를 풀어주신 주님의 사랑이었다. 환희가 통곡을 덮어버리듯 어둠이 사라지고 아침이 밝아오면 어머니는 어느덧 씩씩한 주님의 군사가 되어 힘차게 하루를 전도로 열어가셨다.

그때 어머니는 정말 미치셨다. 예수에 미쳐 오로지 하나님만 바라보셨다. 다른 집은 아버지가 돌아가시면 생계를 위해 어머니가 날품이라도 팔았는데 우리 집은 달랐다. 먹고 살 길이 전혀 보이지 않던 때도, 오빠가 폐병으로 사경을 헤매던 때도 어머니는 전도와 기도로 이겨내셨다. 어머니는 아침부터 밤까지 전도에 매진하셨고 밤을 지새워 기도하셨다.

그런 어머니를 보며 속 모르는 사람들은 '과부가 참 속편하게 산다'고 비죽거리기도 했다. 그야말로 속 모르는 소리였다. 먹고 사는 문제가 절박했던 어머니는 하나님께 한 달에 6일이라도 일할 수 있게 해 달라고 기도하셨다.

그 당시 목포 바닷가의 하루 품삯이 5천원이었다. 6일 동안 일하면 3만원을 받는데 그 돈이면 우리 식구가 한 달 동안 먹을 수 있는 보리와 밀가루를 살 수 있었다. 어머니는 세끼 밥걱정이라도 덜고 싶은 마음에 주님께 30일 중에서 6일만 빼달라고 간곡히 기도하셨다. 한 달 중에서 24일을 주님께 충성하면 주님도 이해하실 거라 생각한 것이다.

그러나 하나님은 요지부동이셨다. 기도할 때마다 "네가 벌지 않아도 굶지 않도록 내가 다 책임지겠다"라고만 하실 뿐 일하기를 허락하지 않으셨다. 그러시면서 주님의 일에 100% 전념하라고 말씀하셨다. 그 말씀에 어머니는 즉각적으로 순종하셨다. 어떻게 우리 가족을 돌보실 거냐고, 대체 어느 부분까지 돌봐주실 거냐고 묻지 않으셨다. 내가 들은 말은 "아멘, 아버지 주 뜻대로 하겠습니다" 뿐이었다. 그 날 이후 6일만이라도 일할 수 있게 해 달라는 어머니의 기도는 더 이상 듣지 못했다.

알고 보니 어머니는 아버지가 돌아가시기 전에 이미 전도자로 하나님께 부름을 받으셨다. 그것은 어머니를 향한 하나님의 특별한 은혜였다. 불신자의 집안에서 나고 자라 하나님과 무관함 집으로 시집 온 어머니는 병 고침을 통해 하나님을 알게 되셨다.

아버지가 살아계실 때 어머니는 건강이 좋지 않으셨다. 일종의 화병이었다. 아무리 울고불고 매달려도 아버지가 끊임없이 여자 문제를 일으켰기 때문이다. 아버지가 길만 지나가셔도 여자들이 붙는다며 어머니는 체머리를 흔드셨다. 그렇게 속앓이를 하시다가 결국 화병으로 쓰러지셨는데 큰 병원에 가도 나을 기미가 전혀 보이지 않았다.

답답한 마음에 이모들이 어머니 몰래 굿을 했는데 어머니가 무당이 돼야 살 수 있다고 했다. 그 말을 들은 어머니는 자식들이 있는데 어떻게 무당이 되냐며 차라리 이대로 죽을지언정 무당은 되지 않겠다고 선언하시고 등을 돌려 누워버리셨다.
그러자 다급해진 아버지가 사방으로 방책을 알아보셨다. 그러던 중 친구분들이 어느 전도사님을 소개시켜주셨고, 아버지는 어머니를 설득하여 기도를 받게 하셨다. 그리고 거짓말처럼 병이 나았다. 기도만으로 말짱하게 병이 나은 게 신기하고 감격스러웠던 어머니는 그때부터 교회에 다니기 시작했다. 죽은 목숨을 살려준 전도사님이 너무 고마워서 은혜를 갚고 싶은데 그분이 원하는 게 어머니가 교회에 나오는 거라고 하니 예배에 참석한 것이다.

전도사님께 감사한 마음, 그거 하나로 교회에 다니다보니 어머니는 예배에 관심이 없었다. 날씨가 좋으면 꽃놀이를 가버리고 날씨가 궂으면 한 주 건너뛰면서 어머니는 세상과 하나님 사이에 발을 하나씩 걸치고 건성으로 교회 뜰만 밟았다.

그렇게 교회에 다닌 지 몇 년째 되던 해에 어머니는 하나님을 만나셨다. 당시 어머니는 다시 시작된 아버지의 외도로 몸과 마음이 피폐해져 있었다. 심신이 지친 상태에서 어머니는 모든 일을 작파하고 광주에 있는 무등산기도원에 가서 목숨을 내놓고 기도하셨다. 그때 살아계신 하나님을 직접 체험하셨다. 이렇게는 더 이상 못 살겠다고 울부짖는데 하늘에서 벼락같은 음성이 들려왔다.

"신천아(교회에서 지어준 어머니 이름)! 신천아! 네가 사람을 의지하고 살겠느냐? 주를 의지하고 살겠느냐?"

그 음성에 어머니는 곧장 "남자는 신물이 납니다. 주님만 의지하고 살겠습니다"라고 대답하셨다.

어머니가 '아멘'이라고 응답하는 그 순간부터 하나님이 직접 어머니를 만져주셨다. 이후 3일 동안 어머니는 식음을 전폐하고 주야로 기도하며 하나님과 만나셨다. 주님은 회개의 영을 부어 주시어 그동안 토설치 못했던 마음의 모든 죄와 응어리진 아픔을 고백하게 하셨고, 그 상처를 어루만져 치유해 주셨다. 죽었던 영이 소생되는 시간이었다.

그 사흘 동안 어머니는 완전히 새로운 피조물로 거듭나셨다. 낫놓고 기역자로 모르는 일자무식의 여인에게 하나님은 예언과 신유 그리고 축사(귀신 쫓는 기도)의 은사를 쏟아 부어 주시어 하나님과 교통할 수 있는 길을 열어주셨다. 그때가 내가 10살, 아버지가 돌아가시기 두 달 전이었다.

그때 어머니의 영혼이 주께로 확정되지 않았다면 갑작스런 남편의 죽음으로 인해 불어 닥친 질곡의 시간을 어떻게 견뎌가셨을까? 모든 것을 미리 아시는 하나님께서 고난에 앞서 어머니를 준비시켜 주신 것이다. 허망한 것을 붙들지 않고 하나님만 바라보며 전도자로 살아갈 것을 결단했던 어머니에게 남편의 부재는 고통스러울지언정 절망의 구렁텅이는 아니었다. 바랄 수 없는 중에 바라고 믿은 그 믿음으로 말미암아 어머니는 "내가 너를 돌보겠다"는 하나님의 약속이 당신의 인생에서 이루어지는 축복을 온전히 받으셨다.

모녀(母女) 전도왕

나는 소심하고 부끄럼이 많은 아이였다. 사람들 앞에 나서는 것도 꺼렸고 아는 것을 말하는 것도 주저했다. 조용히 주어진 일에 최선을 다하는 얌전한 모범생이었다. 그런 내게 집안의 몰락은 적잖은 충격을 주었다. 어린 나이에도 가난이 무섭다는 것을 보고 느꼈기 때문이다. 아버지가 돌아가시기 전부터 나는 어머니와 목포에서 가난하기로 유명한 산동네와 바닷가로 전도를 다녔다.

어렵디어려운 그 시절엔 하루 벌어 연명하는 분들이 대부분이었다. 거적때기로 겨우 바람만 막아놓은 널빤지 사이를 비집고 들어가면 코를 찌르는 악취가 우리를 맞았다. 어머니는 진물이 줄줄 흐를 정도로 곪아터진 상처를 입으로 고름을 빨아내며 기도하셨고 만삭인 산모가 있는 집에 가서는 아이를 수없이 받았다.

그런 어머니의 모습을 보는 것은 경이로웠다. 아무리 생각해도 어머니는 불가사의한 존재였다. 그때 정도에 차이가 있었을 뿐 산동네 사람들이나 우리 집이나 어렵기는 매한가지였다. 우리 집도 항상 돈에 쪼들렸고 부족한 살림에 여유라곤 손톱만큼도 없었다. 그런데 어머니는 뒤져봐야 먼지밖에 나오지 않는 산동네에서 어떻게 밥도 짓고 된장도 끓이고 옷도 입혀주셨을까? 손끝에서 돈이 나오는 것도 아닌데 희한하게 쌀이 없거나 돈이 없어 애태웠던 적이 한 번도 없었다.

어머니가 산동네에 있는 한 집에서 아이를 받고 있으면 어떻게 알았는지 주변 분들이 미역 등을 섬겨주셨고 된장, 고추장이 떨어져 빈 장독 바닥을 긁고 있으면 교인 중에 발효식품 사업을 하시는 분이 독을 채워 주셨다. 우리 동네 아이들이 입던 옷은 산동네 아이들이 물려 입었고, 상보자기며 그릇이며 필요한 살림도 다 나눠썼다. 손이 부족한 적은 있었지만 돈이 없어서 돕지 못한 적은 없었다. 어머니는 먹을 것 없던 그때에 이곳저곳에서 공수받아 각 가정의 부족한 것들을 부족함 없이 채워가셨다.

채워지는 은혜를 누린 건 우리 집도 마찬가지였다. 아침에 분명히 쌀독이 비어 있는 걸 보고 나갔는데 저녁에 들어와 보면 한동안 먹을 만큼의 쌀이 채워져 있었다. 갑자기 합의금이나 학비가 필요할 때도 항상 누군가가 도와주어 고비를 넘겼다. 삶의 모퉁이마다 위기가 있고 어려움이 있었지만 그로 인해 넘어진 적은 없었다.

어머니는 하나님께서 우리 가족을 지켜 주실 거라고 굳게 믿으셨기 때문에 오직 복음을 전하는 데만 전념하셨다. 어떤 상황이 벌어져도 어머니는 태연하셨고 걱정하는 낯빛 하나 없이 가방을 둘러매고 전도하러 나가셨다. 어머니의 흔들림 없는 믿음은 불안하기 짝이 없었던 유년 시절의 나를 확고하게 붙들어주었다.

아버지가 세상을 떠나시고 집안이 어려워졌어도 끄떡없이 버티고 계신 어머니의 뒷모습은 나를 항상 안심시켰다. 믿음의 장수인 어머니와 함께 있으면 어떤 일이든 순조롭게 해결된다는 걸 알았기 때문이다. 그때까지 내게는 어머니가 전부였다. 능력 있는 어머니, 그 어머니의 치맛자락에 싸여 있는 한 내 세계는 안전하다고 생각했다.

하지만 어머니를 따라 밤 기도를 가는 날수가 늘면서 나는 어머니 뒤에 산처럼 버티고 계시는 하나님을 보게 되었다. 하나님 앞에서 어머니는 한없이 약하셨고 무능하셨다. 주님의 은혜 없이 어머니는 사람을 고칠 수도, 귀신을 쫓을 수도, 무엇보다 누구도 사랑할 수도 없는 연약한 과부에 불과했다. 하지만 하나님 앞에 철저히 무릎 꿇고 기도함으로써 주님의 일꾼으로 설 수 있는 능력을 날마다 부여받았다.

능력의 화수분은 어머니가 아니라 하나님이셨다. 중풍 병자를 일으키고 귀머거리의 막힌 귀를 열고 죽은 아이까지도 살리신 분은 어머니가 아니라 하나님이셨다. 60년대 목포의 산동네에 사도행전에 기록된 성령의 역사를 일으키신 하나님, 그때까지 내가 어머니의 헌신과 전도사역을 통해 '하나님을 귀로 들었다'면 어머니의 밤 기도를 엿봄으로써 '하나님을 비로소 눈으로 보게 되었다.' 그것은 내 인생을 180도로 바꾸어 놓았다.

어머니의 기도를 통해 만난 하나님은 능력 있고 위대하실 뿐 아니라 세상의 그 어떤 남편이나 아버지보다 따뜻하고 자상한 분이셨다. 어머니가 아무리 큰 소리로 울부짖고 하소연하고 두 다리를 뻗고 앉아 생떼를 부려도 하나님은 모든 이야기를 다 들어주셨고 다독여 주셨고 만져주셨다. 그런 분이 우리 집의 가장이 되어주시겠다고 약속하셨으니 어머니가 두려울 게 무엇이 있겠는가. 어머니가 언제 어디서나 당당하고 담대할 수 있었던 것은 하나님이 함께하셨기 때문이었다.

그것은 나도 마찬가지였다. 나는 어머니보다 더 크신 하나님을 '아바 아버지'로 내 마음에 품으면서 '아버지 없는 보잘 것 없는 아이'라는 열등감에서 벗어날 수 있었다. 어머니가 든든하게 버티고 계셨지만 아버지가 돌아가시면서 마음 한 구석에 나도 모르는 그림자가 생겼다. 괜스레 위축되고 사람들 앞에 서려면 왠지 주눅이 들었다.

하지만 하나님을 내 아버지로 마음에 모셔 들이면서 남부러울게 없어졌다. 세상에서 가장 큰 왕, 모든 이들을 먹이시고 입히시는 능력의 하나님이 나의 아버지가 되셔서 언제나 나와 함께 계시다고 생각하니 아쉬울 게 없었다. 어머니를 사랑하시니 어머니의 쫄쫄이인 나도 하나님이 사랑해주실 게 당연했다. 그것은 마치 아무도 모르는 보물창고를 나 혼자 발견한 것 같이 나를 든든하게 해주었다.

그때부터 나는 '어떻게 하면 하나님을 기쁘게 해 드릴까?', '어떻게 하면 하나님을 더 사랑할 수 있을까?', '어떻게 하면 이 땅에서 가치 있는 인생을 살 수 있을까?'만을 고민했다. 어머니를 따라다니면서 직접 보고 체험한 하나님의 사랑과 능력은 어마어마했다. 하나님은 못 하시는 것도, 모르는 것도 없는 분이었다.

사실, 우리 어머니는 하나님을 믿는 믿음 외에는 무지한 분이셨다. 학교는 근처에도 가보지 못하셨고, 남편도 재산도 없이 말썽 많은 자녀들과 덩그러니 남겨진 과부에 불과했다. 그런데 산동네와 바닷가가 온통 들썩일 정도로 큰일을 행하셨던 것은 하나님께 철저히 순종한 덕분이었다.

어머니는 하나님께서 허락하시지 않는 건 절대로 하지 않으셨다.

발걸음을 옮길 때마다 기도하면서 오직 성령의 감동에 따라서만 움직였다. 갈 때마다 신유의 역사가 일어나 중풍 병자가 일어났던 집도 주님께서 막으시면 건너뛰고 다른 집으로 가셨다. 주님이 손대지 말라는 몸에는 절대 안수하지 않았다. 어머니는 하나님이 허락하셔야 기적이 일어나고 말씀이 전파된다는 것을 너무나 잘 아셨기 때문이다.

그렇게 순종하는 어머니에게 하나님은 큰 권능을 덧입혀 주셨다. 여염집 아낙에 불과한 어머니가 예수의 이름을 앞세워 나아갈 때 그 누구도 대항하지 못했다. 귀신이 들려 자기 아들도 내던지던 괴력의 남자도 어머니 앞에서는 얌전한 고양이처럼 풀이 죽었고, 사람들에게 온갖 위세를 떨었던 무당도 어머니가 기도하며 신상들을 깨부술 때 아무 말도 못하고 뒤로 물러나 있었다. 둘러선 사람들 중에 얼굴을 붉히거나 화를 내는 사람도 없었다. 예수의 이름이, 하나님의 권능이 얼마나 큰 지 그 이름만으로 귀신이 나가 떨어지는 걸 보고 누구 하나 그 권위 앞에서 얼굴을 드는 사람이 없었다.

하지만 진짜 기적은 그 이후에 시작되었다.

병 고침을 받은 후에, 귀신이 나간 후에 사람들이 완전히 달라졌다. 일단 그들의 형편이 피었다. 자리보전하던 가장들이 일어났으니 살림에 윤기가 돌기 시작했다. 불기 하나 없는 땅바닥에 거적때기를 덮고 자던 사람들이 얼마 지나지 않아 판자 위에 벽돌을 세우더니 나중에는 번듯한 집을 지었다. 더 놀라운 것은 가난과 병치레로 싸움소리가 끊이지 않던 집안에서 찬송소리가 울려 퍼지고 짜증과 울화가 가득했던 얼굴에 웃음꽃이 피어났다는 것이다. 그것이야말로 기적이었다. 어머니가 매일 땅 밟기를 하며 전도했던 그 산동네에는 하나님을 믿고 인생이 완전히 달라진 사람들로 넘쳐났다. 어머니 쫄쫄이였던 덕분에 나는 그 기적을 일상적으로 볼 수 있었다.

인생의 역전만큼 놀랍고 신기한 일이 또 있을까? 학교에 가서 친구들에게 산동네에서 보고 들은 얘기를 해주면 다들 고개를 빼고 들었다.

"어제는 중풍 병자가 나았다."

"오늘은 귀신이 나가면서 사람 눈을 까뒤집고 쓰러뜨리더라."

"술주정뱅이 김씨가 생선가게 주인이 됐대."

TV가 귀했던 시절이라 얘깃거리에 궁했던 아이들은 내가 전해주는 말에 혹해서 정신없이 빠져들었다. 그러면서 다들 도대체 하나님이 어떤 분이시길래 그렇게 엄청난 기적을 베푸시는지 궁금해했다. 나는 그런 친구들을 교회로 인도했다. 처음에는 호기심 때문에 교회에 나오더라도 하나님이 어떤 분인지 알기만 하면 분명히 믿게 될 거라고 생각했기 때문이다.

그래서 조금이라도 하나님에 대해 관심을 갖는 친구가 있으면 내가 아는 모든 지식을 총동원해서 하나님을 소개하고 적극적으로 전도했다. 나는 평소에는 말이 없고 소심했지만 전도할 때는 담대했다. 그러다보니 처음에는 한두 명, 나중에는 줄줄이 사탕으로 아이들이 교회에 따라 나왔다. 어느 해는 주일학교에서는 내가, 어른부에서는 어머니가 전도왕이 되어 모녀 전도대장이라 불렸다.

친구들이 교회에 많이 나올수록 나는 신바람이 났다. 하나님을 믿어야 다들 잘 살 수 있는데 일단 교회에 나왔으니 안심이 됐다. 어머니와 산동네에 전도 다니면서 가장 답답했던 건 사람들이 너무 늦게 하나님께 돌아온다는 거였다.

매일 문턱이 닳도록 찾아가서 하나님을 믿으라고 전도를 해도 죽어도 예수는 안 믿는다며 마음 문을 닫아거는 사람이 한 둘이 아니었다. 그렇게 끝까지 고집을 피우며 죽으라고 고생한 후에 돌아오면 그때부터 인생이 확 바뀌었다. 그런 모습을 볼 때마다 참 안타까웠다. 하루라도 일찍 예수님을 믿었더라면 생고생을 하지 않았을 텐데 '어쩌면 저렇게도 미련할까.' 인생에 복 받는 길이 눈앞에 있는데 일부러 먼 길을 돌아서 가는 사람들을 이해할 수가 없었다.

친구들도 마찬가지였다. 아무리 기적의 역사를 이야기해줘도 코웃음만 치는 아이들이 있었다. 그런 아이들을 볼 때마다 나는 산동네 사람들이 생각났다. '지금 안 믿으면 고생하는데, 사업 망하고 건강이 나빠지기 전에 빨리 예수님을 믿고 복을 받지 왜 저렇게 고집을 부릴까.' 내가 좋아하는 친구일수록 더 속상했다.

아마도 그 마음이 내 눈빛에 드러났나 보다. 어른이 된 후에 학창시절의 친구들을 만난 적이 있는데 그 중 한 명이 내가 그 친구를 바라보던 눈빛 때문에 교회에 다니게 되었다고 이야기해 주었다. 내가 그 친구의 손을 붙잡고 교회에 같이 다니자고 했을 때 자신이 그 손을 뿌리치면서 다시는 그런 말하지 말라고 야멸차게 말했는데, 그때 내가 그 친구를 어찌나 안쓰럽게 쳐다보던지 그 눈빛이 사는 내내 잊히지 않았다고 했다. 그러다 나중에 우리 집에 놀러왔을 때 벽에 붙여놓은 전도대상 기도 명단에서 자신의 이름을 발견하고 뭉클했던 기억이 인생의 위기 가운데 자신을 교회로 이끈 원동력이 되었다며 고마워했다.

지금 생각해보면 나는 어릴 때부터 전도자였다. 내 말을 귓등으로도 안 듣는 친구들의 이름을 방벽에다 이름을 적어놓고 날마다 기도했다. 그런 구령의 열정은 어머니에게서 비롯됐다. 아무 상관없는 산동네 사람들을 전도하기 위해 날마다 눈물로 헌신하셨던 어머니를 따라다니면서 자연스럽게 나도 전도가 몸에 밴 것이다. 나는 어머니로부터 전도의 DNA를 물려받는 축복을 받았다.

하나님, 저도 방언하게 해 주세요

어릴 적 내 별명은 천사표였다. 천성적으로 욕심이 없는데다 움켜쥔다 해도 손에 쥘 게 없는 가난한 집 막내딸이라 내 것을 먼저 챙겨본 적이 없다. 어머니 또한 내일을 위해 뭔가를 쌓아두고 묵혀두는 분이 아니셨다. 오늘 당장 필요한 누군가에게 우리의 것을 나눠줘야 직성이 풀리는 분이라 우리 집에는 여유분이라는 게 없었다. 어려서부터 그렇게 살다보니 누군가를 만나면 그 사람에게 필요한 것이 무엇인지 먼저 살펴보고 내 것을 주는 게 습관이 되었다.

그런데 딱 하나, 나도 욕심 부리는 게 있었다. 절대로 다른 사람에게 양보할 수 없고, 다른 사람보다 더 많이 갖고 싶은 딱 한 가지는 하나님 사랑이었다. 하나님이 누구신지 알게 되면서 나의 목표는 하나님께 영광을 돌리면서 살겠다는 것뿐이었다. 하나님이 나를 지으셨으니 그분의 뜻에 따라 아름답게 살고 싶다는 마음이 항상 목까지 차올라 있었다. 이왕 인생을 살 바에야 가치 있는 삶을 살고 싶다는 욕망이 어릴 적부터 꿈틀거렸다.

하나님을 사랑하는 마음은 누구 못지않게 컸지만 몸이 따라주질 않았다. 몸이 약해서 조금만 무리해도 앓아눕기 일쑤였다. 노상 아파서 축 늘어져 있는 나를 업고 뛰셨던 아버지의 땀에 젖은 등이 지금도 생각난다. 허약한 체질은 나아지지 않았다. 어머니가 매일 손을 붙잡고 기도해주셔도 소용이 없었다. 나보다 훨씬 믿음이 없어 보이는 사람도 어머니의 기도를 받으면 다 낫는데 왜 나는 응답받지 못하는 걸까? 기도는 만병통치인데 나에게만 아무 효험 없는 게 이해되지 않았다. 속상하고 서운하기까지 했다. 그런 내게 어머니는 기도원에 가서 성령의 능력을 받으라고 하셨다. 내가 직접 하나님께 기도하여 병 고침을 받으라는 것이었다.

당시 어머니는 성령 충만을 받으시고 남부교회를 다니다가 개척을 돕기 위해 목포 벧엘교회로 옮기셨다. 그 교회는 완전 성령의 불바다였다. 목사님 자제분들을 비롯해 모든 성도가 방언을 하고, 예언하고, 입신하여 천국을 보는 등 은혜가 충만한 교회였다. 그 모습을 매주 봤기 때문에 나도 성령 충만하기를 소원하며 어머니와 함께 무등산 기도원에 갔다. 그리고 간절한 마음으로 성령을 구하며 어른들과 똑같이 부르짖었다. 사흘 밤낮으로 열심히 기도만 했다.

하지만 아무 일도 일어나지 않았다. 아니, 내게는 그렇게 느껴졌다. 기도를 하는 내내 나의 죄가 생각나서 눈물만 하염없이 흐를 뿐 가슴이 뜨거워지거나 알아듣지 못할 말이 내 입에서 나오는 일은 없었다. 함께 기도하는 사람들은 모두 방언을 받아 펄펄 뛰면서 기도를 하는데 나만 어떤 은사도 경험하지 못했다. 그게 너무 속상해서 주님께 내게도 방언의 은사를 달라고 더 간절히 기도하고 간구했지만 하나님께서는 허락하지 않으셨다.

소기의 목적을 달성하지 못하고 집에 오는데 발걸음이 그렇게 무거울 수가 없었다.

'내가 주님을 사랑하는 줄 주님도 아실 텐데 왜 내게는 방언을 허락하지 않으시는 걸까?'

그 질문이 머릿속에서 떠나질 않았다. 그래서 장소를 옮겨 본 교회 새벽예배에서 다시 기도하기로 결심했다.

매일 새벽예배에 가서 주님께 내 속마음을 털어놓다보니 정말 내가 방언을 받고 싶었던 이유를 알게 되었다. 처음에는 다른 사람들이 다 받았으니 나도 받고 싶은 욕심에 간구했지만 진짜 속마음은 따로 있었다. 나는 하나님이 너무 좋았다. 그래서 그분이 좋아하시는 일이라면 뭐든지 하고 싶었고, 누구보다 하나님이 사랑하는 자녀로 인정받고 싶었다.

그때는 그 증거가 방언이라고 생각했다. 방언은 성령이 우리에게 말하게 하심을 따라 기도하는 것이기 때문에 하늘의 신령한 은혜로 주님과 대화할 수 있는 특권이라고 생각했다. 그래서 방언을 통해 주님의 사랑받는 자녀로 도장 찍히고 싶었던 것이다. 나는 그 간절한 소망을 주님께 아뢰었다.

'주님, 저도 주님의 사랑의 증거를 갖고 싶어요. 방언 기도를 통해 주님을 더 깊이 알고 싶어요.'

그렇게 한참을 기도하는데 눈앞이 환하게 밝아졌다. 실눈을 뜨고 주위를 둘러보니 아침 햇살이 텅 빈 예배당을 가득 채우고 있었다. 그때 갑자기 뱃속에서부터 뜨거운 불덩이가 올라왔다. 그와 동시에 혀가 말려들면서 알 수 없는 말이 쏟아져 나왔다. 정말 희한한 건 생전 처음 들어보는 그 말을 내가 정확히 알아들었다는 것이다.

그 알 수 없는 언어는 나의 지식과 경험과 인식을 넘어서 내가 모르고 지나쳤던 작은 죄들을 기억나게 했다. 그동안의 회개기도가 나의 언어와 기억 속에서만 인지했던 것이라면 방언으로 토설케 하는 죄는 언어를 초월해 내 삶 구석구석에 스며 있던 죄성을 떠오르게 했다. 그때는 너무 어렸기 때문에 그 의미를 다 깨닫지는 못했지만 내 죄성의 뿌리가 엄청나게 깊다는 것은 알 수 있었다.

그 뭔지도 모를 엄청난 죄를 위해 주님은 십자가를 지셨고 나를 대신하여 죽으셨다는 게 가슴으로 믿어졌다.

'내가 그토록 소중한 존재구나. 나는 주님이 목숨 걸고 사랑한 아이구나.'

하나님의 사랑이 온몸에 스며들면서 감사의 눈물이 하염없이 흘러나왔다. 방언을 받은 그날 나는 회심했다. 그날에서야 비로소 나는 하나님을 인격적으로 만났다.

동명원에서 만난 천국

하나님의 사랑받는 자녀로 다시 태어난 후 내 인생의 목표가 뚜렷해졌다. 어머니처럼 나도 어려운 이웃을 도우며 떡과 복음을 전하는 전도자로 살아야겠다는 결심이 선 것이다. 그러기 위해 나는 더 열심히 예배드리고 어머니를 도와 산동네 사역을 해나갔다. 하지만 하나님은 각자의 몫에 따라 훈련시키시는 분이시다. 내 열심이 하나님께로 기울자 주님은 나를 특별한 방식으로 훈련시키셨다.

먼저 나를 교회와 학교의 리더로 세우셨다. 주님은 부끄럼 많은 나를 끄집어내셔서 사람들 앞에 서도록 하셨다. 전도할 때는 말문이 터졌지만 나는 아이들이 삼삼오오 모였을 때나 입을 뗐다. 그런데 고1때 부반장을 하다 반장인 친구가 광주로 전학을 가게 돼 자연스럽게 반장을 하게 되고 3학년 때는 연대장인 학생회장을 하게 되면서 많은 사람들 앞에서 담대하게 말할 수 있는 용기를 갖게 되었다.

처음에는 한 반을, 그 다음에는 한 학년을 그리고 교회와 학교에서 학생 전체 대표를 맡게 되면서 나도 모르게 통솔력과 리더십을 갖추게 되었다. 그것은 단순히 말을 잘하게 되었거나 사람들 앞에 설 수 있는 담력이 생긴 것과는 차원이 달랐다. 졸업 후에는 은행에 취업하게 하셔서 생명부지의 사람들에게 친절하게 다가설 수 있도록 하시며 하나님의 사역을 감당할 수 있는 리더십을 준비시키셨다.

리더십이 생기면서 봉사활동도 더 적극적으로 하게 되었다. 학생부 임원들은 목포 인근의 양로원이나 고아원을 정기적으로 찾아가 아이들과 놀아주고 어른들의 말벗이 되어 드렸는데 그 일을 보다 체계적으로 하게 되었다. 어머니가 산동네에서 하셨듯 나도 친구들에게 할 일을 나눠주며 봉사의 영역을 넓혔다.

그러면서 발견한 곳이 동명원이었다. 함께 봉사했던 친구 중 한

명이 우리가 상상도 못할 만큼 어려운 환경에서 사는 아이들이 있는데 한번 가보지 않겠냐고 해서 알게 된 곳이다. 한 번 보고 왔는데 그 아이들이 눈에 밟혀 마음이 무겁다면서 진심으로 마음 아파했다.

목포 인근에 있는 고아원 중에 안 가 본 데가 없는데 동명원은 처음 듣는 이름이었다. 그동안 우리가 다녔던 고아원이 하나같이 열악했는데 대체 어느 정도기에 친구가 저렇게까지 가슴 아파하나 궁금했다. 당장 가보고 싶었지만 그때 나는 고등학교 3학년 1학기 중에 취직이 되어 은행에 다니고 있었기에 친구들과 시간을 맞추기가 어려웠다. 그래서 주말에 혼자 동명원이란 곳을 찾아갔다.

동명원은 전혀 생각지도 못한 곳에 있었다. 초행이라 더듬으며 길을 찾고 있는데 으슥한 길 안쪽, 건물이 있을 것 같지 않은 곳에서 갑자기 나타났다. 그런데 나는 건물보다 아이들이 먼저 보였다. 가히 충격적이었다. 팔, 다리, 얼굴 어느 것 하나 성한 곳이 없는 아이들이 마른 막대기마냥 얼기설기 겹쳐 앉아 있었다. 핏기 하나 없이 창백한 얼굴은 절망의 흔적조차 찾아볼 수 없을 정도로 무표정했다. 아이들은 젓가락 같은 팔다리를 한 번씩 후드득 비틀면서 온몸과 얼굴을 찡그리는 것으로 그들이 살아있다는 것을 증명하고 있었다. 한눈에 봐도 그들은 버려진 아이들, 치료를 받지 못한 중증장애인들이었다.

1978년 당시에 목포는 남도의 관문이었다. 도시를 둘러싼 크고 작은 섬들을 잇는 항구이자 호남선의 종착역이었던 목포는 발전 속도가 빨라 규모가 꽤 컸다. 들고나는 사람들이 많다보니 항구에는 버려지는 아이들도 많았다. 옆집 숟가락이 몇 개인지 다 아는 낙도 오지에서는 자식을 버려봤자 뉘 집 자식인지 알기 때문에 되돌아올 게 뻔했다. 그러다보니 일부러 배를 타고 목포까지 나와서 자식을 버리고 가는 사람들이 많았다.

버려진 아이들 중에 신체가 건강한 아이들은 고아원으로 갔지만 중증장애인은 어디서도 받아주질 않아서 '부랑아 일시보호소'로 보내졌다. 그곳이 바로 동명원이었다. 이곳에서 아이들은 최소한의 돌봄도 받지 못한 채 목숨만 연명하고 있었다.

'살아있으나 죽은 목숨'이었다. 목숨만 붙어 있을 뿐이지 부모로부터 버림받고 사회로부터 외면 받은 아이들은 마치 죽은 사람처럼 방치되어 있었다. 내가 보기에 그 아이들이 맘껏 누릴 수 있는 것은 공기와 햇빛 말고는 없어 보였다. 그나마 아이들이 밖에 나와 앉아 햇볕소독을 할 수 있었던 건 내가 갔던 때가 가을이었기 때문이다. 겨울이나 한여름이었다면 아마 꿈도 꾸지 못했을 거다.

한줌 햇빛에 의지해서 해골 같은 얼굴로 멍하니 앉아있는 아이들을 보니 가슴이 저려왔다. 안쓰러운 마음에 달려가 비쩍 마른 몸을 끌어안고 머리를 쓰다듬는데 아뿔싸 손가락 사이로 하얀 서캐들이 우수수 떨어졌다. 깜짝 놀라 머릿속을 들여다보니 머리카락

한 올 한 올마다 서캐가 하얗게 덮여 있었다. 자세히 보니 아이들마다 목덜미를 타고 내려온 머릿니로 옷 솔기가 새카맸다. 그걸 보는 순간 나도 모르게 '여기야말로 내가 일할 곳이구나'라는 생각이 들었다.

왜 그런 마음이 들었는지는 모르겠다. 다만, 버림받은 이 아이들에게 예수님의 사랑을 전해주고 싶은 마음이 간절했던 것은 기억난다. 육신의 부모는 그들을 버렸지만 주님은 결코 그들을 버리지 않으시며 그들의 생명을 귀하게 여기신다는 것을 알려주고 싶었다. 그와 동시에 검불 같이 바짝 마른 아이들을 먹이고 싶었다. 매 끼니 밥은 못 해줘도 일주일에 한번 빵과 우유라도 사주고 싶었다.

아이들을 보고 있자니 해 주고 싶은 게 점점 늘어났다. 그럴수록 내가 할 수 있는 건 아무것도 없다는 게 실감났다. 아무리 생각해도 혼자 힘으로는 무리였다. 일단 사람을 모으는 게 급선무였다. 그래서 학생회 친구들을 중심으로 봉사단을 만들고 함께 아이들을 도울 수 있는 방법을 궁리했다. 다들 학생 신분이라 돈은 없었지만 몸을 써서 도울 수 있는 것에 대한 아이디어는 넘쳐났다.

그러다 생각해 낸 것이 아르바이트였다. 돈이 없으니 노력봉사라도 열심히 하자고 머리를 모으다 장사를 해보자는 의견이 나와서 만장일치로 찬성했다. 친구들은 평일에 각자의 집에서 허드렛일을 해서 용돈을 받고, 주말에는 그 돈을 모아 땅콩을 서너 됫박 사서 작은 봉투에 담아 길에서 팔았다. 후원금도 모았다. 학교와 교회 후배들을 찾아가 취지를 얘기하고 함께 봉사에 참여하거나 도와달라고 부탁하여 적게나마 후원금도 모였다. 그것이 아이들의 빵과 우유를 사는데 종자돈이 되었다.

나도 아르바이트를 했다. 나는 은행에서 일하고 있었지만 월급은 고스란히 어머니께 드려야 했다. 경제적으로 소녀 가장 역할을 했던 내가 동명원 아이들에게 나눠 줄 월급은 없었다. 하지만 주님께서는 내 눈을 뜨게 하셔서 동명원에서 함께 생활하는 청년들이 목포역 앞에서 구두 닦는 걸 보게 하셨다. 그걸 보자 '이거다!' 싶었다. 그 청년들이 구두 닦는 걸 유심히 보고 배워서 나도 매일 아침에 한 시간 일찍 출근하여 남자 직원들의 구두를 닦기 시작했다. 스무 살도 안 된 어린 아가씨였는데 동명원 아이들에게 영양가 있는 걸 사줄 수 있다는 생각에 부끄러운 줄도 몰랐다.

처음에 5켤레로 시작해서 나중에는 20켤레도 넘게 닦았다. 손에 속도가 붙기도 했지만 직장 동료언니가 동참하면서 일이 커졌다. 그렇게 일손으로 돕는 분들도 많았지만 후원금을 주시는 분들도 계셔서 구두닦이는 빵과 우유를 사는데 큰 보탬이 되었다.

동명원에 다녀온 지 한 달 만에 빵과 우윳값이 모였다. 우리는 70인분의 간식거리를 사들고 주일 오후에 동명원을 찾아갔다. 빵과 우유를 보자 동명원 아이들의 흐리멍덩했던 눈동자에 초점이 생겼다. 손에 쥐어준 빵과 우유를 허겁지겁 삼켜버리는 아이들을 보자 그동안의 수고가 말끔히 씻겨지는 것 같았다. 밥 먹기도 귀한 시절에 빵이나 우유는 생일에나 먹을 수 있는 귀한 먹거리였다. 나도 친구들도 못 사먹는 것을 고스란히 아이들에게 갖다 주면서 우리는 처음으로 '먹는 것만 봐도 배부르다'라는 게 어떤 의미인지 알게 되었다.

우리는 몸이 불편한 그 아이들이 정말 사랑스러웠다. 어떻게든 더 잘해주고 싶은 마음에 한번이라도 더 만져주고 씻겨주고 헌옷이나마 깨끗이 빨아온 것으로 갈아입혔다. 하지만 우리가 그렇게 다가가도 처음에 아이들은 꿈쩍도 하지 않았다. 그저 빵과 우유만 움켜잡을 뿐이었다.

그런데 시간이 지나면서 차츰 변화가 일어났다. 우리와 눈 마주치는 아이, 묻는 말에 대답하는 아이, 가지 말라고 손을 붙잡는 아이까지 생겼다. 단단했던 벽에 일단 금이 가기 시작하자 허물어지는 건 시간문제였다. 아이들은 마음의 문을 처음 열기가 어렵지 일단 빗장을 풀자 성큼성큼 우리에게 다가왔다. 나중에는 빵과 우유보다 우리를 더 기다리고 반겼다.

관계의 벽이 무너지자 우리가 할 수 있는 일이 더 많아졌다. 우리는 아이들의 손을 붙잡고 체육대회도 하고 저녁마다 야학을 열어 글도 가르쳤다. 아이들은 볼 때마다 달라졌다. 얼굴에 뽀얗게 살이 오르고 눈망울에 초점이 잡혔다.

하지만 그 아이들의 얼굴이 해같이 빛날 때는 따로 있었다. 바로 예배 시간이었다. 주일 오후가 되면 아이들은 마당에 모여서 우리를 기다렸다. 자기들끼리 찬송을 부르며 기다렸는데 무슨 말인지 알아듣지 못할 웅얼거림으로 손뼉조차 칠 수 없는 뭉툭한 손을 버둥거리면서 온몸으로 찬양했다. 오로지 하늘을 향해 있는 그 아이들의 오그라든 손과 발, 그것처럼 감동적인 게 또 있을까.

아이들은 주님께 찬양할 수 있다는 것, 그것만으로도 감사했다. 그 아이들과 예배드리는 그 시간은 천상의 시간이었다. 세상에서 버림받고 자기 몸조차 맘대로 움직일 수 없는 아이들이 가장 냄새나고 더러운 곳에서 예배드리는 것만으로도 행복해하며 천국을 경험하다니, 그것은 차라리 감동이었다.

그 감동은 우리만 받은 게 아니었다. 동명원의 직원분들과 원장님도 갈수록 조금씩 태도가 달라졌다. 처음에는 우리가 오는 것에 대해 경계심을 가지며 인사도 받지 않았는데 반년쯤 지나자 우리가 하는 일에 관심을 가졌다. 그분들 생각에 학생들이 봉사한다고 찾아와서 장애인들 마음만 휘저어놓고 갈 거라고만 여겼는데 반년이 넘게 한 번도 안 빠지고 찾아가니 마음을 돌린 것이다. 나중에는 원장님이 나를 따로 불러서 "내가 뭘 해줄까?"라고 물으며 우리에게 고맙다는 인사도 하셨다. 그 한마디가 내게는 큰 격려가 되었다.

사실 그때 함께 봉사했던 사람들 사이에 갈등이 있었다. 동명원 아이들과 친해지면서 그들의 생활을 속속들이 알게 되자 우리가 생각했던 것보다 비참한 환경에서 살고 있었다. 거기에 격분한 선·후배들은 동명원의 실태를 외부에 알려서 기관이 제대로 운영되고 있는지 점검을 받도록 해야 한다면서 자료를 모으고 있었다. 그 사실이 동명원 직원들에게 알려지면서 문제가 생겼다. 직원들은 순수한 봉사활동이 아니면 오지 말라면서 우리의 방문을 아예 막으려고 했다. 때마침 원장님이 마음을 돌이키고 내게 무엇이든 원하는 것을 해주겠다고 말씀하시지 않았다면 어떤 일이 벌어졌을지 모른다.

원장님의 회심으로 나는 강경했던 친구들을 설득할 수 있었다. 사회정의도 중요하지만 크리스천으로서 우리가 행해야 할 정의는 예수 그리스도의 사랑뿐이었다. 감시자로 동명원에 가면 아이들을 만날 수 없지만 사랑의 사도로 찾아가면 모든 벽을 허물 수 있다. 그러니 우리는 십자가 고난을 앞두고 '세상에 있는 자기 사람을 끝까지 사랑하신' 예수님의 사랑만 실천하자고 했다. 그리고 원장님의 마음이 하나님의 긍휼로 넘쳐나기를 한마음으로 기도했다.

그 기도는 이미 하나님께 응답된 기도였다. 아이들을 사랑하시는 하나님께서 이미 원장님의 마음을 만져놓으셨다. 동명원에 갈 때마다 원장님은 목욕탕을 비롯해 우리가 부탁한 시설들을 하나씩 만들어 주시더니 급기야 전 재산을 정리하여 아이들을 위한 새로운 보금자리를 만들겠다고 결단하셨다. 실제로 몇 년 후에 복지타운을 만들어 동명원을 이전시켰다는 소식이 들려왔다.

　그 소식을 듣고 나는 온몸에 전율이 흘렀다. 우리는 동명원 아이들의 딱한 처지만 눈에 보였지만 하나님은 직원분들과 원장님도 가슴에 품으시고 그들이 돌이킬 때까지 기다리셨다. 그들 역시 주님의 자녀이기에 딱딱한 마음을 기경하고, 말씀으로 말랑말랑해져서 아이들을 사랑으로 대하게 될 때까지 기다리신 것이다. 그 사랑의 오래 참음이 느껴져 감사하고 또 감사했다.

　그 인내의 시간 동안 동명원 아이들이 잘 지낼 수 있도록 우리를 사용하신 주님은 얼마나 따뜻하고 자상한 아버지이신가. 한 생명도 허투루 여기지 않으시고 귀하게 돌보시는 주님의 사랑이 얼마나 아름다운 열매를 맺는지 보면서 나는 깊은 감사의 기도를 드렸다. 우리가 주님이 바라보시는 곳을 바라보고, 주님의 마음으로 사람들을 대할 때 하나님은 우리 마음에 사랑의 파문을 일으켜 사람들을 감동시키신다. 동명원 사역은 점점 커다랗게 동심원을 그려가는 사랑의 물결을 바라볼 수 있었던 소중한 경험이었다.

소녀가장, 하나님 '빽'으로 대학가다

　동명원 사역을 통해 나는 하나님을 새롭게 만났다. 산동네에서 그토록 많은 이적을 보았지만 내가 하나님 사랑의 통로가 되는 건 처음이었다. 그것은 나를 새롭게 발견하는 경

힘이기도 했다. 그때까지 나는 무에서 유를 창조하시는 하나님을 믿으면서도 그 일이 내게 일어날 것이라고는 확신하지 못했다.

하나님의 사랑받는 딸이고 싶었던 나는 주시는 은혜에 감사하며 사는 것이 주님을 기쁘시게 하는 거라고 생각했다. 그렇게 살아도 나의 오늘은 항상 빠듯했고 내일은 불투명했다. 물론 필요할 때마다 하나님이 어떻게든 채워주셨기 때문에 공부도 하고 먹고 살 수도 있었지만, 중학교에 입학하면서부터 등록금은 내 마음의 짐이었다. 내게 공부란 시험과의 싸움이 아니라 돈과의 전쟁이었다. 수학여행은 언감생심이었고 교복도 항상 얻어 입었다. 그런 형편이었기 때문에 대학에 갈 생각은 아예 접고 가정을 책임지기 위해 실업계 고등학교에 진학했다. 그리고 3학년 1학기에 은행에 취업될 때까지 중1,2학년 학생들을 가르치며 학비를 충당했다. 때론 내 바로 위에 결혼한 언니가 직장을 다니며 학비를 대주기도 하고, 학교와 교회에서 장학금을 받기도 했다.

그때 내 안엔 선교에 대한 꿈이, 더 넓은 세계에 대한 꿈이 꿈틀거리고 있었다. 공부에 대한 욕망이 마음 깊은 곳에서 들끓었다. 하지만 그 욕망을 뒤로하고. 하루라도 빨리 취업을 해서 어머니께 생활비를 갖다드려야 했고. 어머니 역시 나에 대한 기대가 크셨다. 어머니는 유순하게 잘 자란 막내딸이 행원이 되어 집안을 일으키길 바라셨다. 그래서 날마다 하나님께 내가 은행에 들어갈 수 있는 길을 열어달라고 간절히 기도하셨다. 기도 응답은 생각보다 빨랐다.

누구도 예상치 못한 방법으로 나는 3학년 1학기 때 주택은행에 특채로 입사했다.

생각해보면 참 기적 같은 일이다. 주택은행은 해마다 본부에서 직원을 공채로 채용했는데 내가 입사한 그 해에만 목포지점에서 직원을 선발했다. 그것도 공채가 아니라 면접만으로 채용하는 특채입사였다. 특혜도 그런 특혜가 없었다. 그런 예외 상황은 이른바 '빽'이 있어야 가능한 일인데 나는 뒷배를 봐줄 만한 사람이 아무도 없었다. 하나님의 전적인 은혜였다.

어머니는 내가 은행에 들어가게 되었다는 소식을 듣자마자 '할렐루야'를 외치셨다. 막둥이가 그 당시 최고의 직장으로 손꼽혔던 은행에 취직했으니 얼마나 기쁘셨겠는가. 아마 그 기쁨에는 아버지가 돌아가신 후 처음으로 집안에 고정수입이 생기게 되어 한시름 덜었다는 홀가분함도 포함되었을 거다. 하나님께 감사의 기도를 드리시는 어머니의 얼굴이 어찌나 환하게 빛나던지 내가 다 흐뭇하고 기뻤다.

하지만 감사하고 기쁜 중에 아쉬운 마음도 있었다. 나는 은행보다는 KAL에 입사하길 내심 바랐다. 그렇다고 꼭 승무원이 되고 싶었던 건 아니었다. 다만 바깥세상을 보고 싶었고, 구석구석 다니며 어려운 사람들을 도와주고 싶었다. 그러기 위해서는 승무원이 되는 게 가장 빠를 것 같아서 아무도 모르게 꿍쳐 둔 꿈이 바로 KAL

입사였다.

막연한 꿈이었지만 나는 인도의 마더 테레사처럼 살고 싶었다. 고등학교 시절에 우연히 읽은 마더 테레사에 관한 글은 내 가슴을 벅차오르게 했다. 그분의 삶은 어머니의 인생과 많이 겹쳐졌다. 마더 테레사가 인도에서 굶주린 아이들에게 빵을 주는 사역을 하셨다면 어머니는 목포의 산동네 사람들의 영과 육을 살리며 하나님께 영광을 돌리고 계셨다.

나는 두 분의 삶을 본받되 더 큰 무대, 더 넓은 세상에서 선한 영향력을 끼치며 살고 싶었다. 어머니는 목포라는 작은 도시에서 하나님의 숨겨진 보물처럼 일하셨지만 나는 세상을 누비며 마더 테레사처럼 많은 사람들의 고통을 보듬어주는 자가 되고 싶었다.

하지만 은행에 입사하는 순간 나는 테레사 드림을 접었다. 행원 월급으로 집안을 꾸려나가기도 벅찬데 어떻게 비행기 값을 구하며 무슨 수로 외국에 있는 아이들에게 빵을 주겠는가. 그것은 내게 허락되지 않은 꿈이라 생각하고 나는 가정과 교회를 섬기는 데만 충실하기로 결심했다. 그것이 겸손이고 하나님이 주신 은혜에 감사하는 방법이라고 생각했다.

그런데 동명원 사역을 하면서 내가 엄청난 착각에 빠져 있었다는 걸 깨달았다. 내 맘대로 나의 가능성을 제한한 것이야말로 교만이었다. 하나님께서 나를 어떻게 사용하실지 모르는데 내 우물에 갇혀 '내가 할 수 있는 것은 여기까지입니다'라고 한계 짓는 건 믿음이 아니었다. 언제나 내 길을 열어주셨던 하나님을 믿는다고 하면서도 나는 현실에 매몰되어 있었다.

나는 교만했던 마음을 회개하고 내 진보의 가능성을 스스로 측정하지 않고 하나님 앞에 열어두기로 결단했다. 그리고 언제 어디서든 주님이 원하시는 대로 나를 사용하실 수 있도록 준비된 자로 살기로 결심했다. 그러기 위해서는 내 그릇을 키워야겠다는 생각에 방송통신대학 가정학과에 지원했다. 사실 내가 하고 싶었던 것은 특수장애 관련 공부였다. 비록 은행에 다녔지만 은행은 효도를 위한 부업이고 내 본업은 동명원 사역이라고 생각했을 만큼 나는 특수장애인들을 돌보는데 푹 빠져 있었다.

하지만 방송통신대에는 그와 관련된 전공이 없었기 때문에 가정학과에 시동을 걸었다. 그렇게 동명원 사역과 은행업무 그리고 공부를 병행하며 하나님의 뜻을 기다리고 찾던 중에 83년 초 어느 날 어머니가 나를 부르셨다. 그리고 더 이상 월급을 주지 않아도 된다고, 앞으로는 가족이 아니라 나를 위해 투자하라고 말씀하셨다. 어머니는 모아 놓은 돈이 없어 결혼자금을 대 줄 수 없지만 앞으로 버는 돈은 오롯이 나를 위한 것이니 저축해서 결혼을 준비하든지 공부를 하든지 마음대로 사용하라고 하셨다. 은행에 다닌 지 5년 만에 가장의 책임을 벗겨주신 것이다.

처음에는 그 말이 믿기지 않았다. 집안 형편은 5년 전이나 그때나 달라진 게 없었다.

'여태까지 내 월급으로 가정을 꾸려왔는데 앞으로 어떻게 사시려고 그러시나.'

오히려 걱정이 앞섰다. 하지만 나는 곧 감사한 마음으로 어머니 말씀에 순종했다. 내가 가족을 먹여 살린 게 아니라 나를 통해 주님이 우리 모두를 돌보셨다는 생각이 들었기 때문이다. 나는 어머니께 죄송해 하는 대신 새로운 가능성을 허락하신 주님과 그에 순종하신 어머니께 감사했다.

그러기까지 내적갈등이 없었던 건 아니었다. 바로 위 오빠 때문이었다. 오빠는 우리 가정의 아픈 손가락이었다. 아버지가 돌아가시고 가산이 기울면서 엇나가기 시작한 오빠는 학교를 다니다 그만두기를 몇 번이나 거듭하며 방황의 시기를 겪었다. 나는 어렸기 때문에 집안 형편이 바뀌었어도 그 충격이 덜했지만 오빠들은 사춘기를 지나고 있었기 때문에 직격탄을 맞았다.

그래서 마음을 추슬러 공장에 다니며 집안을 돕다가도 다시 방탕의 나락으로 떨어져 세상과 벗하며 하나님과 멀어지기를 반복했다. 그 아픈 시기 동안 어머니가 할 수 있는 건 기도뿐이었다. 밤을 지새워 주님께 눈물로 자식을 위해 기도할 뿐 다 큰 자식들을 어머니의 품안으로 다시 돌아오게 할 수는 없었다.

그러던 중 바로 위 오빠가 폐병을 얻었다. 긴 투병생활 동안 낫고 재발하기를 반복하다가 결국 병원 약도 듣지 않는 지경까지 되었다. 죽음의 그림자가 온 집안을 드리울 때 어머니는 오빠에게 부탁하셨다.

"네가 죽어도 예수님 믿고 천국을 가야하지 않겠냐."

다른 사람들은 손만 대도 치유의 기적이 일어나는데 막상 당신의 자식은 죽어가는 기막힌 현실 앞에서 어머니는 아들에게 '죽으면 죽으리라'는 심정으로 부탁하며 죽음을 각오하셨고, 오빠 역시 같은 마음으로 내가 죽어야 가족이라도 살린다는 심정으로 오산리 순복음기도원으로 향하셨다. 어머니를 위해 마지막으로 효도할 수 있는 길이기에 오빠는 안간힘을 다해 기도원까지 갔고 어머니는 목포에서 눈물로 중보하며 밤을 지새우셨다.

기도원에서 있는 몇 주 사이에 오빠는 기력이 다해 먹지도 못하고 눈을 뜨지도 못하는 지경에 이르렀다. 주님을 만나겠다고 먼 길을 찾아왔지만 주님은 어디에도 안 계셨고, 오빠는 낯선 곳에 내팽개쳐져 버림받은 것 같았다고 했다. 그렇게 비루하게 생명을 며칠 더 연장한들 무슨 소용이 있으랴, 회의가 든 오빠는 스스로 목숨을 끊기 위해 기다시피 하여 산으로 올라갔다.

그러던 중 주님을 만났다. 아니 주님이 오빠를 만나 주셨다. 모든 것을 포기하고 죽으려던 찰나 하늘에서 음성이 들려왔단다.

"광재야! 내가 너와 함께 한다."

이 한마디에 오빠의 생명이 소생되었다. 그때부터 다시 약이 몸에 받기 시작하여 한산촌 폐병병동에서 치료를 받으며 몇 년 후에 완쾌 판정을 받았다. 그리고 오빠는 주님께 약속한 대로 주의 종이 되기 위해 신학교에 들어갔다. 어머니가 나를 집안 경제를 책임지는 자리에서 해방시켜주셨을 때가 바로 그때, 오빠가 신학교 2학년을 마쳤을 때였다. 어머니는 내게 자유를 주셨지만 오빠의 학비와 생활비에 대한 해결책은 전혀 없었다.

'오빠의 학비와 생활비는 어떻게 하나?'

그런데 오빠를 치료해주시던 목포의원 여성숙 원장님이 친히 오빠의 어머니가 되어주셔서 신학대학교 뿐 아니라 신대원을 다닐 때까지 모든 지원을 풍족하게 사랑으로 섬겨주셨다. 이 또한 말할 수 없는 주님의 예비하신 손길이요 순종을 주께 올린 한 여인을 향한 사랑의 응답이었다.

응답은 거기서 그치지 않았다. 신학교에 다니던 중 오빠는 자신이 교회로 인도한 분과 교제를 했는데, 그분의 건강이 성치 못했다. 심장판막증으로 이미 사형선고를 받은 분을 전도하면서 오빠는 주님이 그 병을 반드시 고쳐주실 거라 굳게 믿었고 그 믿음으로 청혼하여 두 사람은 결혼을 했다. 그때 우리 가족은 심장판막증이란 병에 대해 전혀 아는 바가 없었다. 어머니는 나중에 맹장처럼 수술하면 낫는 병이라고만 생각하셨다고 한다.

결혼 후에도 올케언니는 지병과 합병증으로 여러 번 사형선고를 받았다. 살아갈 날수가 점점 적어질 때마다 어머니와 오빠를 중심으로 기도가 모아졌다. 우리의 신음소리를 외면하지 않으신 주님은 청천벽력의 순간 속에서 주님의 방법으로 올케언니를 몇 번이나 기적적으로 살려내어 주셨다. 주님의 은혜로 오빠부부는 건강하게 지금까지 주님의 종의 사명을 잘 감당하고 있다.

주님의 은혜로 오빠부부는 몇 번이나 죽음을 넘나드는 가운데서도 중계동 만나교회를 개척하셔서 나의 담임목사님이 되어주셨고, 30여년을 지역사회와 어린이 그리고 연약한 자들을 섬기는 사역을 잘 감당하셨다. 올케언니도 마찬가지셨다. 그 생명을 주님께 맡기고 죽음 앞에서도 굴하지 않고 한 영혼이 전도되어 오면 그 영혼을 귀하게 여기는 마음으로 그 사람의 상황과 수준에 맞게 기초성경을 가르쳐서 몇 달이 걸리더라도 그 마음 밭을 기경하여 알곡으로 만들어 내셨다. 물론 그 사역을 하는 가운데 건강의 어려움은 있었으나 올케언니는 지금 두 명의 손자를 둔 젊은 할머니가 되셨는데도 건강하게 지내고 계신다. 늘 이런 말도 안 되는 기적을 베푸신 주님을 진정, 온 맘 다해 찬양하지 않을 수 없다.

이 모든 것이 하나님만 바라본 한 사람, 어머니의 목숨 건 기도의 응답임을 부인하지는 못할 것이다. 어머니는 목포의 산과 바다를 헤집으며 이웃을 전도하셨을 뿐 아니라 우리 가문의 믿음의 선지자로 세워져 일가친척을 주님께로 인도하셨다. 그리고 주님의 축복으로 많은 목회자들과 선교사, 장로님들이 배출되는 기도의 열매를 맺으셨다.

어머니가 나에게 경제적 가장의 짐을 벗겨주셨을 때 주님은 이미 멋진 선물을 또 준비해 두셨다. 어머니가 내게 자유를 선언해주시고 얼마 지나지 않았을 때, 평소 동명원 사역을 말없이 후원해주시며 나를 기특하게 여겨주셨던 지점장님이 나를 조용히 부르셨다. 그리고 "성군은 공부를 더 하면 좋겠다. 그래서 사회에 빛이 되라"고 격려해 주시면서 만약 내가 계속 공부할 의향이 있다면 서울에 있는 지점으로 보내주시겠다고 하셨다.

전혀 생각지도 못했던 일이었다. 공부를 하고 싶은 마음은 굴뚝같았지만 그때도 움치고 뛸만한 여유가 전혀 없었다. 가장의 부담에서는 벗어났지만 공부를 다시 시작하려면 몇 년은 꼬박 저축해야 가능했다. 누군가 지원을 해주지 않는 한 공부는 한참 뒤에나 할 수 있을 거라고 생각했다.

그런데 꿈같은 기회가 내게 주어진 것이다. 지점장님은 서울에서 전근오신 지 얼마 되지 않았기 때문에 충분히 나를 보내주실 수 있었다. 그래서 망설이지 않고 바로 '공부를 하고 싶다'고 말씀드렸더니 지점장님이 그 자리에서 서울에 계신 인사부장님께 전화를 걸어 서울 서대문지점으로 전근을 갈 수 있게 해주셨다.

내 눈앞에서 일이 일사천리로 진행되자 기쁘기보다 어리둥절했다. 은행에 입사하기가 바늘귀 뚫기라면 지방에서 서울로 올라가는 하늘의 별 따기였다. 그런데 그 별이 내게 떨어진 것이다. 그뿐 아니다. 지점장님은 공부하기 편하라고 일부러 학원이 밀집되어 있는 서대문지점으로 꼭 찍어서 발령을 내주셨다.

아무리 철저하게 계획한다고 해도 이렇게 완벽한 타이밍에 이렇게 감동적인 이벤트를 만들 수는 없을 것이다. 하나님의 은혜가 아니고서는 있을 수 없는 일이었다. 나의 아버지 되신 주님은 내가 하나님을 아버지로 부르기 전에 나를 먼저 사랑하시고, 아버지 없는 가난한 집의 막내딸을 힘 있고 부유한 집의 자녀보다 더 세심하게 돌보시어 넉넉히 꿈꾸고 그것을 향해 달려갈 수 있도록 내 손을 붙잡아 이끌어주셨다.

10살 연상의 고시 낙방생

서울로 전근 오면서 공부할 기회를 얻었지만 곧바로 대학에 입학하지는 못했다. 1년 동안 죽어라 공부하고서야 나는 성균관대 중문학과에 수석으로 합격했다. 그때 내 나이 스물 넷, 대학을 졸업할 나이에 늦깎이로 대학생이 되었다. 하지만 나이 따위는 내게 전혀 중요하지 않았다. 대학이라는 좁은 문을 통과하기 위해 1년이란 시간을 고스란히 바쳤기 때문에 대학에서 공부할 수 있다는 것 자체가 너무 감사하고 행복했다.

대학 입시를 준비했던 1년은 하루와 같았다. 그만큼 짧았다는 게 아니라 매일 똑같은 일상을 반복했다는 뜻이다. 날마다 새벽 4시에 일어나 도서관에 가서 출근시간이 될 때까지 공부하고 저녁에는 퇴근하자마자 학원으로 달려가 12시까지 공부했다. 녹초가 돼서 이모

집에 돌아와도 맘 편히 이불을 펴고 누운 적이 없었다. 책상에서 두세 시간 깜박 졸다가 알람 소리에 깨서 도서관으로 내달리던 그때, 내 소원은 잠 한번 실컷 자는 것이었다. 나는 지금도 80년대 초반의 서울 풍광을 기억하지 못한다. 한 번도 여유롭게 바라본 적이 없기 때문이다. 그만큼 치열하고 숨 가쁘게 살았다.

그렇게 죽기 살기로 공부하니 성적은 잘 나왔다. 문제는 진로였다. 마음 같아서는 특수교육학과에 진학하고 싶었지만 그때 당시에는 야간대학에 장애인 관련학과가 없었다. 특수교육과를 가려면 직장을 그만두고 일반대학에 가야했는데 그건 불가능했다. 입학금을 대기도 빠듯한 상황에 퇴사까지 하면 등록금은 무엇으로 해결한단 말인가. 공부할 수 있는 기회를 주신 것만으로도 감사한데 일반대학을 욕심내는 건 과하다는 생각이 들었다.

그때 내 눈에 들어온 것이 중문학과였다. 테레사 드림을 마음에 품기 시작한 고등학교 때부터 중국은 내게 특별한 나라였다. 내가 생각할 수 있는 가장 큰 나라였고, 사회주의 국가라 복음의 불모지였기 때문에 선교하기에 가장 적합한 나라였다. 그래서 언젠가 철의 장막이 무너지면 중국에 가서 복음을 전하겠다고 생각했었다. 전공 중에서 '중문학과'를 봤을 때 불현듯 고등학교 때 품었던 중국 선교비전이 떠오르면서 '이것이야말로 하나님의 뜻이 아닐까'라는 생각이 들었다. 그래서 망설임 없이 중문학과를 선택했다.

나는 중문과 합격이 중국선교에 대한 하나님의 응답이라고 믿었다. 나는 머리가 뛰어나게 좋지도 않았고 다른 학생들처럼 공부만 할 수 있는 형편도 아니었다. 일하는 틈틈이 공부를 했기 때문에 1년 만에 입시를 통과한다는 건 불가능했다. 그런데 하나님께서는 나의 어려운 형편을 헤아려 단번에 붙게 하셨을 뿐 아니라 장학금 혜택도 받게 해주셨다. 일하면서 공부하는데 걸림돌이 없도록 미리 길을 닦아주신 것이다. 뿐만 아니라 성균관대 야간에 다니면서 낮에 일하고 밤에 공부하는 동안 수석으로 공부할 수 있는 영광도 안겨주셨다. 내 실력으로는 꿈꿀 수 없는 일들을 베풀어주시는 주님의 사랑을 경험할 때마다 중국선교의 날이 내 앞에 성큼 다가서는 것 같았다.

하지만 하나님은 나를 전혀 예상치 못한 길로 인도하셨다. 고등학교 때부터 테레사 드림을 꿈꾸었기 때문에 나는 결혼할 생각이 없었다. 그래서 또래 아이들과 달리 이성에 대해서도 관심이 없었다. 오히려 독신여성 수도공동체인 디아코니아 자매회를 우연히 알게 된 후로는 그곳이야말로 내가 갈 곳이라고 생각하고 거기서 장애인들과 함께 살다가 중국 선교사로 파송되길 꿈꿨다.

그런데 내가 수도자로 살길 바라지 않으신 주님은 좋은 배필인 남편을 예비해두셨다. 남편은 은행 동료이자 1년 선배의 집에서 만났다. 고향에서도 나를 살뜰히 챙겨주었던 고향선배는 결혼하여 나보다 먼저 서울에 와 있었다. 서대문지점으로 전근을 오자마자 제일 먼저 생각난 사람이 그 선배였지만 1년 동안은 입시준비를 하기에 바빠서 얼굴도 보지 못했다. 전화통화로 안부만 묻다가 대학에 합격하고 나서야 겨우 만날 짬을 만들었다. 데모로 수업이 결강되는 바람에 얼결에 기회를 얻어 선배를 찾아갔다.

그런데 가는 날이 장날이라고 어렵게 시간을 내어 찾아간 그날이 하필이면 형부 친구분들이 모인 날이었다. 그분들도 예정된 자리가 아니라 1차 기술고시에 떨어진 친구를 위로하기 위해 갑자기 모인 것이었다. 집에 들어서자마자 무거운 공기가 느껴지고 어색한 가운데 한 남자가 눈에 띄었다. 한눈에 봐도 그 남자가 불운의 주인공이었다. 한쪽 구석에 코를 박고 앉아있는데 마치 눈밭에 혼자 서 있는 것처럼 외롭고 쓸쓸해 보였다. 어찌나 상심이 커 보이던지 그 남자에게서 눈을 뗄 수가 없었다. 나보다 열 살이나 많은 어른인데도 불구하고 그 상처를 내가 어루만져주고 싶은 생각이 들었다.

안쓰러운 마음으로 그 남자를 보고 있는데 선배가 내 옆구리를 툭 치면서 눈짓을 했다. 알고 보니 그 남자가 바로 선배가 점찍어두었던 내 소개팅 상대였다. 선배는 내가 서울에 올라오자마자 남편 친구 중에 고시준비를 하는 사람이 있는데 합격하면 바로 소개시켜주겠다며 몇 번이고 약속했었다. 그 남자는 이미 내 사진을 보고 호감을 표시했으니 마음의 준비를 단단히 하고 있으라고 했었다. 그런데 그 남자로서는 가장 비참한 날에 만났으니 무슨 할 말이 있겠는가. 서로 말 한 마디 하지 못하고 황망히 헤어졌다. 축 처진 어깨를 늘어뜨리며 선배 집을 나서는 그 남자의 등을 보며 나는 우리의 인연은 거기까지라고 생각했다.

그러고 나서는 그 남자를 잊고 살았는데 며칠 후에 기술고시 1차 시험답안을 채점하는데 컴퓨터 오류가 있었다는 기사가 신문에 났다. 그로 인해 누락된 합격자들이 다시 시험을 봤다는 내용이었다. 나는 동료들과 어떻게 우리나라 최고의 시험에서 이런 실수를 할 수 있냐며 황당해 하면서 기사를 보아 넘겼다.

그런데 그 황당한 일이 그 남자와 나를 다시 만나게 해주었다. 내 소개팅의 남자였던 불운의 주인공, 융성씨가 누락된 합격자로 재시험을 보게 된 것이다. 그리고 수석으로 기술고시에 최종 합격했다. 융성씨는 시험 결과를 확인하자마자 나를 만나러 은행 앞으로 달려왔다. 숨이 턱에 닿도록 달려온 융성씨는 이마에 땀이 송골송골 맺혀 있었지만 그 전날 선배 집에서 봤던 후줄근한 모습이 아니었다. 오히려 당당하고 여유로워 보였다.

시험에 합격하고 난 후 융성씨는 내게 적극적으로 다가왔다. 때와 장소를 가리지 않고 불쑥불쑥 나타나 나를 당황하게 만들었다. 퇴근하고 학교에 갈 때 길목을 지키고 있는가하면 강의실 앞에도 서 있었다. 그러다보니 후배들까지도 남편의 얼굴을 알게 되어 "언니! 밖에 아저씨가 또 와 있어요"라고 호들갑을 떨며 나를 떠미는 바람에 융성씨와 함께 학교에 가는 날이 점점 많아졌다.

한두 번 이야기를 나누면서 내 마음도 어느새 융성씨를 향하게 되었다. 내 모성애를 자극했던 위축된 모습은 간데없고 항상 부드럽고 따뜻하게 나를 품어주는 모습이 믿음직스럽고 편안했다. 만남을 거듭하면서 서로 진지하게 미래를 생각하던 때, 나는 고향선배로부터 뜻밖의 얘기를 들었다. 융성씨가 고시를 패스한 후 호화 혼수를 해올 수 있는 부잣집 딸을 소개시켜주겠다는 중매쟁이들이 줄로 늘어섰다고 했다. 키를 몇 개 가져온다는 그런 제안에도 현혹되지 않고 나만 바라보는 융성씨가 참 좋은 사람이라며 둘이 꼭 결혼을 했으면 좋겠다고 선배는 나를 볼 때마다 당부했다.

우리 둘을 축복하려고 꺼낸 선배의 말은 내 가슴에 비수처럼 박혔다. 그 말을 듣는 내내 나는 '아, 내가 이 남자의 걸림돌이 되었구나. 그동안 고생만 했던 남자인데 부유한 여자와 결혼해서 편하게 살 수 있는 기회를 내가 막아버렸구나. 나는 이 남자의 고생을 보상해 줄 방법이 없으니 지금이라도 이 남자를 놓아주어야겠다'는 생각이 들었다.

그때도 나는 빈털터리였다. 월급은 받는 족족 등록금으로 들어가 잔고는 텅텅 비어 있었고 결혼을 생각하지 않았기 때문에 혼수 하나 마련해 둔 것이 없었다. 남편이 좋은 혼처를 버리고 나와 결혼하면 출발선이 뒤처질 게 뻔했다. 내가 비켜주는 게 그를 위해 할 수 있는 유일한 일이었다. 그렇게 생각하자 이별이 그리 고통스럽지 않았다.

그래서 담담하게 그 남자에게 헤어지자고 이야기했다. 갑작스런 이별통보에 남편은 한동안 말이 없더니 내 눈을 한참 바라본 후에 순순히 받아들여 주었다. 이미 내 마음이 확고한 것을 알아차린 것이다. 요란하지 않은 이별이었다. 하지만 그때부터 우리 둘의 말 못할 가슴앓이가 시작되었다. 서로 마음 둘 곳을 못 찾고 아파하며 헤맸다. 영문도 모른 채 헤어진 융성씨는 날마다 술에 절어 살았고, 가난으로 인해 물러설 수밖에 없었던 나는 마음 한 구석이 무너진 채로 살았다. 그런 둘의 모습을 보다 못해 선배가 다시 둘을 만나게 해주었다. 벙어리 냉가슴 앓듯 끙끙 앓기만 하는 숙맥들을 위해 선배가 서로 마음을 확인할 수 있는 기회를 마련해준 것이다.

비 온 뒤에 땅이 굳어진다고 했던가. 이별은 우리의 관계를 더 깊고 단단하게 만들었다. 이별의 아픔을 겪으면서 서로를 생각하는 마음이 걷잡을 수 없이 커진 것이다. 융성씨는 사랑을 포기하면서까지 자신을 생각해준 나를 더없이 귀하게 여겼고, 나는 비싼 혼수인 빌딩이나 아파트 키 등을 마다하고 나를 선택해준 융성씨가 한없이 고마웠다. 서로에게 서로가 가장 소중하다는 것을 확인하자 어떤 고난도 극복할 수 있을 거란 확신이 들었다. 그때 융성씨가 내게 결혼을 청했고 나는 바로 승낙했다.

종갓집 불교 집안으로 시집가다

결혼을 약속하고 나자 우리의 앞길에 더 이상 장애는 없을 것 같았다. 하지만 복병은 항상 생각지 않은 곳에서 튀어나왔다. 뜻밖에도 양가 집안의 반대에 부딪힌 것이다. 결혼을 승낙받기 위해 양가를 찾아갔을 때 두 집 다 반대가 이만저만한 게 아니었다. 우리 집에서는 융성씨가 크리스천이 아닌데다 나이가 너무 많은 걸 탐탁지 않아 하셨고, 시댁에서는 내가 크리스천이라는 이유로 반대하셨다. 시댁은 종갓집에 독실한 불교 집안이라 크리스천을 배척하는 분위기가 강했다. 일 년에 드리는 기제사만 13번인 종가에 크리스천 며느리를 들인다는 것은 있을 수 없는 일이었다.

특히 제사를 지내면서 집안의 가풍을 지켜온 형님부부의 반대가 극심했다. 중고등학교 때 부모님을 여읜 융성씨에게 형님 부부는 부모님과 다름없었다. 형님부부의 도움을 받아 융성씨는 대학도 들어가고 고시공부도 할 수 있었다. 그의 의지가로 언제나 믿어주고 지지해주셨던 분들이 반대하시니 당황스럽기가 이를 데 없었다.

하지만 융성씨는 형님부부를 믿었다. 누구보다 동생이 결혼하기를 기다리셨던 분들이니 내가 어떤 사람인지 잘 말씀드리면 이해하고 받아주실 거라고 나를 위로하며 결혼을 추진했다. 융성씨 특유의 낙천적인 성격에 나도 동화되어 우리는 결혼준비를 서둘렀다.

서로 의논하여 결혼날짜도 잡고 식장도 예약했다.

그런데 결혼식을 불과 열흘 앞두고 형수님이 머리를 깎고 절로
들어가 버리셨다. 당신이 아무리 반대해도 결혼이 성사될 것 같자
이도저도 안 보고 살겠다며 비구니들이 있는 절로 가버리신 것이
다. 나로서는 이해할 수 없는 일이었다. 아무리 시동생이 귀하고 집
안의 가풍이 중요하다고 해도 이렇게까지 반대하시는 건 지나치다
는 생각만 들었다.

그런데 융성씨와 주변 분들에게 자초지종을 듣고 나니 형수님이
이해가 됐다. 형수님께 융성씨는 단순한 시동생이 아니었다. 형님이
일하시느라 외국에 계셨던 10년 세월을 함께 한 동지요, 집안의 기
둥이었다. 그런 시동생을 존귀하게 여기며 섬기셨던 형수님은 동서
에 대한 기대도 남다르셨다. 시동생이 결혼하면 동서에게 종갓집의
모든 행사를 가르쳐주면서 함께 오순도순 살고 싶었는데 하필이면
크리스천과 결혼하겠다고 하니 너무나 크게 낙담이 되셨던 거다.
게다가 형수님이 아는 크리스천은 절대로 개종하지 않는 사람이었
다. 싫다고 마다해도 안 믿는 사람들에게 끝까지 찾아와 전도하는
질기고 독한 사람들이었다. 그런 예수쟁이가 집안에 들어오게 되었
으니 형수님으로서는 하늘이 무너지는 것 같았을 것이다.

그때는 시댁에 크리스천이 한 사람도 없었다. 지금 생각하면 그
런 불모지에 어떻게 시집갈 생각을 했는지 그 용기가 가상하다. 그
때는 내가 못마땅해서가 아니라 크리스천이라서 반대하시는 거라

면 걱정 없다고 생각했다. 당장은 어렵겠지만 전도하면 다 해결될 일이라고 생각했기 때문이다. 물설고 낯선 중국에도 선교사로 가려고 했었는데 말도 통하는데다 내가 사랑하는 남자의 가족을 전도하는 건 어려울 게 없었다. 융성씨를 사랑해서 반대하시는 거라면 주님의 사랑으로 그 반대를 극복할 자신이 있었다.

문제는 융성씨의 태도였다. 호기롭게 결혼을 준비하다가 형수님이 절로 들어가 버리셨다는 이야기를 듣더니 은근슬쩍 결혼준비를 중단했다. 뭉그적거리기만 하고 도대체 일을 진행시키지 않는 융성씨의 태도에는 형님부부의 반대 말고도 뭔가 다른 문제가 있어 보였다. 하지만 그도 나도 그 속내를 털어놓고 이야기하지 못한 채 시간만 보내고 있었다. 그때 큰 언니가 나를 불러 "정말 중국에 선교 가는 마음으로 시댁을 구원할 각오가 돼 있냐"라고 물었다. 그건 두 말하면 잔소리였다.

그런데 그 다음 이어지는 언니의 말이 좀 의외였다. 언니는 선교사로 가기 위해선 전도뿐만 아니라 아무것도 없는 척박한 환경을 이겨낼 각오도 해야 한다는 것이다. 그러면서 내게 부모형제로부터 아무런 도움을 받지 않고 결혼생활을 시작할 수 있겠냐고 물었다. 그 역시 예상하고 있던 터라 나는 당연히 그렇다고 대답했다. 그러자 언니는 나의 그 마음을 융성씨에게 말하라고 했다. 시댁의 결혼 반대로 경제적인 도움을 받지 못할 상황에 처하게 되면서 아마도 혼자 마음고생을 하고 있을 거라며 그럴 때일수록 서로 마음을 터놓고 이야기하는 게 중요하다고 했다.

그 말을 듣자 '아차' 싶었다. 큰 언니의 말이 맞다면 지금 융성씨는 혼자 끙끙 앓고 있을 게 분명했다. 그래서 곧장 그를 만나 결혼에 대한 나의 생각을 이야기했다. 나는 백마 탄 왕자와 결혼하고 싶은 게 아니라 인생을 함께 걸어갈 동반자를 원하고 있으며 결혼도 부모형제의 도움 없이 둘만의 힘으로 시작하고 싶다고 숨도 안 쉬고 말했다. 그러자 융성씨는 뛸 듯이 좋아하며 내 손을 덥석 잡았다.

"그게 제 스타일입니다."

그 말을 하는 융성씨의 얼굴에 웃음꽃이 활짝 피었다.

역시 융성씨의 고민은 결혼자금이었다. 결혼을 반대하는 형님부부께 손을 벌릴 수도 없고 맨손으로 시작하자니 내가 어떻게 받아들일지 몰라 속앓이를 하고 있었던 것이다. 형님부부의 뜻을 한 번도 어긴 적이 없었던 그가 결혼을 강행한다는 것은 그분들을 배신하는 것 같아 괴롭고 그렇다고 나이 들어 어렵게 만난 어린 신부를 놓칠 수도 없어 답도 없는 고민을 계속하고 있었던 것이다. 그런데 내가 가려운 데를 긁어주니 살 길이 열린 것처럼 좋아했다. 그때부터 결혼은 일사천리로 진행됐다. 다행히 형수님도 결혼 전에 돌아오셔서 무사히 식을 치렀다.

우리는 형님부부가 주신 혼수자금 백만 원과 어머니가 해 주신 이불 두채로 결혼생활을 시작했다. 집은 내가 은행에서 대출을 받아 방 두 칸짜리 월세를 얻었고 살림살이는 형제들의 도움을 받아

구색을 맞췄다. 남들 보기엔 초라할지 모르지만 우리는 마냥 행복하고 즐거웠다. 살림 따윈 내게 아무 문제가 되지 않았다. 살고 보니 융성씨, 남편이 바로 내가 꿈꾸던 이상형이었기 때문이다. 나는 특별한 결혼관은 없었지만 만약 결혼을 하게 된다면 평생 존경할 수 있는 사람과 하겠다는 생각은 있었다. 그런데 남편이 바로 그런 사람이었다.

남편과 나는 환상의 짝꿍이었다. 서로의 단점을 서로의 장점으로 채우며 완벽한 하나를 이루었다. 심지가 단단하고 신중하지만 실행력이 부족한 남편은 행동주의자인 나를 감탄하며 바라보았고, 강한 실천력으로 언제나 사람들 앞에 드러나는 나는 겸손하게 뒤로 물러서서 다른 사람들을 세워주는 남편이 존경스러웠다.

살수록 남편의 좋은 점은 새록새록 드러났다. 우여곡절 끝에 결혼하여 둘 다 결혼생활을 어떻게 하자는 의논 한 번 못하고 식을 올렸지만 우리의 결혼생활은 안온하고 평탄했다. 나는 그것이 남편의 힘이라고 생각한다. 남편은 따뜻하고 자상했으며 언제나 나를 최우선으로 생각해주는 든든한 내편이었다. 남편은 하나님이 내게 주신 최고의 선물이었다.

내 집 마련보다 교회 먼저 - 만나교회의 탄생

결혼을 하면서 내게 새로운 관계가 생겼다. 남편과 시댁식구 그리고 결혼하자마자 갖게 된 첫 아이까지, 식구의 개념이 확장됐다. 나는 결혼하면서 맺게 된 새로운 관계는 거기까지라고 생각했다. 그런데 하나님은 평생에 있어 내게 가장 중요한 또 다른 만남을 예비하고 계셨다. 바로 만나교회와의 만남이었다.

내가 결혼했을 때 만나교회는 없었다. 나의 오빠이자 만나교회를 개척하신 성광재 목사님은 그 당시 전도사로 가평에서 아름답게 사역하시다 서울로 오셔서 개척을 준비하고 계셨고 나는 맞벌이 생활에 학업까지 병행하느라 정신없이 살고 있었다. 서로 안부를 챙기며 살 시간적 여유가 없었기 때문에 오빠와 나는 명절 때나 겨우 얼굴을 볼 수 있었다.

게다가 나는 신혼여행에서 덜컥 아이를 임신하여 입덧으로 고생하고 있었기 때문에 몸과 마음이 여러 가지로 힘들고 어려웠다. 살림도 손에 익지 않은데다 은행 업무에 학교까지 다니느라 기진맥진하는 나를 보며 남편은 살림에 힘쓰지 말고 앞으로 태어날 아이를 위해 집을 옮기는데 집중하자고 했다. 나는 시간이 없어 쓰지도 못할 살림에 돈을 들이면서 심적 부담을 갖지 말자는 남편의 말이 고마웠다. 우리는 더 아끼고 절약하여 월세에서 벗어나 곧 전세로 옮겨갔다.

　그리고 얼마 지나지 않았을 때 직장상사로부터 아파트 청약 제
안을 받았다. 그분은 목포지점에 교복을 입고 첫 출근을 했을 때
부터 나를 유독 귀엽게 보시고 챙겨주셨는데 본사 조합주택 담당
으로 오신 후에는 나를 볼 때마다 아파트 청약을 신청하라고 권면
하셨다. 좋은 기회인 건 알았지만 조합아파트는 우리에겐 언감생심
이었다. 계약금이야 어떻게든 마련한다 해도 중도금을 무슨 수로
마련하겠는가. 여윳돈이 없이 살던 내게 조합아파트는 그림의 떡이
었다.

　나를 생각해주시는 마음은 고맙지만 신청할 여력이 없었기 때문
에 매번 다음을 기약하며 감사의 인사를 드렸다. 그런데 1년이 지
났을 땐 다른 때와 달리 그분도 쉽게 물러서지 않으셨다. 이번이
내가 조합아파트를 신청할 수 있는 마지막 기회인데다 최고의 입지
이기 때문에 놓치기엔 너무 아깝다며 접수를 빨리 서두르라고 재
촉하셨다. 공고가 뜨자마자 신청자가 몰려들어 자리가 두 개밖에
남지 않았다는 것이다. 중도금을 낼만한 형편이 안 된다고 말씀드
려도 소용이 없었다. 그분은 "나만 믿고 일단 신청을 해. 이건 중도
에 포기해도 남는 장사니까. 프리미엄이 어마어마할 거니까 걱정하
지 말고 일단 신청부터 해"라고 강하게 권하셨다.

　그렇게까지 말씀하시니 더 이상 거절할 수가 없어서 남편과 급하
게 의논을 한 후에 조합아파트를 신청했다. 신청금보다는 중도금이

문제였다. 우리는 최선을 다해 돈을 모아보고 그래도 중도금을 마련하지 못하면 중간에 팔자는 마음으로 신청했다. 나는 은행에 다녔지만 세상물정을 잘 몰랐고 남편도 아끼고 절약하는 게 최고의 투자라고 생각하는 사람이라 아파트 시세에 관심이 없었다. 월급 받아 저축하는 걸 최고의 미덕으로 생각하는 우리 부부를 답답하게 여기셨던 그 상사 덕분에 우리는 생전 처음 재테크라는 것을 한 것이다.

내 예상대로 중도금은 치르지 못했다. 돈을 마련하기에는 너무 큰 액수라 우리는 당연히 아파트를 팔기로 마음먹었다. 그런데 부동산에 가보니 상사가 말씀하셨던 것처럼 아파트 시세가 엄청 뛰어 있었다. 말로만 듣던 아파트 프리미엄이었다. 부동산에 물어 볼 때마다 조금씩 올라가는 프리미엄 소식을 들으며 나도 모르게 마음에 정한 금액 천만 원 이상의 프리미엄을 받게 되면 나머지는 오빠가 교회를 세우는데 개척헌금으로 드려야겠다는 생각이 들었다. 그 얘기를 어머니께만 말씀드리고 실현이 될지 안 될지 모르니 말하지 말고 조용히 기도하자고만 했다.

그리고 몇 달 후 아파트가 팔렸다. 내가 예상했던 것보다 프리미엄이 더 많이 붙어서 십일조와 내가 정한 금액을 떼어놓고도 남은 돈이 상당했다. 그 돈에 우리 집 전셋값을 보태면 작은 집 하나는 충분히 살 수 있을만한 금액이었다. 하지만 내 집을 사는 것보다 하나님의 집을 세우는 게 먼저였다. 그 돈이면 교회를 세우는데 있어 작은 벽돌을 헌신할 수 있었다. 나는 기쁜 마음으로 돈을 헌금

봉투에 넣고 오빠에게 전화를 드렸다.

갑작스런 여동생의 호출에 놀랐는지 오빠는 급하게 은행으로 달려오셨다. 그런데 모습이 영 말이 아니었다. 초췌한 얼굴에 수염은 텁수룩하고 혈색도 창백했다. 호되게 앓은 것 같은 오빠의 모습에 나는 가슴이 덜컥 내려앉았다. 오빠는 오랫동안 폐병으로 고생하며 사선을 몇 번이나 넘나들었기 때문에 건강이 항상 조심스러웠다. 말도 못하고 오빠의 기색만 살피고 있는 내게 오빠는 건강에 아무 이상 없다며 힘없이 웃으셨다.

오빠에게 뭔가 말 못할 고민이 있는 것 같았지만 더 이상 여쭤보지 않고 얼른 헌금봉투를 내밀었다. 그 돈이 오빠에게 조금이라도 힘이 되었으면 하는 마음에 기쁜 마음으로 드렸는데 오빠는 봉투를 열어보더니 고개를 푹 숙이고는 아무런 말씀도 하지 않았다. 한참 후에야 오빠가 얼굴을 드는데 눈자위가 붉게 물들어 있었다. 떨리는 손으로 헌금 봉투를 다시 열어보고 나서야 오빠는 그간의 이야기를 해주었다.

그때가 고난주간이었는데 오빠는 교회 개척을 위해 사생결단하고 금식을 하고 있던 중이었다. 쥐꼬리만 한 전도사 월급으로 가족들을 먹여 살리기도 버거웠던 오빠가 교회를 개척한다는 건 어불성설이었지만 오빠는 확신을 갖고 주님께 매달렸다. 교회를 개척할 수 있는 길을 열어주시던지 아니면 확실한 목회의 비전을 주시든지, 자신이 나아갈 길을 보여 달라고 오빠는 일주일 내내 금식하며 기도했다.

하지만 나를 만나러 온 그날, 작정한 금식기도의 마지막 날까지도 주님은 아무런 응답도 주지 않으셨다고 했다. 하나님의 침묵에 '아직 하나님의 때가 아닌가보다'라고 생각하고 마음을 다잡았지만 낙담되는 마음을 어쩔 수 없어 무거운 마음으로 나를 만나러 오셨는데, 뜻하지 않게 개척헌금을 받게 되자 감격에 할 말을 잃은 것이다.

하나님의 완벽한 계획에 나도 소름이 끼쳤다. 한편으로는 천만다행이라는 생각도 들었다. 오빠를 통해 교회를 세우시려는 하나님의 각본은 내가 그 상사로부터 아파트 조합원에 가입하라는 권유를 받았을 때 이미 시작되었다. 평소와 다르게 신중한 남편이 재테크에 찬성한 것도 아파트 프리미엄을 들었을 때 오빠가 떠올랐던 것도 다 성령께서 내 마음을 주관하셨기 때문에 가능한 일이었다. 나는 내 마음을 움직여 축복의 자리로 인도하신 하나님께 감사했다. 나의 결정이 다른 사람의 응답이 되고 나를 통해 하나님의 공급하심이 흘러가게 하셨으니 얼마나 영광된 일인가.

오빠는 그 길로 살던 집을 정리하고 중계동에 있는 상가에 세를 얻어 교회를 개척하셨다. 20평 남짓한 좁은 공간을 반으로 갈라 예배당과 살림집을 겸한 반쪽짜리 교회였지만 첫 예배를 드리면서 받은 은혜와 감격은 형언할 길이 없다. 작은 순종으로 큰일을 이루시는 하나님, 내 집보다 아버지의 집을 먼저 세울 수 있는 믿음을 주신 하나님, 그 일을 통해 매사에 하나님 섬기는 것이 무엇보다 우선되어야 한다는 것을 깨닫게 하신 하나님, 그 하나님이 나의 아버지라는 사실이 그날처럼 감격스러웠던 적은 없었다. 주님께 쓰임받는 도구로 나를 사용해주신 주님, 그 주님의 사랑을 날마다 깨닫게 하시고, 그 감동으로 살아가게 하시는 주님을 찬양하지 않을 수 없다.

나는 미리암처럼 되지 않을래요

내가 하나님께 받은 최고의 축복은 '순종'이다. 나는 세상에서 가장 멍청한 사람들이 뒤늦게 예수를 믿는 사람이라고 생각했다. 그래서 깨지고 아프고 어려움을 당하기 전에 기도도 미리 저금하고 말씀도 저축하고, 하나님이 기뻐하시는 일을 많이 해서 나는 항상 사랑받는 자녀로만 살아야겠다고 생각했다. 평소 그런 생각이 강했기 때문에 성령의 감동이 올 때마다 나는 즉각 순종하고 뒤돌아보지 않았다.

그런데 교회를 결정하는데 있어서는 즉각적으로 순종하지 못했다. 어렵사리 오빠가 교회를 개척하셨지만 나는 그 교회를 섬기지 않았다. 나는 교회를 세우는데 작은 힘을 보태는 것에 만족하고 기도로만 중보했다. 내가 살던 수유리에서 중계동 만나교회가 그리 멀지 않았지만 형제가 목회자로 있는 교회에 다니자니 좀 거리끼는 마음이 생겨서 다른 교회를 섬기고 있었다.

그런데 오빠가 교회를 개척하고 1년쯤 지났을 때 그야말로 빼도 박도 못할 상황이 벌어졌다. 아파트 청약을 넣어 당첨이 되었는데 하필이면 상계동에 있는 아파트가 된 것이다. 그것도 만나교회와 엎어지면 코 닿을 만큼 가까운 거리에 있었다. 모델하우스에 가서 아파트 위치를 확인하는 순간, 내 생애 첫 집인데도 마음이 기쁘지가 않았다. 오빠가 목회하시는 교회에 다닐 생각을 하니 마음이 무거웠다.

오빠와 나는 한 형제지만 삶의 배경은 서로 달랐다. 나는 어려서 부터 모범생이었고 어머니의 신앙을 따라 올곧게 자랐지만, 오빠는 방황의 시간도 길었고 심하게 병치레를 하면서도 복음을 받아들이지 않다가 죽음의 직전에서 성령으로 치유 받고 주님 앞에 돌아온 탕자였다. 한마디로 오빠와 나는 신앙의 성장배경이 전혀 달랐다.

나는 신앙에 있어서는 그 궤적을 좇을 수 있는 예수님 같은 목자에게서 양육 받고 싶었다. 그래서 물질로는 후원해도 만나교회를 섬기지는 않겠다고 몇 번이고 다짐했었다. 그 생각을 꺾기 위해 주님은 우리 집을 아예 교회 앞으로 옮기신 것이다. 나는 대번에 아파트 분양 당첨이 만나교회를 섬기라는 하나님의 뜻이라는 걸 알았지만 다른 때처럼 순순히 '네'라는 대답이 나오지 않았다. 내가 과연 오빠목회자를 품을 만한 그릇인지, 내가 목회자 일가로서 교회의 본이 될 수 있을지, 그 시집살이를 참아낼 수 있을지 확신할 수가 없었다. 무엇보다도 영적성장에 목말라 있던 나는 기회만 된다면 기라성 같은 목사님 아래서 제대로 훈련받고 싶은 열망이 가득했다.

그래서 난생처음 하나님께 조건을 걸었다. 주님이 그렇게 원하시면 딱 3년만 만나교회를 섬기겠노라고 기도하고 앞으로 3년 동안 나는 벙어리, 귀머거리, 소경으로 살겠다고 결심하고 교회에 등록했다. 그리고 만나교회의 등록교인으로 예배를 드리는데 모세의 누이 미리암이 생각났다. 목사님은 형제이기 전에 하나님이 기름 부으신 종이다. 그걸 잊고 누이라는 입장을 내세워 하나님의 종 모세를 비난했을 때 미리암은 하나님의 진노를 사 잠시 문둥이가 되었다. 미리암처럼 되지 않으려면 목회자와 교회 공동체의 허물은 보지도, 듣지도, 말하지도 않고, 교회에서 가장 낮은 자로 중보하는 수밖에 없었다. 그것만이 교회의 덕을 세우는 길이고 주님께 충성하는 것이었다.

교회를 사랑하시는 주님은 이 기도에 곧바로 응답해주셨다. 만나교회에서 예배를 드리면서 강대상을 볼 때마다 나는 넘치는 사랑과 애틋한 마음으로 일렁거렸다. 평소에 목회자를 바라볼 때의 마음과는 사뭇 달랐다. 혹여 목회자가 실수를 해도 사랑으로 가려주고 덮어주고 싶고, 누구 한 사람이라도 목회자로 인해 시험에 들지 않도록 목숨 걸고 기도하게 되었다. 많이 아팠던 오빠를 사랑하는 마음과 주님을 사랑하는 마음이 한데 어우러져 교회에 대한 사랑의 마음이 더 각별해졌다.

그렇게 그리스도의 지체로서 주님의 몸 된 교회를 섬기면서 나는 하나님이 나를 그곳에 보내신 이유를 알게 되었다. 그것은 나를 향한 하나님의 축복이자 만나교회와 목사님을 향한 크나큰 사랑의 결과였다. 오빠는 죽음에서는 놓았지만 조금만 무리해도 기력이 달리고 정신적인 부담으로 힘들어하셨고 올케인 사모님 역시 심장판막증으로 사형선고를 받아 너무도 약한 건강상태로 언제 쓰러질지 모르는 상황이었다. 그런 상황에서 교회가 아름답게 서기 위해서는 목회자를 내 몸처럼 사랑하고 교회를 위해 중보할 동역자가 필요했다. 주님이 내게 맡기신 사명이 바로 그것이었다. 숨은 동역자 바나바처럼.

그 귀한 사명을 하나님은 내게 억지로 떠맡기지 않고 자발적으로 순종하기까지 기다리시며 나를 축복의 자리로 인도하셨다. 나는 그 하나님 앞에서 조건을 내걸며 기도했던 자신이 부끄럽고 죄송했다. 사랑으로 모든 것을 온전케 하시는 주님, 그분 앞에 내세울 수 있는 헌신은 없었다. 내가 낮아진다 한들 예수님보다 더 겸손할 수 없고 내가 충성한다 한들 교회를 온전히 세우시기 위한 하나님의 열심을 따를 수가 없었다. 나를 압도하는 하나님의 사랑 앞에서 나는 3년이라는 기간을 내세웠던 나의 약함을 회개하고 교회의 밀알이 되기 위해 기도로 밤을 지새우며 십자가 앞으로 성큼성큼 나아가는 축복을 옷 입게 되었다.

사람 낚는 어부로 부르신 주님

상계동 아파트에 입주하고 낳은 둘째가 백일쯤 되었을 때 주님은 나를 새롭게 부르셨다.

1989년 겨울 어느 날 새벽기도에서 주님은 나를 향해 "사람을 낚는 어부가 되라"고 하셨다. 처음에 그 음성을 들었을 때 나는 은행에서 좀 더 적극적으로 전도를 하라는 뜻으로 받아들였다. 그때 마침 승진시험에 합격하여 막 진급을 했기 때문에 더 강력해진 영향력만큼 전도에 힘쓰라는 뜻으로 이해했다.

내가 은행에 다니던 80년대 말엔 여성이 행원에서 관리자로 승진하는 일이 거의 없었다. 유리천장이 아니라 콘크리트 천장이었다. 오죽하면 승진시험을 '성전환 시험'이라고 불렀겠는가. 그런데 그 어려운 시험을 나는 둘째를 임신하고 출산하는 과정 가운데 통과했다. 은행에서 녹초가 돼서 돌아와 큰 아이와 씨름하고 밤낮이 바뀐 젖먹이를 데리고 밤새 전전긍긍하면서 2년 동안 고군분투하여 얻은 결실이 바로 승진합격이었다. 그렇기 때문에 직장을 그만둔다는 것은 꿈에도 생각하지 않았다. 시험 합격이 하나님의 축복이요, 은혜인데 설마 주님께서 직장을 포기하고 '사람 낚는 어부가 되라'고 하지는 않으셨을 거라고 생각했다.

그런데 주님의 음성은 계속됐다. 기도할 때도 큐티하고 예배드릴 때도 하나님께서는 "사람 낚는 어부가 되라"는 동일한 메시지를 주셨다. 그때서야 나는 하나님의 뜻을 온전히 분별했다. '설마'하면서 믿고 싶지 않았던 사실이 바로 하나님의 뜻이었다. 주님은 내가 직장을 그만두고 전도자로 살길 원하셨다.

분명해진 주님의 뜻 앞에서 내 마음은 잔뜩 움츠러들었다. 직장에서 이제 막 진급하여 탄탄대로가 눈앞에 펼쳐져 있고, 집에서도 고시 패스한 남편보다 내가 월급이 더 많아 경제적인 기둥역할을 하고 있었는데 아무런 대책 없이 은행을 그만둔다는 것은 무모하다는 생각이 들었다. 고슴도치처럼 내 의지의 가시가 하나씩 솟아났다. 이왕 좁디좁은 문을 통과했으니 직장에서 좀 더 뜻을 펼쳐보고 싶은 욕심도 생기고, 안정적으로 돈을 벌어 교회에 더 많이 헌금하고 싶다는 생각도 들었다.

그래서 하나님의 부르심에 응답하지 않고 뭉그적거렸다. 시간이라도 벌어보려는 심산이었다. 날마다 주님을 믿노라고 고백하면서도 그때만큼은 마음의 준비를 할 수 있도록 시간을 달라고 했다. 그러면서 더 열심히 교회 생활을 했지만 마음이 불편했다. 주님의 부르심에 즉각 응답하지 않았다는 죄책감이 마음 언저리에 깔려 있었기 때문에 기도를 해도 속이 시원하지가 않았다.

그러던 중에 가족들이 아프기 시작했다. 아이들은 노상 감기를 달고 살았고 그 아이들 뒤치다꺼리에 지친 어머니께서도 몸져누우셨다. 당장 두 아이와 어머니를 돌봐줄 사람이 필요했는데 어디서도 도움의 손길을 구할 수가 없었다. 내가 직장을 그만두지 않으면 아이들도 어머니도 위급해질 상황이었다. 급박하게 돌아가는 상황

속에서 이것저것 가릴 새가 없었다. 순간 이 모든 상황이 하나님의 책망처럼 느껴졌다.

"대체 언제까지 망설이고 있겠느냐. 언제까지 나를 기다리게 하겠느냐."

그 음성이 내 가슴을 후려쳤다. 망치로 세게 맞은 것 같았다. 나는 무엇을 위해 직장에 다니고 아등바등 살았던 것인가. 주님 없이는 내가 계획했던 그 모든 일들이 한순간에 무너질 수 있다는 것을 깨닫는 순간 나는 바로 은행에 사표를 썼다.

1990년 3월, 입사한 지 12년째 된 해였다. 주님은 퇴직을 통해 내가 교회를 어떻게 섬겨야 할 지 구체적으로 알려 주셨다. 그 첫 번째 시험은 퇴직금이었다. 근속연수가 10년이 넘기도 했지만 진급을 한 상태에서 퇴직을 했기 때문에 퇴직금이 예상보다 훨씬 많이 나왔다. 그때 받은 돈이 1천 2백만 원, 25평 아파트 분양가가 2천7백 만 원이었으니 퇴직금으로는 상당히 큰 금액이었다.

또 한 번 목돈이 생기자 그 돈이 내 몫이 아니란 생각이 들었다. 하나님은 내가 평사원일 때 그만두게 하실 수도 있었는데 군이 진급할 때까지 기다리셨다. 그렇다면 혹시 이 퇴직금을 귀하게 쓰기 위해 오늘까지 기다리신 것은 아닐까. 개척헌금을 위해 아파트 분양을 허락하셨던 주님이 또 한 번 교회를 위해 재물을 심기를 바라시는 건 아닐까. 마음에 여러 가지 생각이 떠올랐다.

그리고 교회의 기도제목이 떠올랐다. 그때 우리 교회는 반쪽짜리 상가건물이 너무 좁아서 넓은 곳으로 옮길 수 있게 해 달라고 전교인이 기도를 하고 있었다. 나는 퇴직금이 그 기도에 대한 응답이라고 생각했다. 그래서 십일조와 성전이전 헌금으로 퇴직금의 절반을 주님께 드렸다. 그런데 기도 중에 '천만 원을 성전이전 헌금으로 올리라'라는 마음의 감동을 새롭게 주셨다. 퇴직금을 모두 주님이 받으시길 원하신 것이었다.

그렇게 천만 원과 십일조를 드리고 나니 퇴직금이 바닥이 났다. 그런데 희한하게도 그 잔고를 확인하는데 마음에 감사가 넘쳐났다. 통장에 돈이 없는 게 얼마나 다행스럽던지, 앞으로도 내가 돈에 의지하지 않고 하나님이 날마다 허락하실 '만나'를 기대하며 살 수 있도록 내 손을 가난하게 하신 하나님께 진심으로 감사했다.

나의 어제와 오늘을 지켜주신 하나님은 내일도 인도하실 것이다. 그 은혜를 누릴 수 있는 특권이 내게 있는데 곧 썩어 없어질 세상의 보화를 곳간에 쌓아둘 필요가 뭐가 있겠는가. 나는 12년간의 직장생활을 나의 공로로 남기지 않고 주님께 온전히 전부를 드림으로써 다시 시작될 날들을 주님의 은혜 아래 놓을 수 있게 하신 주님께 감사드렸다.

성전 건축을 위해 10의 5조로 5년을…

흔들림 없이 피는 꽃은 없다는 말처럼 만나교회 역시 성장하면서 많은 어려움을 겪었다. 반쪽짜리 상가 건물에서 두 배가 넘는 곳으로 성전을 이전했을 때는 다들 하나님의 예비하심에 감사하며 기뻐했지만 그곳도 우리가 원하던 가나안은 아니었다. 장소는 넓어졌지만 그곳 역시 상가건물이었기 때문에 예배를 드리기에는 주변이 너무 시끄럽고 번잡스러웠다.

기존 교인들이야 마음이 불편해도 참고 다녔지만 전도를 하는 데 어려움이 많았다. 특히 아이들의 경우 교회에 데리고 오려면 부모님의 허락을 받아야 하는데 주변에 당구장과 분식집, 슈퍼, 공장 등이 있다 보니 다들 교회 보내기를 꺼리셨다. 교회를 다니다가 아이들이 샛길로 빠질 우려가 많겠다면서 나중으로 미루는 부모님들이 대부분이었다.

성전을 이전하고 다들 열심히 기도하며 전도하는데 결실이 맺어지지 않으니 실망하는 마음이 컸다. 그때 누구랄 것도 없이 성전 건축에 대한 열망을 갖게 되었지만 아무도 앞에 나서서 말하지는 못했다. 교회를 이전한지 얼마 되지 않았기 때문에 성전 건축을 말하기엔 교회 재정이 부족하다는 걸 알고 있었기 때문이다. 다들 교회를 건축하고 싶다는 마음의 불씨만 갖고 있었는데 정기부흥회 강사로 오신 장근태 목사님께서 우리 마음에 불을 일으키셨다.

그분은 마치 교인들의 마음을 읽은 것처럼 부흥회 첫날부터 성전 건축에 대해 말씀을 하셨다. 성전은 재정이 아니라 믿음으로 짓는 거라고 하시면서 목사님이 시무하시는 교회가 어떻게 세워졌는지 말씀해 주셨다. 그리고 우리를 향해 성전건축을 위해 "지대헌금을 미리 적금식으로 준비하라"고 선언하듯 말씀하셨다. 그 말씀의 메시지가 얼마나 강력하던지 나는 물론 우리 교인들 모두 가슴을 치며 감동했다. 현실에 갇혀 땅 아래만 보며 낙담하던 우리에게 목사님은 하늘을 바라보며 주님의 지혜를 구할 수 있는 믿음을 주신 것이다.

목사님의 말씀으로 가슴은 뜨거운데 도대체 무엇으로 어떻게 헌금을 해야 할지 막막했다. 그때 생각난 것이 집이었다. 직장도 그만둔 내가 돈을 마련할 수 있는 길은 집을 파는 것뿐이었다. 그때 나는 30평대 아파트에 살고 있었는데 전세와 매매 차이가 5천만 원 정도 되었다. 그래서 집을 전세로 옮기겠다고 마음먹고 그 차액인 5천만 원을 5년 동안 매달 적금식으로 헌금하기로 작정했다.

그렇게 하려면 남편 월급의 반을 헌금으로 드려야 했다. 내가 직장에 다니고 있었다면 내 월급으로 부족한 부분을 채우며 살 수 있지만 나는 이미 퇴직하여 전적으로 남편 월급에 의지하고 살고 있었다. 그렇기 때문에 절반 월급으로 5년 동안 살아가려면 반드시 남편의 허락을 받아야만 했다. 여기까지 생각하자 뜨거웠던 마음이 차갑게 식었다. 내 믿음의 결단이 혹여 남편에게 시험이 될까 두려운 마음이 들었다. 그래서 헌금을 작정하는 날까지 새벽마다 부르짖어 기도했다.

드디어 건축헌금을 작정하는 날, 나는 아이들까지 동원하여 작전을 짰다. 나는 교회에 일찍 가서 예배에 참석하고 아이들은 집에 남아서 아빠를 기다렸다가 퇴근하고 돌아오시면 어떻게든 교회로 모시고 오기로 했다. 그 다음은 내가 책임지겠다고 아이들에게 호언장담을 했다. 하지만 내가 어떻게 사람의 마음을 움직일 수 있겠는가. 남편은 세상에 둘도 없는 호인이고 나와 두 딸을 끔찍하게 사랑했지만 월급의 반을, 그것도 5년이나 헌금으로 드리겠다는 내 말에 동의할 지는 미지수였다. 그렇게 되면 10의 5조를 드리는 것인데 현실적으로 쉽지 않은 결정이었기 때문이다.

서원기도는 했는데 남편에게 입도 떼지 못했으니 속이 바짝바짝 타들어갔다. 나는 아이들과 내게 지혜를 달라고 간절한 마음으로 기도하고 또 기도했다. 그렇게 기도를 했는데도 두근대는 가슴은 가라앉지 않았다. 나는 두려운 마음을 애써 가라앉히고 예배를 드리러 가기 전에 남편에게 전화를 걸어 일찍 들어와 달라고 부탁을 했다. 가는 날이 장날이라고 하필이면 그날 남편 부서에 회식이 있다고 했다. 그래도 간단히 참석만 하고 일찍 일어나겠다는 남편의 말에 작은 희망이 생겼다. 결혼해서 지금까지 남편은 내 말에 한 번도 반대하거나 무시한 적이 없었다. 항상 내편에서 이야기를 들어주고 내가 원하는 것은 다 해주려고 노력했다. 과연 이 일도 지금까지처럼 흔쾌히 해 줄 수 있을까? 기대와 불안으로 마음이 엇갈렸다.

교회에 먼저 가서 예배를 드릴 때도 초조하기는 마찬가지였다. 남편과 애들은 예배가 끝나갈 때까지도 오지 않았다. 애가 타서 관심이 온통 문에만 쏠려 있는데 마지막 찬송을 부를 때 남편이 웃으면서 들어와 슬쩍 내 옆에 앉았다.

'할렐루야, 주님 감사합니다.'

그때가 마침 건축헌금을 작정하는 시간이었다.

나는 자연스럽게 작정한 헌금 내용을 남편에게 보여주었다. 그걸 보더니 남편은 아무 말 없이 눈을 감아버렸다. 예상은 했지만 막상 남편이 거부하는 모습을 보자 마음이 다급해졌다. 그래서 남편 손을 꼭 잡고 애원했다.

"여보, 제발 허락해 주세요. 제가 지금껏 살던 것보다 더 검소하고 알뜰하게 살게요. 애들도 학원을 안 보내는 대신 제가 다 가르치고 보살필게요. 제발, 플리즈!"

속이 타서 간청을 하자 남편은 그제야 "알아서 해"라며 어렵게 허락했다. 하지만 끝내 눈을 뜨지 않고 길게 침묵했다.

남편은 가장으로서 가족을 행복하게 해 주고 싶은 바람이 누구보다 큰 사람이었다. 표현하진 않았지만 더 안락한 조건에서 부족함 없이 아이들을 키우며 살고 싶은 마음이 컸을 것이다. 그런데 그 마음조차 접고 나와 아이들이 원하는 행복을 선택하여 그 길을 묵묵히 따라와 주었다. 그렇게 하기까지 얼마나 마음이 복잡하고 힘들었을지 알기 때문에 나는 어려운 결정을 내린 남편이 고마웠다. 남편의 결정으로 내 오랜 기도가 응답받았다. 그것은 바로 10의 5조 생활이었다.

성전건축 헌금을 작정하면서 자연스럽게 10의 5조를 하게 되었지만 나는 예전부터 주님께 수입의 절반을 드리길 소망했었다. 미국에서 함께 신앙생활 했던 자매가 나와 같은 동갑내기였는데 의사 부인이였다. 그 자매가 10의 9조를 하나님께 드리고 10의 1조로 산다는 이야기를 듣고 얼마나 주님을 사랑하면 그렇게 헌신할 수 있을지 나도 그 믿음에 도전하고 싶은 마음이 간절했었다. 그래서 10의 9조는 어려워도 10의 5조라도 꼭 바치고 싶다고 소원하며 기도했는데 하나님께서 그 기도를 들어주신 것이다.

10의 5조 생활을 통해 주님은 우리 가족이 그동안 알지 못했던 부요함의 비밀을 깨닫게 하셨다. 분명히 생활비는 절반으로 줄었는데 삶의 풍성함은 두 배로 늘어났다. 아이들을 학원에 보내는 대신 내가 가르치려다보니 어떻게든 함께 하는 시간을 늘렸고 내가 직접 가르쳐보니 아이의 실력과 수학의 성향을 정확하게 파악할 수 있었다. 자연스럽게 집안 분위기는 공부방처럼 흘러갔다.

내가 할 수 없는 영역은 아이들 친구 부모님들의 도움을 받았다. 각자 자신의 전공 분야를 살려 미술, 과학, 영어, 논술 등을 직접 가르치자고 제안해서 무료 그룹 레슨 시간을 마련했다. 덕분에 동네 친구들의 관계가 더욱 끈끈해지고, 학부모이면서도 선생님으로서 서로 공감대가 커지면서 유대감이 깊어졌다.

그뿐 아니다. 매일 출근하는 남편의 발걸음이 귀하게 느껴졌다. 남편이 일함으로써 성전의 지대를 쌓아간다고 생각하니 얼마나 존귀하던지 그 뒷모습을 보면서도 자연스럽게 축복과 감사의 기도가 흘러나왔다.

무엇보다 한 사람도 빠짐없이 우리 가족 모두가 교회를 건축하는 데 쓰임을 받을 수 있게 하신 하나님의 사랑이야말로 기도의 응답이었다. 믿음이 약하여 스스로 자원할 수 없는 남편까지도 자신이 가장 잘 할 수 있는 일, 직장에 성실하게 나가는 것으로 하나님께 영광을 돌리게 해 주셨으니 그 은혜가 얼마나 큰지, 아이들과 나 역시 검소의 훈련을 통해 일상생활 속에서 작은 것까지도 공급해 주시는 하나님을 만나게 하시니, 감당치 못할 주님의 사랑에 날마다 감격하며 감사할 따름이었다.

드디어 교회건축

성전건축 지대헌금을 작정하고 3년 반 만에 기적이 일어났다. 우리 교회가 세 들어 있던 건물의 바로 뒤편에 허물어진 집들이 몇 채 있었는데 그것들이 몽땅 경매로 나왔다.

교회 바로 뒤에서 일어난 일인데도 목사님이나 교인 중 누구도 그 사실을 모르고 있었다. 그런데 그 땅을 낙찰 받은 분이 현장을 둘러보러 오셨다가 우리 교회 예배에 참석하셨다. 그리고 며칠 후 그분으로부터 목사님께 전화가 걸려왔다. 그분은 자신을 타교회 안수집사라고 소개하면서 혹시 교회를 건축할 의향이 없냐고 물으셨다. 만약 만나교회가 뒤편의 땅을 산다면 자신이 낙찰 받은 그 금액 그대로 팔겠다는 것이었다. 뿐만 아니라 돈이 부족하면 은행에서 대출받을 수 있는 방법도 알려주시겠다고 했다.

우리 교회를 잘 아는 분도 아니고 예배에 한번 참석하셨을 뿐인데 그 집사님은 마치 당신의 교회를 짓는 것처럼 적극적으로 우리를 도와주셨다. 처음 그분이 우리 교회를 발견하셨을 때는 '정말 요즘에는 교회가 너무 많아서 상가에서도 예배를 드리는구나'라고 생각하며 마음이 쓰였을 뿐이었는데 예배를 드리면서 감동을 받으셨다고 한다. 며칠이 지나도록 계속 만나교회가 생각나고 기도할 때마다 낙찰 받은 그 땅은 교회를 위한 것이라는 마음이 들었다고 했다. 그래서 목사님께 전화를 드린 것이다. 그야말로 '여호와 이레'였다.

이후에 진행했던 모든 일도 순조로워서 공동의회 100% 찬성으로 대지를 인수하고 성전을 지을 수 있는 분도 만나게 되었다. 모든 교인이 다 그랬지만 나 역시 교회건축을 간절히 사모했다. 그래서인지 하나님은 건축의 모든 과정 속에 나를 참여시켜 주셨다. 성전건축 준비가 한창일 때 주님은 밤중기도 중에 환상을 보여주셨다. 하늘이 열렸는데 그 위에 하늘이 또 있어서 열려진 하늘로부터 빛이 쏟아져 내려왔다. 곧 하늘에 5가지 주제의 글씨가 쓰이면서 큰 음성이 들려왔는데 그중 4가지는 내가 하고 있고 할 수 있는 말씀을 주셨는데 마지막 말씀은 전혀 다른 언어로 쓰여 있어서 이해할 수도 알아들을 수도 없었다. 당황하여 주님께 무슨 말씀이냐고 여쭙자 "죽도록 충성하라. 그리하면 생명의 면류관을 네게 주리라."고 말씀하셨다.

그리고 지상으로만 건축된 교회 2층에 내가 서있는 모습을 보여주셨다. 그때 교회를 지상으로만 지을 지 지하를 파야할 지 고심하여 기도하고 있었는데 그에 대한 응답을 환상으로 보여주신 것이다. 이것을 내게 보이신 것은 교회를 정성 다해 섬기길 바라시는 하나님의 마음이라 생각하고 밤중에도 예배당에 나와 기도의 무릎을 꿇었다. 그렇게 기도하며 교회 건축을 중보하고 있을 때 우리가 살던 집이 팔렸다. 덕분에 5년을 작정했던 성진건축 지대헌금을 3년 반 만에 다 드릴 수 있었다.

그런데 마음이 뿌듯하기는커녕 뭔가 찜찜하고 불편했다. 작정할 때는 5천만 원도 크다고 생각했는데 막상 집을 팔고 보니 집 판 돈의 절반에도 못 미쳤다. 그것이 내내 마음에 걸렸다. 집을 판 돈 전부는 못 드려도 절반은 채워야겠다는 생각이 머릿속에서 떠나질 않았다. 그래서 1천 5백만 원을 더 작정하여 집값의 반을 성전건축 지대헌금으로 올렸다. 그것은 내게 축복으로 다가왔다. 돈을 얼마 헌금했느냐가 중요한 게 아니라 매사에 하나님을 먼저 생각하고 어떻게 섬길 것인지를 기도할 수 있게 하신 것이 내게 큰 은혜였다. 하나님은 그렇게 교회 건물과 함께 내 믿음을 굳게 세우시면서 나를 진정한 예배자로 부르셨다.

모든 성도의 눈물어린 기도와 땀으로 지상3층 건물의 교회가 지어졌다. 1층은 어린이집, 2층은 본당, 3층은 사무실과 사택으로 꾸며진 교회는 내 눈에 솔로몬의 성전 못지않게 아름다웠다. 그런데 그 성전을 볼 때마다 마음이 무거웠다. 완공 후에도 남아있는 은행 부채로 인해 하나님께 온전히 성전을 드리지 못했다는 생각이 머릿속에서 떨쳐지지가 않았기 때문이다. 내가 워낙 빚지는 것을 싫어했기 때문이기도 했지만 교회 빚을 생각하면 대책이 없기 때문이기도 했다. 나는 웬만해서는 빚을 지지 않았지만 설사 대출을 받는다 해도 내 능력 한도 내에서 빨리 갚을 수 있을 정도만 빌렸기 때문에 상환기간이 대체로 짧았다.

그런데 교회 빚은 내가 감당할 수 없는 큰 액수였다. 아무리 머리를 굴려도 갚을 방법이 없는데 하나님은 왜 자꾸 빚에 대한 부담을 주시는지 정말 이해할 수가 없었다. 그러다 기도 중에 솔로몬의 일천번제가 떠올랐다. 적금식으로 목돈을 작정하긴 어려워도 예배를 드릴 때마다 5천 원씩 예물을 올리는 건 크게 힘들 것 같지 않았다. 나는 당장 '교회부채청산을 위한 일천번제'를 작정하고 예배를 드릴 때마다 헌금을 준비했다.

그것 또한 내게 축복이었다. 모든 예배 때마다 예물을 드리려면 어쩔 때는 하루에 서너 번씩 헌금을 준비해야 할 때도 있었다. 비록 일천번제로 드리는 예물이 큰돈은 아니었지만 지갑에 돈을 쌓아두고 살지 않았기 때문에 아끼고 절약해야만 드릴 수 있었다. 그러자니 일상의 모든 부분에서 하나님을 기억할 수밖에 없었다. 혹여 있을지 모르는 살림의 군살을 생각나게 해 달라고 주님께 간구하며 매 순간 기도하는 마음으로 살았다. 일상이 예배가 되는 큰 은혜를 맛본 것이다. 그렇게 날마다 주님과 동행하며 일천번제를 마치자 마음이 날아갈 듯 가벼워졌다. 일천번제를 마침과 동시에 내 부담도 사라졌다.

그 사이 새로운 교인도 늘어나고 교회가 안정되어 나는 부채에 대해서는 까맣게 잊고 어떻게 하면 한 영혼이라도 더 전도할 수 있을지를 고민하며 기도하고 있었다. 교회가 안정기에 접어들었다고 생각할 무렵 헌신예배 강사로 교회건축의 동기를 심어주셨던 장근태 목사님이 또 오셨다. 그런데 이게 웬일인가. 목사님을 보자마자 주체할 수 없을 만큼 눈물이 쏟아졌다. 갑자기 교회 빚이 생각나면서 고작 일천번제로 마음의 부담을 털어버리려고 했던 나의 얄팍한 믿음이 부끄럽고 주님께 한없이 죄송했다.

어쩔 줄 모르는 마음에 눈물만 흘리고 있는데 내 앞에 회계집사님이 보였다. 그래서 교회 부채가 어느 정도 남아있는지 여쭤보니 2억 5천만 원 정도 남았다고 하셨다. 그 얘기를 듣는데 딱 쥐구멍에 숨고 싶었다. 하나님의 시선이 닿지 않는 곳에 있고 싶었다. 주님의 교회가 여전히 빛 가운데 있는데 나는 까마득히 잊고 지냈다니, 주님에 대한 불충과 기도를 멈춘 죄책감으로 마음이 괴로웠다. '죽도록 충성하라'고 하셨는데 나는 항상 내 생각의 한계에서 벗어나질 못했다. 나는 전부를 드리고 싶었는데 언제나 부족했다.

나는 다시 교회 부채의 10분의 1을 우리 가정에서 담당하겠다고 결단하고 목돈이 생길 때까지 매달 1백만 원씩 헌금을 드리기로 작정했다. 그리고 나의 헌금이 밀알이 되어 그 헌금이 끝나는 2년 안에 교회의 빚이 다 청산될 수 있게 해 달라고 간절히 기도하며 또다시 10의 5조 생활을 시작했다. 그때는 남편도 겁나지 않았다. 우리 가족 모두 10의 5조 생활을 하면서 주님이 채워주시는 은혜를 충분히 누렸기 때문에 두 번째 그 생활을 시작할 때는 오히려 또 어떤 축복을 주실지 기대되고 설렜다.

그렇게 감사함으로 10의 5조 생활을 한 지 2년이 지나지 않아 거짓말처럼 교회 빚을 다 갚을 수 있게 되었다. 뿐만 아니라 교회 부속 요양센터와 공부방을 만들어 지역사회를 위해 사랑의 손길을 내미는 교회로 확장되어 세워져 갔다. 주님은 그 모든 과정 가운데 우리 가정을 참여시켜 주셨고, 교회의 성장에 발맞춰 우리의 믿음도 견고할 수 있도록 마음과 생각을 지켜주셨다. 교회의 역사 속에 우리 가족의 발자취, 기도와 삶이 포함되었다는 것, 그것이야말로 누구도 훔쳐갈 수 없는 우리 집안의 귀중한 가보요, 우리를 주님의 택한 가문으로 부르신 하나님의 특별한 은총이다.

은행을 퇴사하고 거리 전도자가 되다

은행에 처음 입사했을 때, 하나님의 역사하심이 아니고는 있을 수 없는 일이라고 감격했다. 그 후 12년 동안 은행에 다니면서도 한결같은 하나님의 사랑에 감복하고 감사했다. 그런데 그 은행을 갑자기 그만두라고 하실 때는 한참을 망설였다. 내가 자격이 있어서 누린 축복이 아니었음에도 불구하고 그 자리에 대한 내 생각과 계획이 이미 있었기 때문이다. "사람 낚는 어부가 되라"는 주님의 음성을 듣고도 곧장 사표를 쓰지 않은 것은 나도 모르게 형성된 자아를 놓기가 쉽지 않았기 때문이다.

하지만 주님은 결코 포기하지 않는 분이시다. 음성으로 말씀으로 또 여러 가지 상황으로 나를 설득하시고 내 마음에 울림을 주셔서 결국 90년 3월에 은행을 그만두었다. 막상 퇴직을 하고 나니 뭘 해야 할지 막막했다. 그때 큰 아이는 유치원에 다니고 있었고 작은 아이는 갓 백일이 지났을 때였다. 천둥벌거숭이 같은 사라와 젖먹이 혜신이를 데리고 어떻게 전도를 나간단 말인가. 두 아이를 데리고 전도할 생각을 하니 아득하면서 분명한 사명을 주시지도 않은 채 급하게 나를 부르신 하나님을 이해할 수가 없었다. 길도 없는 사막에 나를 버려두신 하나님의 뜻을 알 수 없어 나는 매일 어떻게 살아야 할지 주님께 간구했다.

그렇게 기도를 하던 중에 내가 군인들이 메는 원통형의 국방색 가방을 들고 가는 모습이 보였다. 묵묵히 걷고 있었지만 보기에 무척 힘겨워 보였다. 그때 무언가가 가위로 내 등에 달린 가방끈을 싹둑 잘라버렸다. 그 순간 어깨가 날아갈 듯 가볍고 홀가분했다. 나동그라진 가방을 확인하고 나서야 나는 그 가방이 얼마나 무거웠는지 알게 된 것이다. 도대체 가방에 뭐가 들었는지 궁금해서 그 속을 들여다보니 돈, 명예, 성공, 지식 같은 게 가득 담겨 있었다. 그걸 보는데 바로 그것들이 내가 12년 동안 애쓰고 노력하면서 얻으려고 추구했던 것들이라는 생각이 들었다. 결국 나는 쓰레기에 불과한 것을 위해 그토록 헌신했던 것이다.

주님이 나를 급하게 부르신 것은 사역을 위해서가 아니라 나를 위해서였다. 나의 수고가 내 무릎을 꺾어버리기 전에 무거운 짐을 내려놓고 나를 쉬게 하시려고 부르신 것이다. 그 부르심은 나를 향한 사랑의 외침이었다. 그 뜻을 헤아리고 나니 새 힘이 솟았다. 기꺼이 사람 낚는 어부가 되어 주님이 주시는 멍에를 메고 가겠다는 마음이 들었다. 그러자 막막하기만 했던 전도자의 삶을 어떻게 살아야 할 지 마음속에 그려졌다. 소속이 은행에서 하나님으로 바뀔 뿐 은행에 다닐 때와 달라질 게 없다는 생각이 든 것이다. 나는 전도자로 하나님께 새롭게 취직했다고 생각했다.

그런 생각의 전환은 주님께 충성하는데 큰 도움이 되었다. 직장이라는 곳은 핑계가 통하지 않는 곳이다. 아프다고 빠질 수도 없고 힘들다고 일을 놓을 수도 없다. 해야 할 일을 마쳐야만 퇴근할 수 있고 그에 따른 보수를 받을 수 있다. 나는 전도도 은행에 다닐 때와 마찬가지로 성실하게 하기로 했다. 하나님이 맡기신 사역을 내

임의대로 설렁설렁 해서는 안 된다는 생각이 강했기 때문에 출근 시간을 정해놓고 그 시간이 되면 무조건 거리로 나갔다. 그리고 저녁 퇴근 시간이 될 때까지 쉬지 않고 전도했다.

전도를 하는데 노하우도, 매뉴얼도 없었다. 주님께서 전도자로 부르셨으니 거리에 나가면 택한 백성을 붙여주시고 할 말을 입에 넣어주실 거라 믿고 상계역으로, 건널목으로, 놀이터로, 가정으로 나가 말씀을 전했을 뿐이다. 그래도 하루는 금세 지나갔다. 만나는 사람마다 말을 건네고 기회가 주어지면 복음을 전하고 가능하면 이름과 연락처를 물어 수첩에 적고 위에서부터 한 사람씩 집으로 찾아가다 보면 어느새 저녁 시간이었다.

오라는 곳은 없어도 갈 데는 많은 전도자의 생활, 그것은 어려서부터 익히 보아왔던 어머니의 삶이었다. 학창시절이나 직장생활을 할 때도 항상 전도를 했는데 그때도 어지간한 사람이 아니고는 나를 외면하지 않았다. 게다가 은행에 취직하고 나서 오랫동안 훈련받은 친절교육으로 인해 상냥함이 몸에 배어 있었기 때문에 전도를 하기만 하면 금세 사람들이 따라올 거라 생각했다.

하지만 실전은 전혀 달랐다. 바삐 지나는 사람들에게 말 붙이는 것도 쉽지 않았고, 집으로 찾아가는 건 더욱 힘들었다. 다들 시큰둥했고 묻는 말에 대답도 하지 않았다. 어떻게든 호감을 사려고 선물 공세까지 벌였지만 좀처럼 열매가 맺히지 않았다. 겨우 붙잡고 서서 복음을 전하고 영접기도까지 해도 교회에 나오는 사람은 손에 꼽을 정도였고 그나마도 한 두 주 나오다 말았다. 정말 뭘 해도 사람들의 마음을 얻을 수가 없었다. 집에 초대해서 차를 대접하니 시간만 갉아먹어 내 일상까지 엉망진창이 되어 버렸다. 기독교에 대한 끝없는 불평을 듣노라면 내 영혼까지 황폐해지는 것 같았다.

가장 참을 수 없는 건 시간이었다. 항상 시간에 쫓겨 살던 내게 시간은 금이었다. 그런데 언제 마음을 열지 모르는 사람들을 위해 내 시간을 속절없이 흘려보내려니 자꾸 초조한 생각이 들면서 마음이 답답했다. 갈수록 밤늦게까지 대화가 이어지는 날이 많아지고 돌발상황이 생겨 퇴근시간이 들쭉날쭉해지면서 시간 관리는 물 건너가 버렸다.

처음에는 어떻게든 능률적으로 전도할 방법을 찾아내어 내 시간을 가져보려고도 했지만 곧 그런 노력을 그만두었다. 전도야말로 거룩한 시간낭비였다. 업무는 내가 주도권을 쥐고 있기 때문에 얼마든지 시간을 절약할 수 있지만 전도는 다르다. 성령이 개입하지 않으시면 시작조차 할 수 없다. 내가 할 수 있는 건 때를 얻든지 못 얻든지 말씀을 전하고 성령님이 역사하시길 바라는 것뿐이다. 그러니 어떻게 내 맘대로 시작하고 끝내겠는가.

처음 전도를 시작할 때는 바로 그것 때문에 답답했다. 성령의 역사 없이는 전도가 이루어지지 않는다는 걸 머리로는 알고 있었지만 그동안 전도의 풍성한 열매를 맺어왔던 나로서는 잎만 무성한 내 전도나무를 볼 때마다 괴롭고 힘들었다. 그래서 어떻게 하면 전도의 열매를 맺을 수 있을지 방법을 알려달라고 밤마다 몸부림치며 기도했지만 주님은 아무런 대답도 하지 않으셨다. 그것은 훈련이었다. 하나님은 내 물질과 내 시간을 나의 통제 밖으로 내몰아 그 모든 것의 주인이 하나님이심을 나로 깨닫게 하셨다.

또한 내가 전도의 성과를 올리기 위해 전전긍긍하기보다는 한 영혼이라도 구원할 수 있는 힘을 달라고 주님께 전적으로 의지하길 바라셨다. 하나님은 내게 '사람 낚는 어부가 되라.'고 하셨지 몇 명의 사람을 낚으라고는 말씀하시지 않으셨다. 그런데 나는 '사람'이 아니라 '몇 명'에 초점을 맞춰 시간을 재고 능률을 따지느라 기진맥진했던 것이다.

전도를 하면서 겪은 가장 큰 변화는 어릴 때부터 내 이름 앞에 붙어 다녔던 '천사표' 꼬리표가 떼졌다는 것이다. 나는 어디를 가든 칭찬받는데 익숙했다. 누구나 나를 보면 '천사표'라고 머리를 쓰다 듬어 주었고, 기특하다며 손을 잡아주었다. 그런데 전도를 할 때의 반응은 정반대였다. 생면부지의 사람들은 내게 무관심했고 내가 다가가는 것을 싫어하거나 화를 내는 사람도 있었다. 진심을 다해 다가가도 소용없었다. 언제나 환대를 받았던 나로서는 처음 겪는 일이라 엄청 당황스럽고 가끔은 속상했다.

그렇게 사람들에게 철저히 외면당하면서 나는 내 속을 들여다 보게 되었다. 그동안 천사라 불렸지만 내 안에는 선함도 없고 사랑 할 능력도, 인내의 열매도 없었다. 나는 결코 천사가 아니었다. 다 른 사람의 반응에 상처받고 화내는 약한 사람이었다. 약해서 쉽게 넘어지는 나의 자아를 보면서 나는 주님께 다시 기도했다. 여전히 대접받고 싶어 하고, 칭찬받고 싶어 하는 마음을 버리고 오직 하나님으로만 가득 차서 주님의 마음으로 사람들을 사랑할 수 있게 해 달라고 간절히 기도했다.

주님이 아니면 나는 전도도 할 수 없고 나를 거부하는 사람을 사랑할 수도 없었다. 고등학교 이후 끝없이 내 그릇을 넓혀왔다고 생각했지만 여전히 나는 내 속에 갇혀 있었다. 거리 전도는 나를 내 안에서 끄집어내어 더 큰 그릇으로 키우시기 위한 하나님의 훈련이었다. 그 혹독한 시간이 나를 주님이 기뻐하시는 그릇으로 다시 빚어지길 소원하며 순종의 길로 걸어 갈 수 있었다.

국비장학생으로 온가족의 미국행— 하루 20시간 말씀으로 수술 받다

전도자로 거리에 나선 지 4년쯤 지났을 무렵 하나님은 우리 가정에 뜻밖의 선물을 주셨다. 남편이 국비장학생으로 뽑혀 미국에서 2년 간 무료로 공부할 수 있는 기회가 생겼다. 욕심이라곤 찾아볼 수 없는 사람인데 남편은 공부만큼은 양보가 없었다. 기술고시를 준비하기 위해 대학을 중도에 포기해서인지 남편은 항상 공부에 대한 미련이 있었다.

결혼하고 나서 생활이 안정되자마자 남편은 공부를 하고 싶다는 뜻을 내비쳤다. 나는 흔쾌히 그 말에 동의하고 다니고 있던 야간대학을 휴학했다. 남편을 먼저 세우는 게 옳다고 생각했기 때문이다.

그때 공부를 다시 시작하여 산업대에 편입한 남편은 내처 서울대 환경대학원에 들어가 도시계획 석사과정을 마쳤다. 그러고도 공부에 대한 갈증이 해소되지 않았는지 조용히 미국 유학을 준비하다가 국가에서 공무원에게 주는 장학특혜를 받게 된 것이다. 학비는 물론 생활비와 기본 월급까지 받을 수 있는 파격적인 조건이었으니 유학을 가지 않을 이유가 하나도 없었다.

남편은 뛸 듯이 기뻐했고 아이들도 기대에 차서 미국행을 기다렸다. 하지만 나는 마냥 좋아할 수가 없었다. 아니, 그 소식을 듣고 가슴이 철렁했다. 교회 때문이었다. 그때가 교회를 개척했던 곳에서 좀 더 넓은 곳으로 이전했을 때인데 교인이 늘지 않아 목사님의 시름이 깊었다. 어렵사리 몇 가정을 일궈놓으면 또 몇 가정이 이사가 버려 언제나 교인 수가 70명을 넘지 못했다. 이렇게 교회가 정체되고 있는데 내가 홀쩍 미국으로 가버려도 되는지 마음이 개운치 않았다.

물론 나도 미국에 가고 싶었다. 말로만 듣던 미국이 어떤 곳인지 직접 경험해 보고 싶은 마음도 있었고, 아이들이 조금이라도 어릴 때 영어를 가르치고 싶은 욕심도 있었다. 아이들이 어리기 때문에 남편이 공부하는 2년 동안 미국에서 영어를 배우면 충분히 모국어처럼 할 수 있을 거라 생각하니 유학이 우리 가족에게는 더할 나위없는 축복이라고도 생각됐다.

하지만 할 수만 있다면 미국에 가는 것을 포기하고 싶었다. 교회와 목사님을 생각할 때마다 마음에 무거운 추를 매달아놓은 것 같았기 때문이다. 아무리 생각하고 또 기도해도 내가 지금 있어야 할 곳은 만나교회인데 하나님께서 왜 이 시점에 나를 미국에 보내시려는지 그 이유를 알 수가 없었다. 미국에 갈 생각에 들떠 있는 남편과 나의 미국행 소식을 듣고 실망한 목사님 사이에서 나는 만약 지금 가지 않아도 된다면 미국행을 미뤄달라고 기도했다.

내 기도에 주님은 아무런 말씀도 하지 않으셨고 미국 유학은 일사천리로 진행되었다. 결국 우리 가족은 1994년 여름, 오하이오 주립대가 있는 미국 콜럼버스로 향했다. 섭섭한 기색이 역력했던 목사님의 얼굴이 가슴에 맺혀 미국에 도착해서도 내내 마음이 편치 않았다. 그래서 미국생활에 적응되자마자 기도의 자리부터 찾았다. 한국에서 했던 밤중기도를 미국에서도 이어갈 생각이었다.

다행히 내가 살던 동네에서 가까운 곳에 있는 한인교회에서 언제든지 기도하러 오라고 예배당 열쇠를 주셨다. 거기에 함께 기도하겠다는 사람들도 있어서 성령 충만한 가운데 새벽 2-3시에 나가 새벽예배까지 밤중기도를 할 수 있었다. 나는 기도의 동역자들과 함께 날마다 만나교회와 목사님을 위해 기도했다. 그리고 나를 미국으로 부르신 이유를 알려 달라고 매달렸다.

그러던 어느 날 주님은 "내가 왜 너를 미국으로 불렀는지 아니?"라고 물으셨다. 바로 그 이유를 알기 위해 밤을 새워 기도하고 있는데 오히려 내게 물으시다니 주님은 참 알다가도 모를 분이었다. 그래서 "저도 그 이유를 알고 싶어요. 만나교회가 어려운 상황인 것 주님도 알고 계시잖아요. 그런데 왜 하필 지금 저를 이곳에 보내셨나요?"라고 되물었지만 주님은 대답하지 않으셨다. 그렇게 숨바꼭질하듯 기도를 계속하고 있던 중 주님은 기도 중에 환상을 보여주셨다. 갑자기 내 눈앞에 삼면이 유리로 되어 속이 훤히 들여다보이는 커다란 수술실이 나타났다. 그 안에 수술대가 하나 놓여있고 누군가 누워 있었는데 나는 유리벽 밖에 서 있어서 잘 보이지 않았다. 대체 누가 수술을 받는지 궁금해서 수술실 안을 들여다보는데 갑자기 화면이 클로즈업되면서 수술대 위를 비춰주었다.

거기에는 내가 누워 있었다. 그 모습을 보자 혼란스러웠다. 분명히 나는 수술실 밖에 서 있는데 수술대 위에 또 내가 있다니! 어떻게 된 영문인지 몰라 어리둥절하다가 문득 유리벽 밖의 나는 영이고 수술실 안의 나는 육체라는 생각이 들었다. 그래서 내 육체를 좀 더 자세히 보려고 고개를 빼고 안을 들여다보는데 화면이 또다시 클로즈업이 되었다.

이번에는 내 몸이 투시되어 뼈와 장기, 근육과 피가 고스란히 드러났다. 조금 있으니 붉은 피가 솟구쳐 흐르는데 그 안에서 희끄무레한 게 하나씩 툭툭 불거져 나왔다. 그러더니 곧 붉은 피가 하얗게 변했다. 그 하얀 것들이 혈관과 온 몸을 다 차지해 전신이 허옇게 꿈틀거렸다. 그때 화면이 확대되면서 하얀 물체의 정체가 드러났다. 그것은 '버러지(옛날 재래식 화장실에 있던 구더기)'였다. 그걸 본 순간 너무 놀라 뒤로 넘어졌다. 내 몸이 구더기 덩어리라니, 생각만 해도 소름이 끼쳤다. 그런데 그때 하늘에서 "죄니라"라는 음성이 들렸다. 내 몸을 가득 채우고 있는 것은 다름 아닌 죄였다. 나는 버러지 같은 죄로 가득한 죄 덩어리였다.

그것은 내게 엄청난 충격이었다. 나는 말 배우고 걸음마를 할 때부터 착한 아이였고 어머니의 꼬마 동역자였다. 일찍이 초등학교 5학년 때 회심을 하고는 전적으로 교회 중심으로 살았기 때문에 남들보다 특별히 더 죄를 지었다고는 생각하지 않았다. 그래서 죄인이라고 날마다 고백했지만 그것은 입술만의 사죄였다. 마음 깊은 곳에는 나는 남들보다는 의로운 죄인이라는 교만한 생각이 도사리고 있었다. 그런데 내가 죄 덩어리라니, 그동안 믿어왔던 나의 자화상이 완전히 무너졌다.

절망스런 마음으로 수술대 위의 나를 보고 있는데 또다시 "내가 너를 수술하겠다"는 음성이 들렸다. 하지만 어디에도 의사는 보이지 않았다. 한시라도 빨리 수술을 받아서 내 몸속을 가득 메우며 꿈틀거리고 있는 버러지들을 없애고 싶은데 수술실은 여전히 텅 비어 있었다. 그리고 다시 말씀이 들려왔다.

"내가 너를 말씀으로 수술하겠다."

그 음성을 듣자 마음이 다급해졌다. 나는 당장 무릎을 꿇고 그 자리에서 나를 수술할 말씀을 받겠다고 했다.

하지만 주님은 그 자리가 아닌 말씀의 자리에서 나를 만나시겠다고 했다. 말씀으로 수술하시기 위해 나를 미국으로 보내신 것이라고 하시며 '너는 스스로 움직이는 일 중독자'라고 말씀하셨다. 그 말을 듣는 순간 내 두 무릎이 꺾어졌다. 언제나 자부했던 나의 '열심'이 '죄'였다니, 주님 앞에서 성실하려고 몸부림쳤던 나의 '특심'이 죄였다니, 그렇다면 나는 정말 죄 덩어리, 버러지였다.

"제가 열심히 할게요. 주님은 도와주세요."

나는 항상 이렇게 기도했다. 주님이 말씀하시기 전에 내가 먼저 일하고 그것을 이루기 위해 온 힘을 기울이는 것이 죽도록 충성하는 거라고 생각했다. 하나님은 내게 죽도록 충성하라고 하셨지 앞장서 일하라고는 하지 않으셨는데 나는 항상 주님보다 한발 앞서 있었다.

주님께 이끌려 움직인 게 아니라 나의 '열심'으로 주를 믿고, 나의 '열심'으로 전도하고, 나의 '열심'으로 주를 사랑했다. 주님은 내 '열심'의 원동력이자 내 '열심'을 도우시는 이였다. 지난날을 떠올릴수록 나의 죄가 더 또렷해졌다. 주님보다 앞서고 싶은 마음, 그것이 가장 큰 죄였다. 내가 일 중독자가 되어 일하지 않아도 능력의 주님은 모든 것을 이루시는 분이다. 말씀으로 세상을 창조하신 주님 앞에서 내가 대체 무엇을 한 것인가, 생각할수록 부끄러웠다.

그 밤 이후로 나는 시간이 될 때마다 성경 앞에 앉았다. 말씀으로 나를 수술하시겠다고 했으니 성경을 읽으며 잠잠히 기다리는 것부터 시작했다. 하지만 쉽지 않았다. 한 두 시간 앉아있는 것도 고역이었고 남편 밥 차려주고 아이들 뒤치다꺼리를 하다보면 말씀에만 집중하기가 어려웠다. 그래도 포기하지 않고 말씀의 자리를 사모하자 주님께서 나의 주변을 하나하나 정리해주셨다. 먼저 남편이 저녁에 수업을 듣게 되어 퇴근이 늦어졌고, 미국 생활에 적응하지 못해 나만 찾던 아이들이 밥과 간식만 챙겨주면 자기들끼리 알아서 숙제도 하고 미국아이들과 잘도 놀아주었다. 핑계대고 숨을 만한 모든 조건을 없애신 주님은 내가 말씀에만 집중하시길 원하셨다.

처음에는 두 시간으로 시작하여 말씀 앞에 앉는 시간을 점점 늘렸다. 그러다 처음으로 6시간 동안 성경을 읽은 날, 스스로 대견하여 하나님께 '이제는 되지 않았나요?'라고 물었다. 하지만 주님은 그 정도로 만족하지 않으셨다. 더 깊이, 더 많이 말씀에 투자하라고 하셨다. 그러면서 지인들과의 약속도 친교나 봉사하는 일정에도 일일이 간섭하시면서 내가 오직 말씀만 청종하고 말씀에 의해 움직임으로써 주님의 입이 되고 손과 발이 되길 바라셨다.

그때 나는 처음으로 나를 향한 주님의 '열심'이 뜨겁다는 것을 알았다. 나를 향한 주님의 마음은 100%였다. 그 마음을 깨닫자 나도 온전한 시간을 드려야겠다는 생각이 들었다. 그래서 전화코드도 빼고, 모든 약속도 취소했다. 음식도 간소하게 차리고 청소나 빨래 같은 살림도 최소한으로 줄였다. 모든 일을 작파하고 말씀에만 몰두했다.

그러자 말씀의 생명력이 나를 사로잡기 시작했다. 성경의 활자가 꿈틀거리며 내 안에 들어왔고, 그것이 주님의 음성이 되어 내 영혼을 움직였다. 성경이 인쇄된 글자가 아니라 지금 나를 향해 말씀하시는 하나님의 음성으로 생명의 숨결이 더하여 들린 것이다.

그러자 마음에 엄청난 변화가 일어났다. 예전에는 예언서나 선지자서를 읽을 때면 나와 관계없는 말씀이라고 생각했었다. 그것은 심판받을 사람들을 향한 것이라고만 여겼었는데 그게 아니었다. 그 말씀은 전부 나를 향한 말씀이었다. 말씀이 살아서 내 안에 들어오자 숨어있던 내 죄가 환히 드러났다. 붉은 핏속에 있던 버러지들이 툭툭 튀어나오는 것처럼, 말씀이 들어가자 내 안의 버러지들이 꿈틀꿈틀 기어 나왔다.

내 생각인지 하나님의 생각인지, 내 마음인지 하나님의 마음인지, 죄의 생각인지 사단의 마음인지도 모르고 했던 말과 행동들, 내 무의식 속에 깊게 뿌리박혀서 그것이 죄인지 인식조차 하지 못했던 나의 본성이 말씀에 의해 분리되면서 하나하나 빠져나왔다. 마치 뭉근하게 끓이는 사골처럼, 내 살과 뼈와 관절과 골수 사이에 스며있어 죄들이 말씀으로 녹아져 나왔다.

그때서야 나는 "하나님의 말씀은 살았고 운동력이 있어 좌우에 날선 어떤 검보다도 예리하여 혼과 영과 관절과 골수를 찔러 쪼개기까지 하며 또 마음의 생각과 뜻을 감찰하나니"(히브리서 4:2)의 말씀이 무엇을 의미하는지 온 몸으로 경험했다. 그리고 난생 처음으로 하나님이 무섭고 두려웠다. 내게 하나님은 기댈 수 있는 넓은 품이고 항상 인자한 아버지셨다. 하지만 심판의 말씀으로 다가오신 하나님은 죄에 대해 가차 없는 공의의 하나님이셨다. 나는 심판의 말씀이 나를 겨눌 때마다 두려워 견딜 수가 없었다. 그 말씀을 피하고 싶어 이불을 둘러쓰기도 하고 소파 뒤에 숨기도 했다. 어쩔 때는 한쪽 구석에 쪼그리고 앉아 벌벌 떨기도 했다. 그러나 어디에도 하나님의 말씀을 피할 곳은 없었다.

그렇게 두려운 중에도 하나님의 말씀은 폭풍처럼 나를 휘몰아쳐 내가 온전히 말씀 안에만 거하게 하셨다. 나는 날마다 말씀을 온몸으로 받아 그 말씀을 먹었다. 머리로 읽은 게 아니라 살아 움직이는 활자가 내 몸 속에 들어와 나를 움직이는 대로 반응했다. 내가 할 수 있는 것은 말씀대로 사는 것뿐이었다. 말씀에 온전히 나를 맡겼을 때에야 비로소 나는 '내 숨은 죄까지도 드러내 보이시는 공의의 하나님'이 동시에 '사랑의 하나님이시다'라는 것을 알게 되었다.

수술대 위에 누워 있는 나는 내 온몸을 버러지가 덮어버려도 꼼짝할 수가 없었다. 몸을 털고 일어날 수도 없고 버러지를 죽일 수도 없었다. 죄에 대해 한없이 무기력했다. 그런 나를 주님은 보고 계셨다. 발가벗겨진 채로 수술대 위에 누워있는 내 겉모습 뿐 아니라 내장과 폐부, 핏속의 죄악까지 다 보고 계셨다. 말씀의 빛 앞에서 낱낱이 헤쳐지는 나의 죄악들을 보며 나는 그 빛 앞에서 내 죄를 가릴 방법이 없음을 깨달았다.

무기력한 내 힘에 기대봤자 그 죄에서 벗어날 길이 없었다. 모든 것을 다 꿰뚫고 계신 주님 앞에서 금세 말라버릴 나뭇잎으로 죄를 가린들 무엇하랴, 내 죄를 변명한들 무엇하랴, 나를 합리화시킨들 무엇하랴. 내가 할 수 있는 건 죄 덩어리인 모습 그대로 주님 앞에 무릎 꿇는 것뿐이었다. 있는 모습 그대로 나를 주님께 내어 맡기고 말씀의 메스로 수술하시길 기다리는 것뿐이었다.

그렇게 내 모든 힘과 의지를 내려놓고 나자 놀랍게도 가슴을 죄어들던 두려움이 사그라지면서 마음이 점점 홀가분해졌다. 내 뼛속까지 알고 계신 분 앞에서 아무것도 숨길 필요가 없다는 게 오히려 자유로웠다. 나는 어떻게 해도 죄 속에서 헤어날 길이 없지만 말씀의 수술대 위에 있는 한 구원의 길은 열려 있었다. 주님은 나를 살리기 위해, 나를 죄에서 건지기 위해 말씀의 메스를 드신 것이다. 메스는 차갑고 날카롭지만 나를 만지시는 주님의 손길은 따뜻하고 부드러웠다. 주님은 나를 심판하시기 위해서가 아니라 나와 진정한 관계를 맺기 위해 찾아오신 것이다.

"주께서 내 내장을 지으시며 나의 모태에서 나를 만드셨나이다"(시편 139:13).

나를 창조하신 하나님은 모든 죄로부터 나를 분리시켜서 주님과 거리낌 없는 관계를 맺도록 하셨다. 말씀 앞에 앉는 그 자리는 나의 모든 문제를 주님께 맡기고 살 수 있는 자유의 자리였다. 그 자유 안에서 진리의 빛에 새롭게 조명 받으며 나는 다시 태어났다.

제2부

아, 하나님의 은혜로

큰딸, 네 살부터 큐티로 하루를 열다

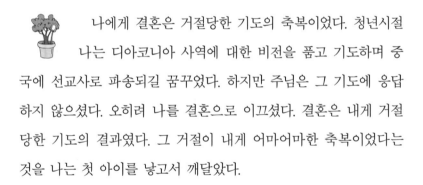 나에게 결혼은 거절당한 기도의 축복이었다. 청년시절 나는 디아코니아 사역에 대한 비전을 품고 기도하며 중국에 선교사로 파송되길 꿈꾸었다. 하지만 주님은 그 기도에 응답하지 않으셨다. 오히려 나를 결혼으로 이끄셨다. 결혼은 내게 거절당한 기도의 결과였다. 그 거절이 내게 어마어마한 축복이었다는 것을 나는 첫 아이를 낳고서 깨달았다.

만약 내가 개신교 수도공동체(디아코니아 자매회)에 들어갔다면 나는 아버지의 마음을 몰랐을지도 모른다. 자녀에 대한 사랑이 얼마나 애타는 짝사랑인지 전혀 모르고 내가 살아왔던 경험만으로 주님을 섬겼을 것이다. 아이를 낳고 나서야 비로소 부모의 사랑을 알게 되었고, 그 사랑을 통해 나를 향한 하나님의 사랑이 얼마나 깊

고 큰 지를 실감하게 됐다.

사실, 결혼은 내게 행복한 전쟁의 연속이었다. 학업과 일을 병행했기 때문에 늘 시간에 쫓겨야 했고, 결혼하자마자 첫 아이를 갖게 되어 가뜩이나 빡빡한 일상에 입덧까지 더해져 정신을 차릴 수 없을 정도로 힘들었다. 하지만 아이가 태어나자 그 모든 고생이 일순간에 다 잊혀졌다. 우리 어머니도 나를 낳았을 때 그렇게 귀하고 예뻤을까. 나는 작고 오물거리는 갓난아이를 보는 순간 사랑에 빠져 버렸다.

하지만 아이가 커가면서 그 아이를 사랑하는 마음만으로 극복할 수 없는 상황들에 부딪히기 시작했다. 첫딸 사라는 나와 성향이 완전히 달랐다. 나는 어릴 때부터 말 잘 듣는 순한 모범생 스타일이었는데 사라는 궁금한 걸 참지 못하고 뭐든 실행에 옮기고 보는 아이라 눈 깜짝 할 사이에 사고를 쳤다. 무쇠 난로가 발갛게 달아있는 걸 보면 손으로 덥석 잡아 손에 화상을 입고 할머니와 함께 교회에 가면 주변을 난장판을 만들어 이틀 만에 할머니가 경로대학을 졸업해야 할 정도로 예측불가의 호기심 대장이었다.

남편도 나도 조용하고 남에게 폐를 끼치지 않는 성격이라 한시도 가만히 있지 않는 사라를 감당하기가 버거웠다. 에너지가 넘쳐서 온 집안과 교회를 휩쓸고 다니며 사부작거리는 아이를 매번 붙들어 앉힐 수도 없고, 호기심 많은 걸 탓할 수도 없었다. 가슴 절절이 사랑하지만 아이를 어떻게 키워야 할 지 너무 막막해서 주님께 그 방법을 알려달라고 기도하고 또 기도했다.

그때 어머니와 함께 아침마다 예배를 드렸던 기억이 났다. 어머니는 아침마다 나와 독특한 방식으로 예배를 드렸다. 어머니는 한글을 배우지 못해 성경을 읽지 못하셨기 때문에 새벽예배 때 목사님이 읽어주시는 성경 말씀을 날마다 외워 오셨다. 그리고 집에 돌아와 내게 그 말씀을 성경에서 찾아 읽게 하시고 그것이 무엇을 의미하는지 이야기해 보라고 하셨다. 그러면 나는 성경을 읽으면서 느낀 점을 말씀드렸고, 어머니는 새벽예배 때 목사님께 들은 설교 내용을 토대로 내게 성경을 풀어주셨다.

그 말씀은 말 그대로 어머니와 나의 일용할 양식이었다. 우리는 그 말씀을 붙잡고 하루를 살아냈다. 이웃을 사랑하라고 하시면 그날은 이웃을 사랑하는데 힘쓰고, 하나님의 나라가 가까이 왔으니 회개하라는 말씀을 받으면 무릎 꿇고 회개하며 주님이 다시 오실 그 날을 예비할 수 있는 사람이 되게 해 달라고 기도했다. 돌이켜보니 내가 잘 성장할 수 있었던 것은 나의 성격 덕분이 아니라 나를 말씀으로 양육하셨던 어머니 덕분이었다. 어머니는 내게 매일 말씀을 먹여 주시며 말씀 안에서 주님이 책임져주시는 아이로 자라게 하셨다.

또한 어머니는 나와 함께 산동네 전도를 다니시며 아침에 함께 묵상한 그 말씀이 어떤 역사를 이루는지 똑똑히 보게 하셨다. 어머니는 그야말로 일자무식이셨기 때문에 고상한 말로 전도하지 않으셨다. 어디 가서나 누구에게나 아침에 내게 전해주셨던 목사님의 설교를 그대로 읊으셨다. 하지만 그 단 한 구절의 말씀만 전해도 기적은 일어났다. 기적은 화려한 언변이 아니라 '약속하신 그것을 또한 능히 이루실 줄을 확신'하는 믿음에서 비롯됐다. 어머니는 한 치의 의심 없이 말씀을 믿고 그대로 선포하면 주님이 이루신다는 것을 내게 체험적으로 보여주셨다.

그런 어머니 덕분에 나는 어릴 적부터 "그의 힘의 위력으로 역사하심에 따라 믿는 우리에게 베푸신 능력의 지극히 크심"(에베소서 1:19)이 어떠한지 두 눈으로 똑똑히 봤고, 기적의 원천이 말씀과 기도라는 것을 확실히 알았다. 그 경험이 나를 주님의 사랑받는 자녀로 자라게 했다. 그렇다면 아이를 잘 키울 수 있는 방법은 하나뿐이었다.

그것을 깨닫는 순간부터 나는 아이를 안고 성경말씀을 들려주기 시작했다. 사라는 처음에는 새카만 눈을 반짝이며 내 얼굴을 빤히 쳐다보다가 금세 지루해하면서 품을 벗어나려고 버둥거렸다. 하지만 포기하지 않고 "사라야, 세상을 누가 창조했을까요? 우리 하나님이 세상을 만드셨어요. 빛이 있으라. 이렇게 말씀으로 세상을 지으셨대요. 우리 사라도 하나님의 피조물이네. 하나님 감사합니다"라고 말하면서 아이를 쓰다듬고 안아주었다.

아이가 네 살 되면서부터는 큐티를 시작했다. 아침에 일어나 세수하고 양치질을 한 후에 둘이 나란히 앉아 말씀을 읽었다. 그리고 그 말씀을 통해 하나님이 내게 뭐라고 말씀하시는 것 같은지, 어떻게 살라고 하시는지, 성경에 나오는 인물이 본받을만한지 아닌지를 생각하고 그것을 함께 나누었다. 말씀을 읽기만 하면 소용없다. 그 말씀을 내 삶에 적용해서 살아야 하는데 그러기 위해서는 말씀을 깊게 묵상하여 그 속에서 나를 향하신 하나님의 뜻을 깨닫고 그대로 살기를 힘써야 한다. 그 훈련을 네 살부터 시킨 것이다.

큐티를 시키기 위해 한글도 일찍 깨우치게 했다. 네 살배기와 큐티를 하면서도 제대로 가르쳐야 된다는 생각에 '하·인·나 큐티' 중 하나도 빠뜨리지 않았다. 말씀을 읽고 그 안에서 삼위일체 하나님을 표현한 구절을 찾아내어 그분의 성품을 묵상하고(하) 성경 속에 나오는 인물로부터 본받을 점이나 반면교사 해야 할 부분들을 생각하고(인), 주님이 내게 무엇을 말씀하시는지 음성을 듣고(나) 그 음성을 삶에 구체적으로 적용시키겠다는 내용을 대학노트에 매일 한 장씩 쓰게 했다.

한글을 깨치기도 전부터 큐티를 시작했지만 우리 큰딸은 내가 바랐던 얌전한 아이로 자라진 않았다. 여전히 호기심이 왕성하고 생각과 동시에 몸을 움직이는 예측불허의 행동파였다. 하지만 큐티를 함께 하면서 그 아이를 향한 나의 불안이 사그라들었다. 내게는 아이가 미지의 세계지만 주님께는 머리털까지 세신바 되었으니 하나님께서 그 인생을 책임지실거란 생각이 나를 안심시켰다. 내가 할 수 있는 것은 아이가 그 인생에서 말씀을 놓지 않도록 가르치는 것뿐이었다.

하지만 자기주장이 강한 큰 아이와 매일 큐티를 하는 건 쉽지 않았다. 초등학교 저학년까지는 습관처럼 잘 받아들였지만 고학년이 되자 슬슬 지겨워하기 시작했다. 일어나자마자 큐티를 하고 그 후에 씻고 밥 먹고 학교에 가야 하는데, 하루는 있는 대로 늘쩡대더니 학교에 늦겠다며 큐티를 안하겠다고 버텼다.

그 말을 듣자 솔직히 힘이 빠졌다. 아이가 아플 때도, 여행을 갈 때도 큐티는 빼먹은 적이 없었는데 아직까지도 몸에 배지 않은 걸까. 이 아이는 말씀 안에서 아직도 하나님을 만나지 못한 걸까. 그 짧은 시간에 여러 가지 생각이 뒤섞여 마음이 복잡했다. 내가 초등학교 때 하나님을 인격적으로 만났기 때문에 딸도 나와 마찬가지일 거라고 생각했던 게 잘못이었다. 딸은 나와 여전히 다른 성향의 아이였다.

한번 고집을 피우면 꺾지 않으려드는 아이를 어떻게 설득할지 난감했다. 그렇다고 원칙을 무너뜨릴 수는 없었다. 그래서 아이의 고집과 나의 원칙을 존중하는 방법을 생각해냈다. 나는 아이에게 "좋아. 네 말대로 우리 오늘은 큐티를 하지 말자. 대신 하나님의 양식을 먹지 않았으니 밥도 먹지 말고 하늘의 지혜를 배우지 못했으니 학교에도 가지 말자. 하늘의 양식을 못 먹었는데 육의 양식이 무슨 소용이 있겠니."하면서 성경책을 덮었다.

그러자 아이가 깜짝 놀라서 나를 쳐다봤다. 나는 아이를 담담하게 바라보면서 마음속으로 '아이가 마음을 돌이킬 수 있게 해 달라'고 기도했다. 한참 나를 쳐다보던 아이는 농담이 아니라는 걸 알고는 "엄마 맘대로 해!"라고 한마디 퉁명스럽게 내뱉고 자기 방으로 들어가 버렸다. 10분이 지나도 아이는 나오지 않았다. 나 역시 꼼짝도 하지 않았다. 이제는 빨리 준비해서 학교에 가도 늦겠다 싶을 시간이 되어도 아이는 방안에서 숨소리조차 내지 않았다. 나도 아이의 방문을 열어보고 싶은 마음과 싸우며 기도만 했다.

신경전을 벌인 지 15분쯤 되었을까. 방문이 열리면서 퉁퉁 부은 얼굴로 성경책을 들고 나오는 사라의 모습이 보였다. 큐티를 하는 것에 있어서는 엄마가 절대 양보하지 않을 거라는 걸 알고 처음으로 아이가 고집을 꺾은 것이다. 하지만 마음은 풀지 않았다. 그날의 큐티 내용은 처음부터 끝까지 내 욕이었다. '우리 엄마는 계모 같다'로 시작해서 '나는 엄마가 정말 싫다'로 끝났다. 하지만 일용할 말씀을 먹지 않으면 하루를 시작할 수 없다는 것은 아이의 마음에 확실하게 각인시켰다.

큐티를 마치자 아이는 불어터진 얼굴로 학교에 바래다 달라고 했다. 엄마 때문에 지각해서 선생님께 꾸중 듣게 되었으니 책임지라는 것이었다. 나는 흔쾌히 학교에 바래다주고 선생님을 만나 양해를 구했다. 중학교에 진학하고 나서도 그런 일이 몇 차례 더 있었다. 그때마다 나는 원칙을 지켰고, 말이 통하든 통하지 않든 말씀으로 아이와 소통했다.

나는 어떤 문제든 하나님께 가지고 나아가서 묻도록 훈련시켰다. 아이가 처하는 모든 상황에 내가 함께 할 수 없고, 설령 함께 한다 해도 모든 일에 해답을 줄 수 없기 때문에 아이가 직접 하나님을 만나서 씨름할 수 있도록 길을 터줘야 했다. 그러기 위해서는 하나님을 믿는 것은 선택이 아니라 삶의 중심이자 유일한 목적이라고 아이 스스로 고백할 수 있어야 한다. 나는 나의 사랑하는 아이들이 전심으로 주님 앞에 그 고백을 드리길 바라는 마음으로 외국어고등학교에 들어가기 전까지 혹독하게 큐티 훈련을 시켰다.

아이를 사랑한다면 물질이 아닌 말씀의 유산을 남겨줘야 한다. 어릴 때부터 아침저녁으로 30분씩 성경을 들려주면 일 년에 5독을 할 수 있다. 그렇게 스무 살까지 하면 성경 100독은 거뜬하다. 부모가 자녀에게 물려줄 가장 큰 유산이 믿음이라고 생각한다면, 또 내 아이의 인생이 주안에서 형통하길 바란다면, 다른 무엇보다 성경 100독의 유산을 물려주길 권한다. 세상과 맞부딪혀 살아가야 할 나이가 됐을 때, 말씀 위에 든든히 서 있는 아이와 그렇지 않은 아이는 어떻게 다를지 상상해보라. 그러면 부모가 어디에 방점을 두고 아이를 키워야 할 지 분명해질 것이다.

사교육 대신 엄마표 학습

 앞뒤 가리지 않고 생각한 바를 행동으로 옮기는 나는 그야말로 일중독이었다. 주님은 나의 그런 성향을 바로잡아 균형을 잡아주시려고 미국으로 보내어 말씀으로 수술하셨지만 외곬으로 한 가지 일에 몰두하는 나의 성정은 쉽게 바뀌지 않았다. 요즘 말로 표현하면 나의 뇌구조의 모든 구획은 온통 '주님을 어떻게 기쁘시게 할까?'로 가득 차 있었다.

그래서 결혼생활을 돌이킬 때마다 나는 남편과 아이들에게 미안하다. 직장에 다닐 때는 일에 바빠서, 풀타임 전도자로 섬길 때는 주님의 일을 최우선으로 생각했기 때문에 남편과 아이들은 순위에서 밀려날 때가 많았다. 감사하게도 남편이 나의 빈자리를 채워주었고, 아이들이 바쁜 엄마를 잘 이해해주었기 때문에 가정이 흔들리지 않고 화목한 가운데 주님을 섬길 수 있었다. 그래도 충분히 엄마의 손이 닿지 못한 아이들에게 미안한 마음이 앙금처럼 남아 있다.

그런데 주님은 정말 멋진 방법으로 나와 아이들을 연결시켜 주셨다. 성전을 이전하고, 또 건축할 시절 작정한 헌금을 드리기 위해서는 10의 5조 생활을 해야 했다. 거기에 전도도 계속 했기 때문에 전도에도 물질이 사용되었다. 그러다 보니 생활에 쓸 수 있는 돈이 적었다. 그래서 아이들의 교육은 내가 직접 맡지 않으면 안되었다.

그렇게라도 해서 아이들이 뒤처지지 않기 바랐기 때문이다. 솔직히 어떤 부모가 자식을 잘 가르치고 싶지 않겠는가. 10의 5조를 결단하면서 가장 걸렸던 부분이 아이들 교육이었다.

지금보다야 덜했지만 90년대 후반 2000년대에도 사교육이 횡행했었다. 아이들마다 국영수를 비롯한 교과목 과외는 기본이었고, 피아노를 비롯해 미술, 수영 등 예체능 과외 한 두 개쯤은 필수였다. 그런 상황에서 '맹모삼천지교'는 커녕 엄마라는 사람이 자처해서 도저히 사교육을 받을 수 없는 상황을 만들었으니 심적 부담이 컸다. 과연 학원을 보내지 않고도 아이들을 잘 키울 수 있을까 고민도 됐다.

그래서 생각해 낸 것이 '엄마표 학습'이었다. 학원에 보내는 대신 내가 선생님이 되어 아이들을 가르친 것이다. 초등학교 때까지 수학은 방학 때마다 선행학습을 하여 문제집 두 권을 떼며 두 번씩 예습을 하였고, 국어와 영어는 큐티로 대신했다. 의도한 것은 아니었지만 결과적으로 큐티는 아이들에게 논술능력을 키워주었다. 특히 4살 때 한글을 깨우쳐 스스로 큐티를 했던 큰 아이는 초등학교 3학년이 되면서부터는 영어로 큐티를 하기 시작했는데 그것을 10년 넘게 매일 하다 보니 자신도 모르게 논술과 영어실력이 늘었다.

하지만 엄마표 학습을 하면서 가장 감사한 것은 아이들과 나 사이에 자연스럽게 하나님 중심의 삶이 자리 잡았다는 것이다. 매일 아침 큐티를 통해 하나님 안에서 소통하고, 공부를 가르치면서 아이들의 학교생활이나 생활습관, 좋아하는 것과 싫어하는 것 등을 자세하게 파악하다보니 비록 함께 있는 시간은 짧았지만 서로에 대한 신뢰는 깊어졌다. 큐티와 엄마표 학습을 통해 나와 아이들 사이에 깊은 관계의 끈이 형성된 것이다. 그것은 돈 주고도 살 수 없는 소중한 재산이었다.

만약 내가 남편의 월급을 그대로 다 생활비로 썼다면 나도 남들처럼 학원에 의존하는 교육을 했을지도 모르겠다. 그리고 더 나은 학습 환경을 만들어주는데 나의 에너지를 집중시켰을지도 모른다. 그러면 아이들과 인격적인 관계를 맺으면서 살 수 있었을까? 아이들에게 공부보다 주님이 더 중요하다고 자신 있게 말할 수 있었을까?

아마 그러지 못했을 것이다. 오늘날 교회의 중고등부가 텅텅 비어있는 걸 보면서 아이들의 신앙교육에 부모가 미치는 영향이 얼마나 큰 지 새삼 깨닫게 된다. 그 자리를 채워야 할 주의 자녀들이 삶의 무게중심을 세상의 성공에 두고 헛된 수고를 하는 걸 보면 얼마나 안타까운지 모르겠다. 우리 주님은 이 모습을 보며 얼마나 탄식하고 계실까?

주님이 우리나라를 축복하신 데는 특별한 이유가 있다. 바로 세계 선교를 위해서다. 애굽의 노예였던 이스라엘을 택하여 구원의 역사를 보게 하신 하나님은 일제의 탄압과 전쟁으로 폐허가 된 대한민국을 세계를 복음화시키는데 앞장서는 제사장 나라로 세우시고 이를 위해 축복을 아낌없이 쏟아 부어주셨다. 우리나라가 세계에서 전무후무한 경제발전을 이룰 수 있었던 것은 전적으로 하나님의 은혜 덕분이다.

그 증거가 바로 선교사 파송이다. 오늘날 전 세계에서 선교사를 제일 많이 파견한 나라는 미국이고 2위가 우리나라지만 인구비례로 따지면 우리나라가 단연 1위다. 그동안 우리나라는 세계 각지로 선교사를 파송하고 그들을 후원하면서 복음의 전초기지, 세계선교의 중추 역할을 담당해왔다.

그런데 지금은 어떤가? 주님의 허락하신 그 축복을 자녀교육에 몽땅 쏟아 붓고 있다. 이것은 하나님의 나라가 확장되는 것을 막기 위한 사단의 거대한 음모이다. 성공이 인생의 목표가 된 세상에서 신앙인들도 자녀를 좋은 대학에 보내는데 목숨을 걸고 있다. 아이와 대화하고 돌보는 대신 과외비를 벌기 위해 파출부를 하고, 시간을 아끼기 위해 교회는 대학에 갈 때까지 쉬라고 한다. 가정의 모든 에너지가 대학입시에 맞춰지다보니 주님이 우리를 창조하신 본래의 뜻은 희석되고 삶의 목적은 사라져 버렸다.

대체 무엇을 위해 외부환경을 차단하고 낭비되는 모든 시간을 줄여 아이들이 공부만 하도록 하는 걸까? 아무리 부모가 1등을 바란다고 해도 진정한 1등은 어디에도 없다. 그저 1등을 바라는 불행

한 아이들만 생길 뿐이다. 1등을 바라는 한 아이들은 행복하기 어렵다. 경쟁이 있는 곳에 서 있는 건 언제나 불안하기 때문이다. 언제 뺏길지 모르는 1등, 언제 닿을지 모르는 1등의 자리를 향해 질주하다보면 신앙도 잃어버리고 정체성도 사라지고 삶의 목적 따윈 생각하지도 않게 된다. 그런 아이들이 어떻게 세상을 바꾸고 하나님께 영광을 돌리겠는가.

주님은 우리를 세상 모든 민족의 생명을 살리는 새 언약의 일꾼으로 임명하셨다. 자신이 어떤 자리에 있건 복음의 파수꾼으로 전파자로 살도록 우리를 설계하셨다. 주님 안에서 자신의 창조된 목적을 깨달을 때 자녀들은 진정한 삶을 누리며 살 수 있다. 그것이 바로 성공한 인생이다. 그러기 위해서는 어떤 상황에서도 하나님을 선택할 수 있는 믿음을 가져야 한다. 그래야 넘어질 때 주님의 손을 붙잡고 일어날 수 있다.

정말 자녀를 위한다면 주일 성수는 절대 양보하지 말아야 한다. 세상의 무엇보다 하나님 섬기는 일을 최우선으로 해야 한다는 것을 어릴 때부터 가르쳐야 한다. 그래서 우리의 아이가 하나님과의 관계를 가장 중요하게 생각할 수 있도록 해야 한다. 그것이 부모가 해야 할 사명이자 역할이다.

일주일을 6일로 사는 아이 - 철저한 주일성수

감사하게도 우리 아이들은 어렸을 때부터 예배를 중심으로 인생의 계획을 짰다. 큰 아이는 중학교 때부터 성가대원으로 플롯을 연주했는데 덕분에 주일이면 아침부터 밤까지 찬양과 예배로만 하루를 채웠다. 이 습관은 고등학교 대학교에 가서도 여전했다.

그중에서도 내가 특별히 가슴이 뭉클했던 적이 있다. 큰 아이가 외고에 다닐 때 공교롭게도 주일에 보충수업이 몰려 있던 적이 있었다. 예배드리는 것에 대해서는 누구보다 철저했던 나였지만 막상 보충수업 시간표를 보니 아무 말도 할 수 없었다. 어떤 선택을 하건 그 결과를 고스란히 아이가 받아들여야 했기 때문에 엄마로서 뭔가 조언하는 게 아이를 더 힘들게 할 수 있기 때문이다.

그런데 아이는 별 고민 없이 예배를 선택했다. 아이의 과감한 결정에 놀란 건 나였다. 너무 스스럼없이 결정을 해서 그 결과에 대해 생각을 했는지 의구심이 들었다. 그래서 선생님께 꾸지람 들을 수도 있으니 한 번 더 신중하게 생각해보라고 했다. 하지만 아이는 단호했다. 자신이 공부를 하는 건 하나님께 영광을 돌리기 위해서인데 예배를 뒷전으로 하면 주객이 전도되는 거라며 깨끗하게 보충수업을 포기했다. 그리고 예전처럼 주일을 철저히 지켰다.

그 모습이 대견하기도 했지만 한편으로는 그로 인해 학교에서 부당한 대우를 받지 않을까 남몰래 가슴을 졸였다. 하지만 시간이 지나도 그런 눈치는 전혀 보이지 않았다. 오히려 성적이 더 올랐다며 좋아했다. 분명히 공부할 시간은 적어졌는데 어떻게 성적을 올릴 수 있었을까. 궁금해서 물어보니 아이가 자신의 공부 시간표를 보여주었다.

그걸 보자 나도 모르게 '하나님 감사합니다!'가 튀어나왔다. 그리고 '이젠 됐다'라는 생각이 들었다. 아이의 시간표에 주일은 온전히 비어 있었다. 공부 계획을 짤 때 일주일을 6일이라고 생각하고 공부할 분량을 정한 것이 성적이 떨어지지 않은 비결이었다. 주님을 중심으로 살되 주님의 영광을 가리지 않기 위해 최선을 다해 열심히 공부한 것이다. 그 마음이 너무 귀해서 나는 사라를 꼭 껴안았다.

그러자 주님은 아이가 그토록 소원했던 유학의 길을 열어주셨다. 딸 아이의 적성과 능력에 맞게 미래를 잘 찾아갈 수 있는 기회를 주신 것이다. 그 시작은 남편의 펜팔이었다. 미국 유학을 마치고 한국에 돌아온 남편은 영어를 놓지 않으려고 웹상으로 펜팔 친구를 찾아 메일을 주고받았다.

처음에는 형식적인 인사만 하다가 서로 속마음을 터놓게 되면서 가족들의 근황도 알게 되었을 즈음, 남편은 유난히 미국에 가서 공부하고 싶어 하는 큰딸의 이야기를 적어 보냈다. 한국과 미국의 교육 시스템이 서로 다르기 때문에 아이가 미국에서 공부했던 경험을 너무 소중하게 생각한다는 내용을 보냈는데 의외의 답장이 왔다. 딸이 미국에 오길 소원한다면 자신이 무료로 공부할 수 있는 방법을 알아보겠다는 거였다. 그리고 며칠 뒤 놀라운 소식이 도착했다. 사라가 로타리 클럽의 초청으로 미국 고등학교에서 교환학생으로 공부할 수 있게 되었다는 것이다. 학비는 물론 하숙비와 용돈까지 주는 완전 공짜에 플러스알파까지 더해진 유학이었다. 아이가 그렇게 소원했어도 미국 유학은 꿈도 꾸지 못했는데 하나님께서는 보란 듯이 길을 열어 주셨다.

큰 아이의 간절한 기도에 응답하신 하나님께 감사하며 우리는 아이를 미국에 보내기로 결정했다. 큰 아이는 어렸을 때부터 적극적인데다 담력도 있어서 어디에 내놓아도 안심이 되는 아이였다. 게다가 자의 반 타의 반으로 독립적으로 사는 법도 몸에 배어 있었다.

사라는 중학교에 다닐 때부터 용돈을 주지 않았다. 초등학생들에게 플롯과 영어를 가르치면서 용돈을 스스로 벌어 쓰도록 훈련하였던 것이다. 때론 문제를 일으키기도 했지만 당차고 야무졌던 사라는 미국에서 1년 동안 교환학생으로 있을 때도 각종 로타리 봉사활동에 참여했다. 또 사라처럼 로타리 클럽 교환학생으로 온 멕시코 친구의 주선으로 멕시코 로타리 클럽의 초청을 받아 1년 가까이 멕시코에 머물면서 그 문화와 스페인어를 익혔다.

사라에게 하나님이 주신 큰 축복은 엄마인 내가 상상도 하지 못할 정도다. 교환학생을 마치고 한국에 2월경에 돌아왔을 때 아이는 전에 다니던 서울외고 대신 검정고시를 선택했다. 고3으로 들어가서 내신을 따라잡는 건 무리라고 생각한 것이다. 그래서 검정고시를 치루고 곧장 대입수시를 준비했다. 다행히 본인이 마음에 품고 있었던 이대 국제학부에 주님께서 심어 주셨다. 사라가 이대합격 통지를 받았을 때 난 엉뚱한 기도를 드렸다.

"명품 등으로 외면을 치장하지 않고 말씀으로 내면을 다듬어서 세상에 물들지 않는 대학생활을 하게 해 주소서."

주님께서는 이 기도조차도 속히 응답해 주셨다. 대학에 입학하자마자 아이가 소원했던 영어토론클럽에 들어갔는데 그 동아리 선배들이 신실한 기독인들이었다. 그들은 큐티 선배를 자처하며 후배들을 믿음의 길로 이끌어주었다. 선후배들과 함께 자연스럽게 큐티를 하며 외모에 치중한 세속문화를 부끄럽게 여기는 깨끗한 정신을 갖게 되었으니 이 얼마나 감사한 일인가. 세심한 손길로 아이를 인도하시는 주님께 사라를 맡기고 나는 박수를 치며 주님을 찬양할 밖에.

대학 2학년이 되자 사라가 고급 스페인어를 구사하고 싶다며 스페인 교환학생을 지원했다. 감사하게도 한국에서 공부하는 학비 정도로 스페인에서 공부할 수 있는 길을 열어주셔서 스페인에서도 한 학기를 지냈다. 방학 때마다 시간을 쪼개어 정부보조금을 받아 참여할 수 있는 외국 봉사활동의 기회를 얻게 하셔서 20여 개국의 땅을 밟게 하셨다. 또한 국제기구에서 개최한 에세이 콘테스트에서 수상하여 호주에서 열린 국제회의에 참여하고 발표할 수 있는 기회도 갖게 하셨다. 그동안 기회들을 통해 사라는 4개국어를 유창하게 구사하게 되었고, 대학원 진학을 위한 시험에서도 우수한 성적을 거두었다.

이렇게 사라의 이야기를 구체적으로 적은 것은 내 아이를 자랑하기 위함이 아니다. 사라의 가늠할 수 없는 성장의 폭과 발전 가능성을 보면서 아이는 돈이 아니라 말씀과 기도로 키워야 된다는 것을 절절하게 깨달았다. 그것을 다른 사람들도 느끼고 깨닫기를 바라는 간절한 마음뿐 이다.

어디서 이런 실력이 나왔을까... 곰곰이 생각해 보니 4살 때부터 아침마다 큐티를 하고 글로 정리하였던 그 기나긴 싸움이 논술실력으로 다듬어져 있었던 것이다. 결국 주님이 하신 것이다.

사라의 '오늘'을 위해 내가 한 것은 아무것도 없다. 내가 아무리 아이를 축복한다고 한들 그 인생을 조금도 바꿀 수 없다. 하지만 하나님의 큰 복을 받을 수 있는 그릇으로 키우면 아이는 주님의 다함없는 은혜를 누리며 살아가게 된다. 주님과 동행하며 걷는 한 걸음 한 걸음, 그것이야말로 세상의 물질과 부모의 사랑이 줄 수 없는 인생의 가장 큰 축복이라는 것을 세상의 모든 부모가 깨닫기를 간절히 바라고 또 기도한다.

하버드에서 예배 중심의 삶

큰 딸 사라의 눈부신 성장은 나로 하여금 하나님의 오묘한 섭리를 발견하게 했다. 이화여자대학교 국제학부에 다니면서 국제 변호사를 꿈꾸었던 사라는 졸업을 앞두고 개발경제학에 관심을 갖게 되면서 고대대학원에 들어가 경제학과 수학을 공부했다. 이때 몇 개의 로스쿨과 하버드 국제개발학과에 원서를 보내놓고 기다리고 있었는데 미국에서 좋은 소식이 들려왔다. 사라는 코넬대 로스쿨에도 합격했는데도 불구하고 하버드대 합격 소식에 감격하며 감사기도를 했다.

하버드 케네디 스쿨 국제개발학 석사과정은 사라가 가기를 소원했던 과였다. 세계의 최전방에서 어려운 민족들의 현안을 해결하기 위해 연구하는 석학들이 그 과의 교수진으로 포진되어 있는데다 하버드대 국제개발학과 출신들이 기아와 난민들의 삶의 문제를 해결하는데 있어 핵심멤버로 일하고 있기 때문이다. 내가 보기엔 국제개발학과가 아니라 영락없는 '선교사과'였다.

엄마의 소원을 일찍이 아셨던 주님은 그 꿈을 사라에게 품게 하셨다. 사라는 어려서부터 가난한 나라와 민족에 대한 관심이 컸다. 그들을 위해 자신이 뭔가 도움이 될 수 있기를 바라며 간절히 모으는 그 고사리 손을 볼 때마다 나의 10대 시절이 떠올랐다. 테레사 드림을 꿈꾸며 세계를 품고 기도했던 청년의 때, 주님은 나의 기도에 응답하지 않으셨지만 사라를 통해 그 꿈을 이뤄 가시는 주님을 바라보며 마음 깊은 곳에서 감동이 우러나왔다.

사라는 두 학교의 합격 통지를 받고 나에게 물었다.

"엄마! 코넬 로스쿨을 졸업해서 미국에서 변호사가 되면 연봉이 최소 1억이 넘어요, 그리고 하버드 국제개발을 전공하면 평범한 월급쟁이로 살아야 해요. 엄마는 내가 어느 과를 갔으면 좋겠어요?"

나는 생각할 필요도 없이 대답했다.

"나라면 돈을 따라가지는 않을 것 같아. 내가 그릇이 준비되면 돈은 따라오게 되어 있거든, 돈을 많이 벌어놓은 분들이 돈을 바람직하게 사용해줄 사람을 찾아 기다리고 있거든."

그러자 사라는 이미 주님께 서원기도를 드렸다고 고백했다. 여러 군데 학교에 원서를 내면서 국제개발학과가 있는 하버드대에 합격하게 되면 주님의 뜻임을 알고 반드시 그 학교에 가서 공부하여 가난한 나라 굶주린 민족을 돕는 자가 되겠다고. 그 얘기를 들으니 이 모든 것이 주님의 강권적인 인도하심에 따라 이루어진 일임을 확신하게 되었다.

어릴 적부터 주님은 사라의 발걸음을 세계로 넓히셨다. 그것도 경제적으로 부유한 유럽보다는 중남미를 비롯해 아프리카, 동남아시아 빈국의 현실을 보게 하셨다. 그 모든 것이 세계를 품고 살리는 자로 사라를 사용하기 위해 주님께서 예비하신 훈련의 과정이었던 것이다.

주님의 뜻은 사라가 하버드에 입학하고 난 후에 더 명확해졌다. 주님께서는 1학년 겨울방학 때 '인도 식량문제 해결을 위한 프로젝트'에 사라가 인턴으로 참여할 수 있는 기회를 주시더니 그 다음 해에는 같은 주제의 프로젝트를 실행하는데 연구원 자격으로 세계적인 석학교수님들과 함께 일할 수 있도록 하셨다.

사라는 자신이 한걸음 뗄 때마다 돌맹이를 하나씩 발 앞에 놓아주시며 그 징검다리를 건너가도록 인도하시는 주님 덕분에 기적적으로 연구소에 들어갈 수 있었다고 감격했다. 그 연구소에서 일하시는 세계적인 석학교수님들을 가까이서 지켜보는 것이 학교에서 1년 동안 공부하는 것과 맞먹을 정도라며 사라는 연구소에서 일하게 된 것에 흥분하며 기뻐했다.

사라가 전해주는 소식은 경이로움 그 자체였다. 하버드 케네디 스쿨 석사 1년차 학생들의 경제학 티칭조교가 되어 1학기에는 거시경제를, 2학기에는 미시경제를 가르치게 되었다. 그 소식을 처음 들었을 때는 처음으로 대견한 마음보다 걱정이 앞섰다. 자기 공부만 할 때도 눈 잠깐 붙일 새 없이 몰아치며 한다고 했는데 강의까지 맡았으니 몸이 버텨줄 지 염려가 됐다. 한창 바쁠 때는 일주일에 10시간도 채 못 잔다는데 그러다 건강을 해치지는 않을까 조바심이 났다.

통화하는 시간에라도 잠을 잤으면 하는 게 엄마 마음이었다. 잠깐이라도 무릎에 눕혀 재우고 싶은 마음이 간절한데 그 와중에 새벽을 깨워 기도를 한다는 말을 듣자 마음이 복잡했다. 사라는 선배가 교회까지 태워줘서 함께 예배를 드리는데 그 시간이 얼마나 귀한지 모르겠다고, 금요일 밤은 기도회, 토요일은 청년예배, 주일은 성가대로 봉사하며 하나님 중심의 삶을 살고 있다고 기쁨에 차서 말했다. 사라는 자신이 지금 하고 있는 공부들이 자신을 위해서가 아니고 더구나 그 과정이 자기의 힘이 아닌 주님이 행하심을 본인이 더 절실하게 인식하고 있었다. 그러기에 필사각오로 주님만 붙들고 늘어지는 영육의 사투를 벌이고 있었던 것이다.

그걸 알기에 내 마음은 편치 않았다. 고등학교 시절에 주일을 온전히 지키기 위해 일주일을 6일로 생각하며 살았던 모습이 생각났기 때문이다. 나도 모르게 "그 예배 중 하나만이라도 쉬고 그 시간에 잠을 좀 잤으면 좋겠다"는 말이 목구멍까지 밀려올라왔다.

하지만 생기발랄한 아이의 목소리가 내 말을 꿀꺽 삼키게 했다. 지금 하는 공부가 정말 주님께 쓰임 받으려면 혹독한 훈련을 이겨내고 그 모든 과정도 주님이 받으시도록 해야 하기 때문이다. 오늘의 헌신 없이 내일은 없다. 공부 때문에 오늘 주님과 관계가 소원해지면 졸업 후에도 가까워지기 어렵다. 이것은 내가 아이를 키우면서 입에 달고 살았던 말이다. 그런데 그 말을 듣고 자란 아이가 그야말로 힘껏 주님을 섬기는 모습을 보며 감사하기보다 걱정을 하는 게 부끄럽고 주님께 죄송했다.

혹시, 하나님의 뜻보다 아이의 커진 그릇이 내게 먼저 보이는 것은 아닐까? 세상 사람들이 부러워하는 최고의 학벌 엘리트 코스를 밟고 있는 딸이 나의 훈장이 되고 있는 건 아닐까? 아이의 승승장구가 내가 주님께 충성하여 얻은 선물이라고 나도 모르게 어깨에 힘이 들어가 있는 것은 아닐까? 어지러워진 내 마음 깊은 곳에 혹시 교만이나 자만은 없는지 말씀으로 나의 내면을 비춰보면서 언제나 겸손히 정결한 마음으로 주 앞에 설 수 있기를 기도했다.

이생의 자랑이 얼마나 부질없는 것인가. 나는 자신의 인생에서 아름다운 결과를 빚어 가시는 주님만 바라보며 자신의 사명을 향해 뚜벅뚜벅 걸어가고 있는 딸이 더없이 사랑스럽고 아름다웠다. 주님은 아마 보고 계실 것이다. 그 아이가 무엇을 향해 가는지. 사라의 마음의 중심을 보시는 주님께서는 반드시 과정 중에 함께 하시고 그 과정 위에 기름을 부으사 가는 걸음을 거룩하게 지켜주실 것이다.

그렇게 바쁜 과정 속에서 다음 학년 때는 케네디스쿨의 회장으로 일하고, 또 선배들의 강요로 함께 책을 공동 출판하게 되는 영광을 얻기도 하고, 교회에서도 회장으로 섬기는 사명을 얻기도 했다. 그런 시간과의 투쟁 가운데 또 무시무시한 실력자들 가운데 무사히 학점을 얻고 졸업이나 할 수 있을까 염려스러웠다.
그러나 엄마의 믿음 없는 염려를 종식시키듯 주님은 사라가 그 힘든 과정을 무사히 잘 통과하게 하시고 졸업을 하게 되어 하버드

대학원 졸업식에 영광스럽게 초대되어 감격적인 졸업식을 참관하게 되었다. 우리 같은 범인이 그런 영광의 자리에 참여하게 된 것은 모두가 주님의 은혜다. 하지만 그건 세상의 영광의 자리다. 우리의 목표는 주님 앞에 서는 그날이 영광의 순간이 되어야 하기에 그럴수록 더욱 겸손으로 옷을 입고 주님을 태운 나귀의 사명을 잘 감당하도록 기도로 나아가게 된다.

월드뱅크의 취업 – 전액장학금으로 코넬 박사과정 진학

졸업 후 예정된 각본처럼 주님은 사라를 미국 워싱턴 D.C.에 있는 월드뱅크에 심겨주셔서 뒤쳐져있고 열악한 빈국을 도울 수 있도록 큰 프로젝트의 일들을 맡겨주셨다. 남미의 도미니카 공화국의 전반적인 사회복지 시스템을 구축하는 일을 할 때는 그 나라에 출장 가서 회의할 때는 부대통령 등 정부의 요직 인사들과 함께 일을 했다. 그런 일들을 위해 아이가 내게 기도를 요청할 때면 주님의 일하심에 두려움을 느꼈다. 아직 20대의 어린 나이에 어떻게 저런 큰일을 맡겨주셨나 겁이 나서 주님께서 친히 행하셔서 그 나라와 민족을 살려주시길 기도하지 않을 수 없었다.

2년을 월드뱅크에서 일할 즈음 주님께서는 또 다른 말씀을 주셨다. 창세기 37장부터 시작되는 요셉의 말씀을 주시면서 사라에게 학업을 더 하라는 것이다. 내게 3번을 말씀하셔서 사라에게도 전하고 함께 기도하던 중 사라도 응답을 받았다. 사라는 곧 일을 그만 두고 박사과정에 지원했다. 주님께서는 사라가 코넬대 개발경제학 박사과정의 모든 학비와 보험료 등은 전액장학금으로 받아가며 풀 스칼라쉽으로 공부할 수 있게 해 주셨다.

지금 박사 3년차를 마무리하고 있는 사라는 멘토였던 교수님을 코넬대에서 다시 만나 함께 프로젝트를 진행하고 있다. 예전에 기 도했던대로 기관으로부터 지원을 받아 에티오피아에서 2세 이하의 아이들을 살리는 일을 하는 중이다.

주님은 사라가 가정을 꾸리는 데도 인자를 베풀어 주셨다. 사라 주변에 학벌 좋고 문벌 좋은, 소위 세상 기준으로 1등 신랑감이라 말할 청년들보다는 오롯이 인격과 믿음이 뛰어난 청년을 가슴에 품었다. 그 청년에게 인생의 비전에 대하여 물었더니 "거룩입니다!" 라고 대답하는 게 아닌가.

더구나 연세대 다니던 대학시절에 전도에 미쳐 70-80명을 전도 했다고 하니 더 묻고 따질게 없었다. 한국에서도 찾아보기 힘든 믿 음의 청년을 먼 타국에서 만나게 하시고 사랑을 꽃피워가게 하시 는데 내가 더 이상 무슨 말이 필요하겠는가? 그때 우리 부부는 스 리랑카 선교지에 있어서 청년의 얼굴을 볼 수 없었지만 이메일로 자기소개서를 받고, 딸이 그와 함께 한 가정을 이룰 수 있도록 보 낼 준비를 했다.

2014년 겨울 크리스마스를 지내고 주님의 축복 속에 사라는 결혼하고 신랑의 직장이 있는 신혼생활을 시작했다. 그리고 코넬대학이 있는 이타카와 DC를 오가며 주님의 선물인 행복한 가정과 학업, 그리고 에티오피아 사역을 겸하고 있는 중이다.

큐티로 믿음의 첫 발을 걷게 하신 주님은 그 아이의 실제적인 멘토가 되셔서 끝없는 전진과 확장을 진행시켜 가고 계신다. 주님께 얼굴을 향하며 그분의 행하심에 놀라움을 금치 못하게 된다.

큰딸을 위해 기도할 때마다 사라의 고백이 가슴을 울린다.

"엄마, 내가 어떤 직업의 옷을 입던 나의 본분은 선교사임을 잊지 않을게요. 다만, 어떤 나라에서도 나를 기꺼이 받아들일 수 있도록 실력을 갖출게요!"

사라의 그 기도가 주님 앞에서 응답되길 날마다 기도한다.

자신의 본분이 선교사임을 잊지 않고, 우리는 주님을 태운 나귀새끼임을 명심하여 겸손하게 주님의 도구로만 사용되길 기도한다. 내 등에 타신 주님을 보고 호산나를 외치는 무리들의 함성이 나를 향한 것이라고 착각하는 순간, 그 환호에 화답하기 위해 나귀새끼가 앞발을 치켜드는 순간, 주님은 낙마하게 된다는 것을 너무나 잘 알기에 오늘도 딸을 위해 주님께 두손을 모은다.

"주님, 사라가 주님의 이름만 높이며 주님께만 영광 돌리는 자로 살아가게 하옵소서. 그래서 어떤 자리에 있건 주님을 겸손히 섬기는 나귀새끼임을 알도록 간절히 기도합니다."

선교사 서원을 하고 중국으로 유학 간 막내

말씀과 기도로 아이를 양육해도 모든 부모가 경험하는 어려움은 다 겪었다. 아이들은 부모와 굉장히 닮았으면서도 묘하게 엇갈리기 때문에 일관성 있게 양육하려고 해도 그게 쉽지 않았다. 게다가 두 아이를 키울 때 성향이 완전히 정반대라서 큰 아이는 엄격하게 원칙을 지키면서 키웠지만 둘째는 여리고 약하고 내성적인 아이라 무조건 지지하고 사랑해주었다.

큰 아이가 어디서든 두각을 나타냈다면 둘째 혜신이는 사람이 안 보이는 기둥이나 엄마 뒤에 숨어 하고 싶은 말을 눌러 참고 손가락만 만지작거리는 성격이었다. 그렇게 마음이 여리고 낯가림이 심하다보니 둘째에게는 한 번도 뭘 하라고 잔소리한 적도 없고, 강요한 적도 없었다. 내가 말하기 전에 둘째는 언니가 하는 걸 보고 곧잘 따라 했고, 어렸을 때부터 내 품에서 떨어지려 하지 않았기 때문에 혜신이 때문에 속을 썩은 기억이 없다.

다만, 유치원부터 시작해서 학교 다닐 때까지 낯선 환경에 쉽게 적응하지 못하는 게 걱정이었다. 막내 혜신이는 미국생활을 어려워했다. 남편이 2년간 미국 유학을 하게 되면서 혜신이도 그곳의 프리스쿨에 다녔는데 한글도 못 깨우친 5살 아이가 영어를 새롭게 배우자니 겁이 덜컥 났을 것이다.

가뜩이나 소심한데 동양인이 한 명도 없는 낯선 곳에서 얼마나 움츠러들었을까. 나는 혜신이가 걱정되어 프리스쿨 학부모 자원봉사자로 6개월 이상 일했다. 반년이 지나 일본인 여자 아이가 들어올 때까지 혜신이는 항상 외따로 떨어져서 말 한마디 하지 않고 멀뚱히 아이들만 보고 있었다. 다행히 일본 아이와는 외모가 비슷해 동질감을 느꼈는지 말 대신 옷자락을 끌어 함께 미끄럼틀도 타고 밥도 먹어서 안심했지만 1년 동안 프리스쿨에 다니면서 혜신이가 입을 뗀 것은 열 번도 채 되지 않았다.

그렇게 입을 꾹 다물고 있던 아이가 프리스쿨을 졸업하고 초등학교 킨더가든에 입학하자 문장으로 말하기 시작했다. 머릿속으로는 알고 있었지만 표현하기가 쑥스러워 말하지 않고 있었던 거다. 그래서 둘째는 스스로 말할 때까지, 스스로 뭔가를 하겠다고 할 때까지 무조건 기다려주고 지지해주었다.

그러다 2년 만에 한국에 오니 둘째가 넘기 힘든 커다란 장벽이 또 기다리고 있었다. 바로 한국어였다. 겨우 영어가 입에 붙었을 때 한국으로 돌아왔기 때문에 미처 한글을 배울 여유가 없었다. 아무런 기초 지식도 없는데다 공부하는 방식도 반대라서 어리둥절한데 학교에서는 주입식 교육을 하니 아이가 감당하지 못하고 뒤쳐져 버렸다.

초등학교 3학년이 될 때까지 받아쓰기를 반타작밖에 못했으니 아이가 얼마나 속상하고 힘들었겠는가. 그래도 군말 없이 학교에 가고, 어떻게든 적응하려고 애쓰는 것만으로도 기특하고 가여워서 나는 혜신이에게 공부를 하라고 한 적이 없었다. 그저 지지하고 응원하며 기도해줄 수밖에.

그런데 중학교에 가더니 누가 시키지도 않았는데 아이가 공부를 하기 시작했다. 일찍 자라고 해도 소용이 없었다. 자기는 이미 많이 뒤쳐져 있기 때문에 남들과 똑같이 공부해서는 따라잡을 수가 없다며 밤이 새도록 공부하는 날이 많았다. 아무도 공부에 대한 스트레스를 주지 않았지만 스스로 가족 중에서 자신이 가장 뒤쳐진다고 생각하는 것 같았다. 남편도 나도 사라도 공부하기를 좋아하는데다 시험을 보면 성적이 잘 나와서 일등을 도맡아했기 때문에 상대적으로 혜신이가 주눅이 들었던 것이다.

그래서 혜신이를 볼 때마다 스스로 최선을 다하는 모습이 최고라고 자존감을 실어주었지만 마음의 그림자를 극복하지 못하고 혜신이는 중국에서 중의학을 공부할 때 우울증을 심하게 앓았다. 소심하긴 해도 밝은 성격인데다 가족들의 사랑을 독차지했던 막내였기 때문에 혜신이가 우울증에 걸릴 것이라고는 상상도 하지 못했는데 중국에서 혼자 그 병을 안고 지냈던 것이다.

애당초 혜신이는 유학은 꿈도 꾸지 못할 정도로 두려움이 많았다. 그런데 사라를 돌봐주셨던 미국 아주머니인 메리가 한국을 방문하여 "너도 언니처럼 미국에 가서 공부하지 않을래?"라고 물어보자 선뜻 가겠다고 나서는 게 아닌가. 내심 유학을 가고 싶은 마음에 갈등하고 있을 때 유학을 권유하니 한번 해보겠다는 결심을 한 것이다.

그러자 메리는 한국을 여행한 후에 미국으로 돌아가 미국 로타리 클럽을 통해 혜신이를 고등학교 교환학생 프로그램으로 미국으로 데려갔고 자신의 집에서 홈스테이 하며 돌봐주었다. 사라 때와 똑같이 학비도 하숙비도 모두 무료였고, 한 달에 100불씩 용돈도 받았다.

더 감사한 것은 미국 내 로타리 교환학생들이 함께 한달 동안 미국 전역을 버스로 여행할 수 있는 기회가 생겨 서로 형제처럼 돈독한 관계가 된 것이다. 세계 곳곳에 친구가 생기면서 혜신이에게 자신감이 붙었다. 미국 교환학생 기간을 마치고 난 후 뉴질랜드에서 좀 더 영어를 배우겠다고 한 학기 공부도 다녀왔다. 그러면서 성격이 더 적극적으로 변했다.

혜신이는 말씀을 사모하는 마음도 간절하여 스스로 부흥집회에 참석하면서 주님을 인격적으로 만났다. 대학진로를 정할 때는 혜신이가 선교사로 살겠다고 서원할 수 있는 기회도 주님께서 동시에 예비해 놓으셨다. 그래서 중의학 진학관계자를 만나 입학 설명회를 듣자마자 나는 그것이 하나님의 인도하심이라고 여겨졌다. 침 한방으로 육체의 질병을 고치고, 말씀으로 영혼을 살릴 수 있으니 얼마나 귀한 일인가. 공부기간이 길긴 하지만 하나님을 의지하면 능히 이겨낼 수 있을 거라 생각했다.

혜신이 역시 중국에서 중의학을 공부하고 그 후 미국에서 서양

의학을 겸하여 공부할 수 있는 과정이 준비되어 있다는 설명을 듣고 중국 유학을 결심했다. 그리고 인터뷰하시는 의사선생님의 권면으로 뜻밖에 선교사 헌신까지 하게 되었다. 남편은 신중히 고려한후 결정하자고 만류했지만 막내는 굳은 믿음을 보이며 선교사 헌신을 서원했다.

뜻밖의 인도하심에 나는 뛸 듯이 기뻐하며 중국유학을 갈 수 있도록 기도로 도왔다. 어차피 한 번 뿐인 인생을 살면서 주님께 쓰임 받는 인생을 사는 것보다 더 귀하고, 주님나라를 비전으로 삼고 사는 인생보다 더 가치 있는 일이 어디 있겠는가.

둘째는 선교사 서원을 한 후 중국으로 건너가 2년간은 기숙사와 관리인이 있는 가운데 잘 적응해 나갔다. 소명이라고 믿고 시작한 공부다보니 어려움도 기도로 극복하고 기숙사에서 선후배들과 잘 어울리며 예쁘게 신앙생활을 했다. 그래서 혜신이를 위해 기도할 때마다 감사가 넘쳤었다. 그런데 2년 후 아이가 학교 본과로 옮기면서부터 여러 가지로 힘들어하기 시작했다.

어느 날은 기도하다 깜박 잠이 들었는데 영 께름칙한 꿈을 꾸었다. 시멘트 바닥으로 된 돼지우리가 보이는데 바닥에는 오물이 잔뜩 있고, 한쪽에는 내 허리춤에 닿을만한 높이의 시멘트벽이 있었다. 그런데 너비가 손바닥만 한 그 시멘트 벽 위에 혜신이가 누워 있었다. 금방이라도 오물 위에 떨어질 듯 좁고 딱딱한 시멘트 벽 위에 위태롭게 누워있는 아이를 보자마자 나는 기겁해서 "혜신아, 왜 그런 데 누워있니?"라고 말하며 아이를 일으키기 위해 다가가는데 갑자기 흰 옷을 입은 사람이 나타났다. 그리고 순식간에 돼지우리 바닥을 소독하고는 사라졌다.

돼지우리는 금세 깨끗해졌고 아이는 그 좁은 벽 위에 그대로 누워 있었다. 당장은 깨끗했지만 돼지가 있는 한 그곳이 더러워지는 건 시간문제였다. 빨리 일어나 그곳에서 나와야 하는데 아무리 불러도 혜신이는 들은 척도 안 했다. 답답한 마음에 헛손질만 하다가 깨고 나니 마음에 무거운 추를 올려놓은 듯 무거웠다. 혜신이에게 뭔가 사단이 벌어진 게 분명했다.

그래서 중국으로 바로 전화를 걸었다. 한참만에 전화를 받은 아이는 내 꿈 이야기를 듣고 화들짝 놀랐다. 그리고 "혜신아, 내가 모르는 무슨 다른 일이 있는 거니? 너 지금 거기서 어떻게 지내는 거야?"라는 나의 물음에 왈칵 울음을 터뜨렸다. 그러면서 지금 자기 처지가 돼지우리의 좁은 벽에 누워있는 그 상황과 똑같다며, 기숙사에서 나온 후 아파트에서 살면서 밥도 안 먹고 친구들과도 만나지 않다보니 만사가 다 귀찮고 힘이 없어서 빈 집에 혼자 누워서 눈물만 흘리고 있다는 것이었다.

그 얘기를 듣자 가슴이 철렁했다. 학교에서 멀어 챙겨줄 동기들도 가까이에 없고, 주변에 아무것도 없는 황량한 신도시 아파트에서 아이 혼자 얼마나 외롭고 힘들었으면 우울증에 걸렸을까. 목소리에 힘이 하나도 없는 게 이러다 애 잡겠다는 생각이 들었다. 자식이 내 손이 닿지 않는 곳에서 혼자 앓고 있을 때 당연히 부모의 마음은 아프고 쓰리다. 어떻게든 달려가 아이의 아픔을 해결해주려고 하는 게 인지상정이다.

그런데 내 마음에서는 안쓰러운 마음과 동시에 의구심이 솟구쳤다. 우리 가족 뿐 아니라 주변 사람들에게 그렇게도 많은 사랑을 받았는데 왜 우울증에 걸렸을까? 그 아이의 내면에 어떤 그림자가 있는 건지 도대체 알 수가 없었다. 내가 도저히 들여다볼 수 없는 아이의 마음속이 어떤지 알려달라고 주님께 기도했다. 혜신이가 누군가. 주님이 사랑하시는 딸, 주님의 핏값으로 사신 영혼인데 그 아이가 고통을 당하고 있다면 우리 주님은 이미 그 상처를 어루만지며 치유하고 계실 거라는 확신이 있었다.

그래서 아이의 내면을 사로잡고 있는 것이 무엇인지 기도 중에 주님께 계속 물었다. 그러던 중 다른 사람과 비교하여 자신을 평가했던 혜신이의 모습이 떠올랐다. '아, 그게 문제였구나. 각자의 그릇이 다른데 사람들이 한 가지 기준으로 자신을 비교하고 평가할 때마다 혜신이가 상처 받았겠구나. 그리고 그 자리에 열등감이 자라났구나.'

혜신이는 자신이 충분히 사랑받고 있고, 사랑받을 만한 여러 가지 매력이 있다는 것을 알고 있지만 선뜻 그것을 인정하기가 어려운 섬세한 성격이었다. 나는 그런 면에서는 좀 무딘 편이다. 감성적이기보다는 추진력이 강한 행동파였기 때문에 혜신이의 여린 마음결을 읽어내기가 쉽지 않았다. 혜신이는 표현하기보다는 삭히는 편이었고 끈질기게 캐묻기보다는 혼자서 끙끙 앓는 아이였다. 그런 아이가 영적 리더도 없는 예배 공동체에서 신앙생활을 하자니 얼마나 힘들었겠는가.

혜신이가 다니던 중의대에는 학교 내에 교회가 없었다. 학생들끼리 모여서 강의실이나 강당을 빌려 예배를 드리는 게 전부였다. 목회자가 안 계셨기 때문에 선배들의 주관 하에 예배를 드렸는데 그러다보니 말 그대로 난장판이었다. 예배를 드리겠다고 모인 사람들이 자기 의견대로 흩어지고 분열되어 서로 상처주고 흠집 내기에 바빴다. 그런 모습에 실망한 혜신이는 결국 교회를 떠나 혼자 집에 틀어박혀 버린 것이다

겉으로는 신앙생활을 열심히 한다고 하면서 온갖 위선적인 행동을 하는 청년들의 모습에도 환멸을 느낀 데다 사라가 하버드대에 입학한 것을 시기한 친구들이 자신과 사라를 은근히 비교하며 공격하는 모습에 질려 그만 관계의 끈을 놓아버린 것이다. 사람들과 멀어질수록 아이의 심적 상태는 피폐해져서 어느 날은 건널목을 건너다가 이대로 죽었으면 좋겠다는 생각이 들 정도로 심각한 상태도 겪었다.

아이를 혼자 둘 수가 없어 나는 교회에 기도 부탁을 드리고 중국으로 건너 가 한 달 동안 혜신이와 함께 보냈다. 집밥을 해주고 함께 손을 붙잡고 기도했다. 상처로 곪은 아이는 혜신이 뿐이 아니

었다. 중의대 예배 공동체 곳곳이 곪아 있었다. 그들 전체를 살리지 않고는 회복이 있을 수 없기에 나는 학교 기숙사에서 새벽기도를 시작했고 그때 성령께서 강하게 역사하셔서 다같이 회개하고 말씀으로 하나 되는 '3월의 부흥'을 경험하게 하셨다.

예배가 회복되면서 혜신이의 건강도 좋아지기 시작했다. '3월의 부흥'을 통해 분열된 공동체가 나아져가면서 친구들과 선배와의 관계도 회복됐다. 영적인 문제가 풀리면 다른 것들은 쉬이 풀린다. 하지만 우울증이 쉽게 낫는 것이 아니기 때문에 아이를 혼자 두고 오기가 망설여졌다. 그래서 같이 한국에 가자고 했지만 혜신이는 공부를 마저 하고 방학 때 들어가겠다며 안심시켰다.

그러나 우울증은 쉽게 낫지 않았다. 우리 부부가 중국에 한 차례 더 가고 혜신이가 방학 때마다 한국에 왔지만 잠시 호전되다가 다시 힘들어지곤 하였다. 급기야 병원 치료가 시급한 상황까지 되었다. 청년부 목사님께서도 아이에게 병원치료를 권하셨는데 나는 그전에 마지막으로 부흥회에 참석하여 주님께 기도해 보자고 했다. 아이는 부흥회에 가서 주님이 원하시는 치료의 방법이 무엇인지 직접 응답받아 보겠다고 했다.

그때 마침 장충체육관에서 하루 4번씩 사흘간 집회를 하는 성령부흥회가 있었다. 혜신이는 친구와 함께 열심히 집회에 참석하면서 성령의 치유를 경험했다. 뜨겁게 주님을 만나면서 말씀이 그 아이의 마음속 깊은 곳에 자리한 빈 구멍을 채워주고 상처를 어루만져 주었다. 영혼의 깊은 치유를 경험하면서 혜신이는 다시금 자신의 소명과 정체성을 분명히 깨닫고 선교사로 주님만을 섬기겠다고 또다시 서원기도를 했다.

그렇게 영적 치유를 경험하면서 아이는 단단해지고 또 담대해졌다. 소명이 생기자 공부에 대한 열망도 커졌다. 방전됐던 영적 에너지가 날마다 말씀으로 채워지니 열악한 환경 속에서도 기쁨으로 일하고 공부할 수 있었다. 아이는 중국 병원에서 인턴으로 일하면서 의사고시를 준비했다. 이미 침술사 자격증은 따놓았기 때문에 어디서든 침을 놓을 수는 있었지만 중국 병원에서 일하려면 의사고시에 합격해야 했다. 혜신이는 하나님께서 자신을 어디로 부르실지 모르니 의사고시를 준비하며 주님의 음성에 귀를 세우고 있겠다고 했다.

그러던 중 예상치 않은 암초를 만났다.

방학 때 한국에 들어왔을 때 건강검진을 받았는데 그 결과가 심상치 않았다. 신체의 특정부위가 암이라고 의심될 정도로 심각했다. 의사는 한시라도 빨리 수술을 받아야 한다고 했다. 의사고시를 바로 코앞에 앞두고 벌어진 일이라 되도록 수술을 미루고 어떻게든 시험을 치르게 하고 싶었다. 그래서 의사에게 몇 번을 물어봤지만 돌아오는 대답은 '한시가 급하다'였다.

결국 혜신이는 중국 의사고시를 포기하고 한국으로 돌아와 수술을 받았고, 경과가 좋아서 건강에는 아무 이상이 없었다. 어차피 중국에 살면서 병원에 취직하는 게 목적이 아니었기 때문에 중국 의사고시는 깨끗하게 포기하고 한국에 있는 병원에 코디네이터로 들어가 일 년 간 일했다. 그 일 년 동안 혜신이는 몸과 마음이 회복되어갔다.

세상 사람들은 그것을 전화위복이라고 하지만 나는 '훈련의 열매'라고 생각했다. 혜신이가 중의대에서 겪었던 말 못할 갈등과 고민은 그 아이에게 상처를 주기도 했지만 공동체 내에서 어떻게 지내야 잘 지낼 수 있는지 몸으로 터득할 수 있게 해 주었고 자신이 아파보았기에 마음으로 아파하는 사람을 만질 수 있는 부드러움도 터득한 것이다. 6년 넘게 공동체에서 사람들과 부대끼며 살면서 다른 사람의 마음을 헤아릴 수 있는 영적 예민함과 엽렵함이 몸에 배어들어 사람들과 깊은 관계를 맺는 법을 배웠다. 자신의 아픔이 다른 사람의 아픔을 돌보는 재료가 된 것이다.

그것이 하나님의 섭리다. 그리고 그것이 하나님께서 우리를 훈련시키시는 이유다. 아파보지 않고는 사람들에게 다가갈 수가 없다. 그렇게 아파보아야 비로소 다른 사람의 고통을 이해할 수 있다. 혜신이가 우울증으로 고생할 때도 그런 확신이 들었다. 주님께서는 침으로 몸만 치료하는 게 아니라 마음을 치유할 수 있는 사람으로 세우기 위해 혜신이에게 그런 고난을 허락하신 것이다.

내가 이 얘기를 하면 아이는 펄펄 뛰고 화를 냈다. 설사 그 말이 사실이라고 해도 자기가 지금 죽겠는데 나중이 무슨 소용이냐고. 왜 지금 당장 도와주지 않고 자신을 힘들게 하냐고 분을 쏟아냈다. 덧붙여 나를 공박하는 한 마디에 내 코가 쑥 빠져버렸다.

"엄마, 내가 우울증에 걸렸다고 했을 때 했던 말 기억해요? 우울증에 왜 걸려? 하나님을 믿는데 어떻게 우울증에 걸리지?"

불쑥 나온 나의 한 마디가 아이에게 상처가 됐던 모양이다. 아무리 사랑해도 어미는 자식이 겪는 고통의 심연에 닿지 못한다. 그것이 아이를 외롭게 하고 서운하게 만들 수도 있다. 하지만 그 고통에 조금이라도 닿기 위해 날마다 몸부림치며 기도했던 심정은 알까. 아이를 성장시키기 위해 넘어지고 또 넘어져도 걸음마를 시켰던 것처럼 혼자 마주하는 고통 속에서 하나님을 만나길 간절히 기도했던 마음은 알까.

아이는 모르더라도 우리 주님을 알고 계셨다. 주님은 나와 혜신이를 똑같은 시선, 아버지의 시선으로 바라보고 계셨으니까. 그리고 그분은 나를 항상 이렇게 위로해주신다.

"네가 나의 자녀인 것처럼 혜신이도 내 자녀다. 그 아이가 홀로 아프게 하지 않을 것이다."

주님은 혜신이가 겪는 고통 속에 함께 하시며 그 아픔을 치유의 열매로 만들어가고 계셨다. 아무리 부모가 자식을 사랑한들 하나님이 우리를 사랑하는 것보다 더할 수는 없다. 주님의 사랑에 아이를 맡길 때 진정한 회복이 있고 생명력 있는 삶을 살 수 있다.

막내의 미국여행 – 치유와 회복 그리고 배우자를 준비해놓으신 주님

혜신이는 한국에서 정말로 좋은 병원에서 가족처럼 여겨주는 의사 선생님들과 동료들을 만나서 1년 동안 행복하고 즐겁게 직장에 다녔다. 그러던 중 사라가 박사과정에 들어간다는 소식을 듣고 혜신이는 그간 고생했던 자신에게 상도 줄 겸 언니가 더 바빠지기 전에 함께 시간을 보내겠다며 미국여행을 결심했다. 그 기간 동안 주님은 내가 마음속으로 소원했던 기도들을 한방에 응답해주셨다. 주님이 직접 각본을 쓰시고 감독 연출해 주셔서 만남의 축복을 예비해 놓으신 것이다.

당시 중의학에 염증을 느낀 혜신이는 침 잡는 것조차 싫어했기 때문에 전공을 살린다는 생각은 접고 있었다. 그런데 주님은 미국에서 다방면으로 혜신이의 마음을 만져가셨다. 사라와 사위 그리고 미국의 한인교회 청년부 목사님과 상담을 통해 깊은 이야기를 나누게 하셨고, 노숙자 사역에 참여하게 하심으로써 노숙자들의 삶을 통해 아이의 마음을 움직여 주셨다. 특히 노숙자 사역을 하시는 미국인 목사님의 삶과 말씀에 매료된 혜신이는 다시금 주님께 항복하고 주님의 사랑 속에 빠져들었다. 주님은 다각도에서 혜신이의 아팠던 마음 뿐 아니라 육체와 신앙, 비전까지 온전하게 회복시켜 주셨다. 석 달이란 짧은 기간 동안 주님께서는 스펙터클한 시간표를 짜두시고 회복과 전진의 길로 인도하신 것이다.

혜신이가 중의학이란 전공을 마음속에서 지워버리려던 찰나, 주님과의 관계가 회복되자 비전에 대한 고민이 다시 시작됐다. 어차피 한국에서는 중의사를 인정하지 않기 때문에 전공을 살리기 위해서는 미국 유학을 해야 할 상황이었다. 결국, 중국 중의대에서 이수한 학점을 인정받으며 공부할 수 있는 미국의 한의대학원에 진학하기로 결정하고 진학 서류 등을 준비했다.

그 기간 동안 주님은 혜신이의 평생 반려자를 준비해 놓으셨다. 사라와 사위가 다니는 교회의 형제로 태어날 때부터 주님께 드려진 나실인 같은 청년이었다. 미국에 도착한 다음 주 토요일에 새벽 예배를 드리러 갔다가 사라는 지인 결혼식에 참석해야 해서 혜신이가 먼저 집에 갈 수 있도록 집이 같은 방향인 형제에게 차로 바래다 줄 것을 부탁했는데 그 청년이 바로 혜신이의 평생의 짝이 되었다. 처음 만난 사이답지 않게 말이 잘 통하고 분위기가 즐거워 함께 식사를 하고 데이트를 하다가 그 청년으로부터 사랑고백을 받은 것이다. 영화 속에서나 있을 법한 일이 첫 만남에서부터 이루어진 것이다.

서로 마음을 확인하고 혜신이는 진학을 위해 잠시 귀국하게 됐는데 곧장 청년도 한국에 휴가를 받아 연인을 만나러 오면서 자연스럽게 양가 부모님께도 인사를 드리게 되었다. 감사하게도 건국대 교수님이자 평신도 선교사님이신 청년의 아버지를 잘 아는 동료교수님이 남편과 함께 미국에서 공부했던 지인이었기 때문에 그분이 다리를 놓아주셔서 아이들의 결혼이 양가의 신뢰 가운데 순적하게 이루어졌다.

나의 둘째 사위는 태어나기 전에 이미 서원기도를 통해 주님께 바쳐진 아들이었다. 사돈 부부는 독실한 신자로 특히 그 아버지는 미국 유학시절 당시 30세에 장로가 되어 교회를 위해 충성을 다하셨다고 한다. 그런데 결혼을 하고 7년이 되도록 아이가 없는데다 아내의 건강이 아이를 낳기 어려운 지경에 이르자 온 교우들과 함께 "아이를 주시면 사무엘처럼 주님께 드리겠습니다"라고 서원하며 기도하셨다고 한다.

사무엘이란 이름까지 정해놓고 서원기도를 드린 후 임신하여 태어난 아이가 바로 둘째 사위다. 믿음으로 자란 둘째 사위는 어려서부터 방학 때마다 단기선교를 다니며 사무엘처럼 주님께 충성을 다하겠다는 꿈을 키워왔고, 혼담이 오갈 당시 코넬대를 나와 직장에 근무하며 청년 리더를 맡아 교회의 일꾼으로 일하고 있었다. 둘째 사위 역시 내가 묻고 따질 것이 없었다. 혜신이도 이미 선교사 서원을 한 아이였고, 둘째 사위도 나면서부터 주님께 드려진 아이라면 이들의 만남은 당연히 주님께서 허락하신 것이니 무조건 받아들이고 이들을 주님께 올리며 감사함으로 축복했다.

게다가 막내의 시부모님도 박사과정 중인 외국학생들에게 복음을 전하며 매주 음식과 기도모임을 하고 계신 평신도 선교사님이시니 더할 나위 없이 감사했다. 주님은 그렇게 짧은 기간 동안 주님의 지혜로 혜신이를 위해 탁월하게 일하셨다.

결혼 후 혜신이는 미국으로 건너가 한의학 대학원에 진학하여 공부하면서 침 한 통을 들고 세계로 나아갈 준비를 하고 있다. 뿐만 아니라 두 사람은 서로 주안에서 사랑하며 교회에서 아름답게 신앙생활을 하면서 영혼의 목마름을 채우려고 안간힘을 다하고 있다. 그 모습을 볼 때마다 한없는 감사를 드리지 않을 수 없다. 이제 앞으로 이 가정을 통해서도 주님께서 얼마나 영광을 받으실까 생각하면 그저 미소가 지어진다. 너무 주님의 일하심이 신기하고 감사할 뿐이다.

두 아이의 결혼- 우리 가족에게 10억이 넘는 장학혜택

모든 것이 다 하나님의 은혜다. 두 아이 모두 훌륭한 시댁을 만나 결혼시킬 때 혼수니 예단이니 하는 것을 모두 다 생략하고 훌륭한 목사님들의 주례로 결혼식만 올렸다. 더욱 감사한 것은 몇 년간 선교지에 있었는데도 많은 분들이 결혼식에 찾아오셔서 축하해 주시고 축복해 주셨다. 결혼 비용은 거의 들지 않고 축하해 주신 분들은 많다보니 축의금이 모아져 그 중 경비를 제하고 일부를 스리랑카 교회건축을 위해 선교헌금으로 보냈다.

내가 그랬듯이 딸들도 자신의 집을 세우기 전에 주님의 교회를 먼저 세우길 바랐기 때문에 애들에게 경제적인 보탬을 주기보다 선교헌금으로 드리는 게 맞다고 확신했다. 그러면 주님께서 딸들의 가정을 굳건히 세워주시지 않겠는가. 그렇다고 축복을 바라고 한 것은 아니다. 가정의 첫 발걸음을 주님께 기쁨을 드리는 것으로 시작하고 싶은 바람 때문이었다. 두 딸 모두 기쁘게 순종하여 감사함으로 주님께 가정의 첫 예물을 드릴 수 있었다.

돌이켜보면 우리 가정은 너무도 많은 축복을 받았다. 그야말로 기적이 상식이 되는 삶이었다. 공부할 때도 한국과 미국에서 장학 혜택을 받았다. 남편이 국비 장학생으로 뽑혀 2년 간 도시계획 석사과정을 위해 미국 유학을 갈 때도 학비는 물론 미국에서의 체류비와 한국 월급을 다 받아서 4명의 가족이 부족함 없이 지낼 수 있었다. 또한 두 딸들 역시 미국 고교 교환학생을 무료로 다녀왔다. 사라는 멕시코와 스페인 대학교 교환학생, 5년간의 박사과정까지 모두 장학 혜택을 받았다. 학비와 체류비를 헤아려보면 10억 원이 족히 넘는 돈이다. 우리가 도저히 꿈꿀 수 없는 불가능한 일을 전능하신 우리 주님은 기적이 상식이 되도록 행하고 계신 것이다. 어찌 인간이 주님의 행하심을 가늠이나 할 수 있단 말인가.

아이들이 어릴 적부터 나는 두 자녀의 미래를 꿈꾸며 주님께 일천번제를 드렸다. 10여 년 동안 여러 번 일천번제를 올리며 간절하게 구했던 기도는 한 가지다. 아무리 어려운 상황 속에서도 세상을 살리고 세우는 하나님 나라의 영향력 있는 인물로, 신앙의 천재로 키워주시길 바라는 마음, 그것 하나였다. 세상에서 하나님의 사랑받는 자녀로 살아가는 것보다 더 귀한 것은 없기 때문이다.

주님의 계획과 나의 꿈이 일치할 때 얼마나 풍성한 기도의 열매가 맺히는지 장성하여 자신의 몫을 해내고 있는 자녀들을 볼 때마다 새삼 느낀다. 날마다 두 아이를 위해 드렸던 그 기도를 주님께서는 다 들으시고 받으시고 잊지 않으시고 일일이 그들의 삶 속에서 역사하시는 주님을 뵈올 때마다 감사의 무릎을 꿇게 된다.

제3부

깊은 곳에 그물 던져

예수의 피만 전하는 전도자로…

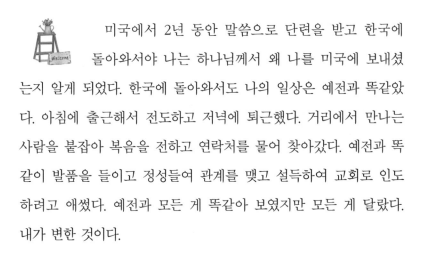미국에서 2년 동안 말씀으로 단련을 받고 한국에
돌아와서야 나는 하나님께서 왜 나를 미국에 보내셨
는지 알게 되었다. 한국에 돌아와서도 나의 일상은 예전과 똑같았
다. 아침에 출근해서 전도하고 저녁에 퇴근했다. 거리에서 만나는
사람을 붙잡아 복음을 전하고 연락처를 물어 찾아갔다. 예전과 똑
같이 발품을 들고 정성들여 관계를 맺고 설득하여 교회로 인도
하려고 애썼다. 예전과 모든 게 똑같아 보였지만 모든 게 달랐다.
내가 변한 것이다.

더 이상 나는 전도의 열매를 맺기 위해 애면글면하지 않았다. 열
매를 맺는 건 나의 소관이 아니었다. 나는 주님을 모르는 자들의
영혼이 안타까워 거리로 나갔다. 자신의 죄를 모르고 살아가는 사

람들이 너무나 불쌍해서 복음을 전했다. 예전에는 가난하고 병든 자들의 힘든 상황들이 내 눈에 먼저 들어왔다. 그래서 항상 권능의 하나님, 전능의 하나님을 전했다. 주님은 우리를 능히 고난에서 건 져내실 수 있는 분이니 그분께 우리의 삶을 의탁해야 한다고 사람 들을 만날 때마다 이야기했다.

그런데 말씀으로 단련을 받고 나니 이 땅에서 사는 조건은 아무 것도 아니었다. 아픈 사람도 건강한 사람도 부자도 가난한 사람도 결국은 죽어서 하나님 앞에 서야 한다. 그때 우리 안에 해결되지 않은 죄의 문제를 어떻게 할 것인가? 우리가 진정으로 두려워해야 할 것은 상처가 아니다. 질병이나 아픔, 죽음도 아니다. 진짜 무서 운 것은 우리 안에 있는 죄다. 우리가 갖고 있는 그 어떤 힘으로도 해결할 수 없는 죄, 이 죄로부터 우리를 해방시켜야만 구원에 이를 수 있는데, 그 죄를 없앨 수 있는 방법은 단 하나, 예수의 피밖에 없다. 그 피로 씻겨야만 우리가 하나님 앞에 설 수 있는 자격을 얻 을 수 있다.

그렇다면 내가 전할 것은 무엇인가, 오직 예수의 피 밖에 없었다. 능력도 기적도 그 다음의 일이었다. 예수 외에는 내가 구원받을 길 이, 영생 얻을 방법이 전혀 없었다. 예수의 피 안에 모든 문제의 해 답과 구원과 영생이 있다는 것을 철저하게 깨달으면서 나는 보혈만 을 외치는 자가 되었다. 그리고 보는 사람들마다 예수님을 만나야 만 우리의 죄가 씻겨나간다고 말하기 시작했다. 교회를 다니면서도 예수님을 만나지 못한 자들이 얼마나 많은가? 식어빠진 가슴으로 예배를 드리는 자들이 얼마나 많은가? 교회 안에도 밖에도 전도대상자는 차고 넘쳤다.

나는 그중에서도 삶이 고단하고 형편이 어려운 분들에게 마음이 갔다. 이 땅에서 살 때도 고통스러웠는데 죽어서 지옥에 간다면 그보다 더 억울하고 원통한 일은 없다. 그런 분들을 볼 때마다 안타까움에 나는 목이 메었다. 그래서 나도 모르게 쫓아다니면서 애원을 했다. 어떤 날은 허리를 꼬부리고 폐지를 줍는 할머니의 쪼그라든 몸을 끌어안고 엉엉 울었다. "할머니 이렇게 살면 지옥가요. 평생 허리 꼬부라지게 폐지를 주우면서 고생스럽게 살았는데 죽어서까지 지옥 불에서 고통을 받으면 너무 억울하잖아요. 지금 이 고생은 아무것도 아니에요. 할머니 우리 하나님 만납시다. 제발 하나님 만나요."

오늘의 고생이 문제가 아니었다. 영원히 고통당할 것을 생각하면 영혼 구원이야말로 지금 당장, 미루지 않고 해야 할 시급한 과제였다. 예수님을 만나지 못한 이들에게 복음을 전파하지 않는 것은 생명을 외면하는 것과 다름없었다. 그런 마음을 갖자 주님을 만나지 못한 자들의 영혼을 구원할 수만 있다면 무엇이든 하겠다는 마음이 절로 생겼다.

생명보다 더 중요한 것이 무엇이 있겠는가. 욕을 먹어도 좋고 공격을 당해도 좋았다. 나의 말 한마디가 그 사람의 마음 밭에 떨어져 주님을 만날 수만 있다면 나는 어떤 상황에 처해도 좋다는 생각이 절로 들었다. 딱딱하게 굳어있는 사람들의 마음 밭이 부드러워져서 복음이 뿌리내릴 수만 있다면 나는 어떤 모양으로 사용되든 감사함으로 받아들이겠다는 기도가 우러나왔다.

그 기도를 드리면서 나는 십자가의 사랑을 온전히 체험했다. 죄악에 빠져 허우적대는 우리를 바라보면서 안타까워하시는 주님의 마음이 그대로 느껴졌다.

'아, 주님도 이러셨구나. 말로도 안 되고, 사랑으로도 안 되고 그 무엇으로 돌이키지 않는 우리를 구원하시기 위해 결국 십자가를 지셨구나. 죄와 생명의 경계선에서 주님은 우리를 위해 목숨을 거신 거구나.'

죄가 깊을수록 은혜가 크다는 말이 절로 실감이 났다. 그 엄청난 사랑을 받은 자로서 주님 안에 거하니 두려움도 아쉬움도 없었다. 감사하고 즐겁고 행복했다. 나에게 전도는 '우리를 향한 주님의 기도를 내 삶으로 살아가게 한' 축복이었다.

길거리 전도, 노점상의 일손돕기

 풀타임 전도자가 되고부터 가장 많이 들었던 말은 '어떻게 전도하나?'였다. 그 질문을 받을 때마다 참 난

감했다. 나는 특별한 전도방식이 없기 때문이다. 교회에서 만든 전도지를 갖고 거리로 나가면 그뿐, 내가 무엇인가를 해야겠다고 마음먹고 한 일은 하나도 없다. 그때그때 하나님이 주시는 감동에 따라 말하고 행동했다. 다만, 사람을 볼 때 건성으로 보지 않고 관심을 가졌다.

길거리 전도라고 해서 모든 사람과의 만남이 일회성인 것은 아니다. 거리는 사람들의 삶의 현장이기 때문에 그곳이 일터인 사람들도 꽤 많다. 꼭 그렇지 않더라도 일터로 가는 길목이라 대부분 매일 같은 시간에 마주쳤다. 나는 그런 사람들에게 주목했다. 그리고 '저 사람은 무엇이 필요할까? 어떤 것에 관심을 가질까?'를 끊임없이 생각하고 유심히 관찰했다. 그러다가 기회를 엿봐서 말을 걸고 차근차근 관계를 맺었다.

처음 공략한 대상은 상계역 주변 노점상 분들이었다. 그분들에게 다가갈 때는 말만 걸어서는 안 된다. 가뜩이나 바쁘고 힘든데 주변에서 얼쩡거리면 피곤한 마음에 성질만 돋운다. 그래서 의자를 달라고 해서 한쪽 옆에 앉아서 파도 다듬고 나물도 다듬었다. 그러면 다들 말도 걸지 않고 툭툭 일감을 던져준다. 일종의 테스트다. 일을 돕는다고 나섰지만 며칠이나 하겠냐는 생각에 일부러 무뚝뚝하게 대하신다.

나 역시 예수님이나 교회 얘기는 입도 뻥긋 안하고 그저 바쁜 일손 돕는 가족처럼 일만 도왔다. 채소를 파는 노점상일 때는 채소를 다듬고, 붕어빵을 팔 때는 반죽이나 주변 청소를 도왔다. 그렇게 사나흘을 계속하니까 나를 바라보시는 태도가 달라졌다. 옆에 앉아도 거들떠보지 않고 일만 하던 분들이 내 자리도 만들어주고 눈을 마주치며 질문도 하셨다. 일을 도우려고 하면 일감을 슬쩍 치우며 "이제 일은 하지 말고 좋은 얘기나 해줘요"라고 하시며 그동안 궁금했던 것들에 대해 물었다. 그 한마디가 시작이었다. 그때부터 나는 서먹한 관계가 아니라 단골이자 친한 이웃으로 그분들을 도우면서 속 얘기도 나누고 말씀도 전했다. 물론 말문이 트였다고 바로 복음이 전파되는 건 아니다. 하지만 일단 그렇게 관계를 맺으면 반드시 주님께서 열매를 맺게 하셨다.

그 중에 상계역 근처에서 장사를 하셨던 남자분이 있다. 그분은 평소에는 굉장히 점잖고 과묵한 편인데 술만 마시면 인사불성이 되어 주변을 힘들게 하셨다. 처음부터 주사가 심했던 것은 아닌데 장사가 어려워지다 보니 술 먹는 날이 점점 늘어나 누구도 그분을 제어하기가 힘들어졌다. 나는 장사를 돕는 한편으로 술을 끊게 하기 위해 온갖 노력을 기울였다. 설득도 하고 달래기도 하고 으름장을 놓기도 했다. 하지만 아무 소용이 없었다.

그래도 포기할 수가 없어 하루는 그분께 편지를 썼다. 그분을 볼 때마다 내가 더욱 애통했던 것은 우리 큰 오빠가 생각났기 때문이다. 큰 오빠는 술로 인해 병을 얻어 일찍 돌아가셨는데 그분도 큰 오빠처럼 병을 얻을까봐 노심초사했던 것이다. 돌아가시기 전에 오빠는 내게 '나도 너처럼 예수 믿고 천국 가고 싶다' 라고 하셨다. 평생 내 귀에 쟁쟁한 그 말, 그 얘기를 들었을 때의 마음을 편지에 그대로 썼다. 그리고 제발 끼니라도 잘 챙겨 드시고 예수 그리스도를 믿어 함께 구원을 받자고 했다. 편지를 주는 날도 그분은 술에 절어 있어서 좌판 한쪽에 편지를 밀어 넣고 왔다.

그런데 주일에 그분이 교회에 나오셨다. 그것도 양복을 쫙 빼입은 멀끔한 모습으로 나타나서는 내게 고맙다고 인사를 하셨다. 내 편지를 읽고 '누가 이렇게까지 나를 생각해주겠나' 싶어 마음이 먹먹했었다면서 이제 술도 끊고 교회도 다니면서 새롭게 살겠다고 결단하셨다. 편지를 쓰면서도 예상하지 못했던 결과였다.

나는 그분과 함께 예배를 드리면서 진심으로 주님께 감사했다. 그분을 예배의 자리로 부르기 위해 내 마음을 감동시켜 편지를 쓰게 하신 주님은 나의 아픔을 선하게 사용하여 아름다운 열매를 맺게 하셨다. 주님 안에서는 고난도 축복이라는 것을 새삼 확인하면서 나는 고난도 감사하게 받아들일 수 있게 해 달라고 기도했다. 고난의 고통이 깊을수록 더 큰 공명이 다른 영혼에 닿아 그를 예수 그리스도에게로 이끌기 때문이다. 그것이야말로 십자가의 고난을 살아내는 것이 아닐까. 주님은 전도를 통해 고난이 축복이 되는 역설의 은혜를 생생하게 체험할 수 있도록 해 주셨다.

거절로 시작되는 전도-눈물의 기도가 영혼을 살린다

전도는 거절에서부터 시작된다. 거절에 익숙해져야 전도를 할 수 있다. 대부분 인사도 잘 받아주고 이야기도 잘 들어주시다가도 교회에 나오시란 말만 하면 표정이 싹 굳어져서는 '나는 교회에 다닐 사람이 아니다'라고 손사래를 치셨다. 거기에 실망하는 기색을 보이면 안 된다. '주님이 열심히 일하시니 오늘이 아니면 내일 되겠지.'라는 심정으로 친절하게 인사를 드리고 다음을 기약해야 한다.

삿갓공원에서 만난 어르신도 그런 분 중 한분이었다. 첫 전도에서 한참 동안 이야기를 나누어 술술 잘 풀려나간다 싶었는데 복음을 전하는 순간 나는 아니라고 발을 빼셨다. 그날은 주님의 때가 아니었던 것이다. 그래도 차마 발길이 떨어지지 않아서 혼자 사시는데 불편하거나 도움이 필요할 때 연락을 달라고 내 전화번호를 적어드리고 어르신의 연락처와 아파트 동호수를 받아 적었다. 사실 전도는 그때부터 시작이다.

나는 그 다음 주에 잘 익은 감을 사서 어르신 댁을 방문했다. 이후에도 정기적으로 찾아가 말벗도 되어 드리고 집안도 치우면서 멀리 사는 자녀분들을 대신해 어르신의 일상을 돌봐드렸다. 그러기를 몇 번 하지 않았는데 어르신이 갑자기 주일에 교회에 나오시겠다고 먼저 말씀을 하시는 게 아닌가. 너무 뜻밖이라 놀라기도 했지만 그렇게 약속을 하시고도 지키지 않는 분들이 너무 많았기 때문에 반신반의했다.

그래도 혹시 몰라 주일 아침에 어르신께 전화를 드리니 당신은 교회 갈 준비를 마쳤으니 천천히 오라고 하셨다. 약속을 잊지 않으신 것이다. 감사한 마음에 부랴부랴 달려갔더니 어르신은 이미 현관 앞에 나와 계셨다. 상기된 표정으로 단정한 옷차림에 성경찬송가를 들고 있는 모습은 마치 오랫동안 예배를 사모했던 것 같은 느낌을 주었다. 어르신의 속사정은 알 수 없으나 함께 예배드릴 수 있다는 기쁨에 교회 가는 길이 너무나 행복했다.

그 행복은 예배를 드리는 내내 계속됐다. 어르신은 처음 교회에 오신 분이라고는 믿기 어려울 만큼 예배에 집중하셨다. 그분이야말로 주님의 택하신 백성이었다. 알고 보니 그분은 과거에 교회를 다녔던 세례교인이었다. 심지어 따님이 전도사인데도 불구하고 마음의 문을 굳게 닫고 복음을 거절했었는데 주님의 때에 부르심에 응답하여 교회에 나오게 된 것이다.

거절하고 또 거절해도 우리가 문을 열 때까지 문을 두드리시는 예수님을 어르신은 그날 다시 만나셨다. 칼같이 거절하는 속내에는 자신을 주님께로 이끌어주길 바라는 갈망이 있다는 것을 주님이 아시고 끝내 교회로 불러주신 것에 어르신은 감격하고 감사했다. 그리고 내게 더 이상 자신을 데리러 오지 않아도 된다고 하셨다. 운동도 할 겸 혼자서 얼마든지 걸어올 수 있다고 하시면서 자신을 챙길 시간에 한 사람이라도 더 교회로 데리고 오라고 하셨다.

그 말을 듣는데 나도 모르게 눈물이 났다. 방황하던 영혼이 제자리를 찾는 걸 보는 것만큼 뿌듯한 일은 없다. 그 어르신을 품에 안으신 우리 주님은 또 얼마나 기쁘실까? 주님의 그 마음이 손에 만져지는 것 같아 가슴이 먹먹했다. 하나님께 등 돌린 어르신의 마음을 돌이키기 위해 우리 주님은 그동안 얼마나 중보하고 일하셨던가. 눈물 어린 배후의 기도와 수많은 사람들의 전도의 흔적이 모아져 한 영혼이 다시 주님 품에서 회복되는 역사를 맞게 되었다. 전도사로 사역하는 따님의 눈물어린 기도와 어르신 댁을 다녀간 전도자들의 성실한 발품이 그날의 열매로 맺어진 것이다

나는 눈물의 기도는 결코 땅에 떨어지지 않는다는 말을 전도를 통해 실감했다. 전도의 시작은 한 사람의 영혼을 위한 기도에서부터 시작하기 때문이다. 주님은 기도로 인치심을 받은 영혼은 결코 포기하지 않으신다. 누군가를 꼭 전도하고 싶을 때는 반드시 하나님께서 그 영혼을 구원하실 것을 믿고 기도하는 것이 먼저다. 그러면 하나님은 누군가의 입을 빌어 그 사람을 구원하신다.

우리 교회 새벽예배에 나오시는 타 교회 권사님의 남편이 바로 그런 경우였다. 권사님은 같은 교회를 섬기지 않아도 새벽마다 뵙

기 때문에 친분은 있었지만 서로 속사정까지 나누는 관계는 아니었다. 그런데 그날은 길에서 만난 나를 유독 반기시며 당신 집에 심방을 좀 와달라고 부탁하셨다. 남편이 중풍으로 쓰러지셨는데 본 교회 목사님께서 너무 바쁘셔서 심방을 오시기가 어렵다는 것이다. 병원에 입원했을 때 한번 다녀가신 후로는 여러 번 요청을 드려도 못 오시는 형편이니 내가 대신 와주었으면 좋겠다고 간곡히 부탁하셨다.

권사님 보시기에 남편 건강이 많이 호전되어 지금 전도를 하면 마음의 문을 열 것 같은데 이 시기를 놓쳐버릴까 봐 안절부절못하셨다. 그래서 대충 집안일을 마치고 저녁 일찍 권사님 댁을 방문했다. 어쩐지 낯익은 집이라 긴가민가한 마음으로 집안에 들어갔는데 거실 소파에서 부스스 일어나는 남편분을 보자 오래전 기억이 확 되살아났다. 남편분은 이미 몇 년 전부터 내 기도수첩에 이름을 적어놓고 기도하던 분이셨다. 거리에서 만나 전도를 하다가 집까지 따라와 주소를 알아놓고 몇 번 방문하여 전도를 계속했었다.

그런데 그 댁 며느리가 나의 방문을 좀 부담스러워 했다. 그 남편분을 제외하고는 가족들 전부 다른 교회에 다니고 있고, 그분의 구원을 위해 합심하여 기도하고 있기 때문에 때가 되면 하나님께서 그 마음을 열어주실 거라고 하면서 완곡하게 방문을 거절했다. 기도로 둘러쳐진 집은 반드시 구원받는 확신이 있기 때문에 나도 흔쾌히 동의하고 전도하기를 끊었던 집이 바로 권사님 댁이었던 것이다. 하나님이 맺어주신 인연은 놀랍게 이어진다.

남편분은 몸만 일으켜 앉아 있었다. 기력도 없고 몸을 움직여보려는 의지도 없어보였다. 때 되면 식사하고 자는 것이 남편분의 하루 일과였다. 나는 이번에는 주님께서 결단코 역사하시길 강청하며 꾸벅꾸벅 졸고 있는 남편분을 깨워 말씀을 선포했다. 그리고 한 시간 남짓 이야기를 나누는데 기가 막혔다. 남편분의 어머님도 권사님이셨는데 그분의 유언이 '아들이 예수를 잘 믿는 것'이었단다.

그런데 나이 칠십을 바라보도록 '지옥이 있으면 보여 달라'고 하면서 완악한 마음을 그대로 품고 불신앙인 채 살았으니 마음 급하신 주님께서 이런 질병을 통해서라도 구원하시기 위해 사랑의 매를 드신 게 아니겠는가. 주님의 그 마음을 남편분께 전하고 주일예배 드릴 것을 권했는데 너무도 순순히 결단을 하셨다. 한순간에 순한 양이 되어 모든 일에 순종하는 것을 보고 오히려 의아했다. 나를 빨리 가게 하려고 거짓말 하신 건 아닌지, 형식적으로 대답하신 건 아닌지 혼란스러웠다. 하지만 그건 기우에 불과했다. 남편분은 예배가 끝나자 내게 식사 대접을 하라고 부인에게 말하면서 감사의 인사를 하셨다. 그때 남편분의 눈빛을 보는 순간 나는 오랜 중보기도의 응답이 이루어졌다는 걸 깨달았다. 나는 비록 전도수첩에서 그 이름을 지웠지만 주님은 항상 기억하시고 가족들의 기도를 응답하실 때를 내내 기다리신 것이다.

묵은 체증이 내려간 것처럼 가뿐한 마음으로 나는 다음에 목사님과 심방을 온 후에 꼭 식사를 대접받겠다고 인사를 드리고, 주일에 교회에서 뵐 것을 거듭 약속하고 집을 나오는데 권사님이 대문 앞까지 배웅을 나오셨다. 그리고 말없이 내 손을 꼭 잡으시면서 소리 없이 눈물을 흘리셨다. 그동안 이렇게 남편분이 보이지 않는 곳에서 얼마나 많은 눈물을 흘리셨을까. 주님께서 그 눈물을 닦아주시고 위로해주실 것을 믿는 마음으로 권사님의 손을 꼭 맞잡았다. 하나님의 동역자로 우리가 선한 역사에 참여하기 위해서는 눈물의 중보만이 답이라는 것을 주님은 그 날 다시 한 번 깨닫게 하셨다.

섬김 없이 사랑은 흐르지 않고 나눔 없이 주님은 전파되지 않았다

전도대상자가 많아질수록 내 기도 시간이 늘어났다. 그들을 사랑하고 애통해하는 마음이 나를 기도의 자리로 자꾸 불러 앉혔다. 전도대상자 각자의 삶을 들여다보면 속속들이 어려움과 고난이 자리 잡고 있는데 내가 그것을 해결할 도리가 없었기 때문이다. 영혼이 죄악의 굴레에서 벗어나야 그들의 육체를 옭아매고 있는 고난이 매듭이 풀릴 텐데 그것 역시 주님의 주권 하에 있는 일이기 때문에 나는 가난한 마음으로 주님께 기도할 수밖에 없었다.

"사랑하는 자여 네 영혼이 잘됨 같이 네가 범사에 잘되고 강건하기를 내가 간구하노라"(요한삼서 1:2).

날마다 동네를 한 바퀴씩 돌다보면 처절한 울음소리를 여기저기서 듣게 된다. 광야에 버려진 하갈과 이스마엘처럼 어디로 가야할지 막막한 가정이 곳곳에 있었다. 그중에는 당장 그날 밤에 짐을 싸서 나가야 하는데 돈이 없어 아이들을 끌어안고 한숨만 쉬고 있는 집도 있었다. 남편을 먼저 하늘나라로 보내고 아이 둘과 어렵게 살던 미망인도 그중 한 사람이었다.

그분은 남편이 세상을 떠난 뒤 집 한 칸 있는 것에 의지해서 아이들을 키우며 그럭저럭 살았는데 여동생 가족이 어려워져서 함께 살다가 그만 제부에게 집과 갖고 있던 돈을 다 빼앗겨 버렸다. 당장 보증금 없는 월세를 구하지 않으면 두 아이와 함께 길바닥에서 자야 할 판이니 얼마나 다급했겠는가. 딱한 사정을 듣고 이웃에 살던 권사님이 도와주려고 백방으로 알아보던 중 내게도 도움을 요청했다.

그 얘기를 듣는 순간, '아, 주님께서 또 한 생명을 구하시려고 내게 붙여주시는구나.'라는 생각이 들면서 분명히 주님께서 해결책을 알려주실 거라는 확신이 들었다. 그래서 일자리와 빈 월셋집을 수소문해서 알아보았다. 과연 주님은 그 가정을 위해 한발 앞서 일하고 계셨다. 마치 미리 준비해 놓은 듯 직장에 나가본 적이 없는 자매를 위해 식당 주방보조로 일할 수 있는 자리와 교회 권사님 댁 지하에 말끔하게 수리된 빈방이 마련되어 있었다. 꽉 막혀서 길이 없다고 생각돼도 주님이 일하시면 그렇게 한방에 해결되었다.

그런데 정작 그 자매가 교인들의 도움 받기를 주저했다. 살면서 한 번도 교회에 가 본적도 없는데 처음 보는 분들에게 갚지도 못할 신세를 지게 되었다고 민망해했다. 상황은 긴박한데 양심이 너무 보드라워 도움의 손길을 덥석 잡지 못하는 자매를 보니 너무 안쓰러웠다. 이 모든 것이 내 힘도 아니고, 권사님의 능력도 아니고 하나님의 사랑의 섭리라는 것을 어떻게 알려주어야 할까.

나는 오직 하나님께만 의지하여 5남매를 키워낸 어머니의 삶을 이야기해주었다. 하루아침에 과부가 된 어머니가 어떻게 우리를 교육시키셨는지를 간증하며 자매도 주님을 남편 삼아 살아보자고 권면했다. 그리고 그날의 모든 만남은 자매를 축복하고 길을 인도하시기 위한 하나님의 섭리 가운데 이루어진 것이라는 것을 다시 한번 강조하고, 이사 후에 주님께 나와 주님의 보호와 인도를 받으며 살기를 권면했다.

그 자매 외에도 이런 일은 다반사였다. 영육을 살리는 자여야 하는 전도자는 배고픈 자에게는 먹을 것을, 잠잘 곳이 없는 자에게는 방을 주어야 한다. 쫄쫄 굶어 기운이 없는 자에게는 일단 떡을 주어 기운을 차리게 하고 하나님의 말씀을 먹여야 했다. 아파하는 자매는 병원을 데려가거나 치료의 손길을 간구해야 하고, 옷이 없다 하면 내 옷이든 새 옷이든 먼저 입혀야 마음이 갈린 사람들은 그 일을 함께 해결해주며 예수님을 증거 해야 주님의 사랑이 무엇인지 생각할 여유를 갖게 된다.

이렇게 잘 알고 있지만 현실적으로 사람들의 필요를 다 채워주긴 어렵다. 전도를 처음 시작했을 때는 그 점이 가장 힘들었다. 무엇을 도와주어야 할 지 눈앞에 보이는데 내손으로 그것을 채워주지 못할 때 너무나 안타깝고 마음이 아팠다. 그런데 주님은 그런 나를 오히려 책망하셨다. 내가 전능한 하나님도 아닌데 어찌 그 필요를 내 능력으로 다 감당할 수 있겠는가. 내가 사랑을 전할 수 있는 만큼 아낌없이 섬기고 내 능력으로 할 수 없는 것은 주님의 소관이니 주님께 그 기도의 제목을 올리면 되는 것이었다.

그러자 주님은 나를 자유롭게 하셨다. 능력이 주님이 계시니 나는 그냥 맡기면 되는 것이었다. 주님의 영역을 침범하는 게 교만이니까 나는 슬그머니 주님께 기도로 맡겨드리고 오직 기쁘고 자유로운 가운데 복음을 전하고 선포하는데 집중하였다. 그러니 기도는 더 깊어지고 기도시간은 더 늘어날 수밖에.

다들 풍요로운 시대가 왔다고 하지만 여전히 굶주림과 질병에 허덕이는 사람들이 우리 주변에는 많이 있다. 세상에서 소외된 작은 자들을 찾아내어 예수님을 섬기듯 따뜻하게 돌보는 일, 그것이야말로 전도자의 소임이자 주의 지상명령이다. 섬김 없이 사랑은 흐르지 않고 나눔 없이 주님은 전파되지 않았다.

전도하는 자가 먼저 소생하는 역설

전도는 살아있는 복음의 현장이다. 나는 전도를 통해 "나는 길이요 진리요 생명이다"라고 하신 주님의 말씀이 오늘 우리에게도 적용되는 것을 목격했다. 말씀은 사람을 가리지 않았다. 믿음 좋은 권사님이나 장로님 뿐 아니라 이제 막 교회에 나오기 시작한 초신자에게도 동일하게 역사하여 살아있는 하나님을 만나게 하셨다. 상계역 앞에서 만두가게를 했던 자매가 바로 그 일의 산증인이다.

그 자매는 남편과 함께 만두가게를 했는데 부부 모두 성실하고 부지런했다. 두 아이를 키우면서도 씩씩하게 가게를 운영해 나가는 부부는 보기만 해도 뿌듯했다. 사람 보기에도 이렇게 예쁜데 하나님 보시기엔 얼마나 기특하실까 싶어 그 부부를 볼 때마다 항상 복음을 전하며 교회 나가기를 권했다. 내가 가면 으레 '예수 믿고 생명의 삶을 살'라고 얘기할 줄 알면서도 자매는 얼굴 한번 찡그리지 않고 항상 웃는 얼굴로 나를 반겼다. 그러더니 얼마쯤 지나자 다른 날은 몰라도 주일 예배는 꼭 드리겠다고 약속했다.

그리고 서너 주는 열심히 교회에 나와 예배를 드렸다. 장사하면서 아이들 키우고 살림까지 하려면 몸이 세 개라도 모자랄 텐데도 한 주도 빠지지 않고 나오는 걸 보면 축복이 절로 나왔다. 나는 자매의 뒷모습을 볼 때마다 '어렵게 뗀 발걸음을 귀하게 여겨주시고 그 걸음을 항상 거룩하게 지켜 달'라고 주님께 기도했다.

그런데 한 달쯤 지나자 자매가 교회에서 잘 보이지 않았다. 나오다 말다 하더니 석 달쯤 지나자 그나마도 나오지 않고 발길을 뚝 끊어버렸다. 대체 무슨 일인지 궁금해서 만두가게를 찾아갈 때마다 남편은 내 눈을 피했고, 자매는 신경이 곤두서서는 묻는 말에 겨우 대답을 해주었다. 뭔가에 마음이 단단히 틀어진 것 같은데 이유를 알 수 없었다.

나는 어떻게든 그 마음을 풀어주어야겠다는 생각에 수시로 찾아가 아이들도 봐주고 만두도 팔아주었다. 그런데 갈수록 만두가게 분위기가 이상했다. 묘한 긴장감이 맴돌고 부부가 서로 말도 섞지 않았다. 항상 밝았던 자매의 얼굴에 점점 그늘이 짙어지고 한숨이 깊어졌다. 남편은 노골적으로 나를 피했지만 자매는 나에게 뭔가 말하고 싶은 눈치였다. 그러기를 며칠 계속하다가 남편이 없는 사이에 자매가 슬쩍 내게 다가오더니 '다시 교회에 나가겠다'고 말하는 게 아닌가.

그때서야 나는 교회에서 문제가 생긴 게 아니라 부부 사이가 틀어졌다는 걸 알아차렸다. 그래서 두 손을 덥석 잡고 '나를 언니라고 생각하고 어려운 일이 있으면 말하라'고 했더니 자매가 한숨을 푹 쉬면서 그간의 상황을 다 털어놓았다. 알고 보니 자매의 남편이 이중생활을 하고 있었다. 나는 주로 낮에 만나니까 그의 성실한 모습만 봤는데 밤만 되면 완전히 돌변하여 도박꾼에 난봉꾼으로 바뀐다는 것이다. 밤새도록 카바레에 도박장을 전전하며 돈을 까먹고 흥청망청 써버려서 장사를 해도 남는 것이 없다는 것이다.

거기에 설상가상으로 남편이 자매가 교회 가는 것을 지독하게 싫어해서 교회만 갔다 오면 꼭 사단이 벌어졌다고. 술 먹고 들어와 소리를 고래고래 지르는 것은 기본이고 살림살이까지 부수며 난동을 피워 살 수가 없을 정도였는데, 그래도 이번에는 남편이 나를 좋아하는 것 같아서 다시 교회에 다녀볼 결심을 한 거였다고 했다. 하지만 예전 버릇이 다시 나와서 '다시 교회에 가면 쫓아가서 불을 질러 버리겠다'고 으름장을 놓아 도저히 다닐 수가 없었다고 했다.

그 얘기를 듣자 너무 미안하고 고마웠다. 그동안 새카맣게 썩었을 자매의 속을 생각하니 마음이 아팠다. 매일 가게에 갔으면서도 그 아픔을 헤아리지 못하고 만져주지 못한 게 너무 미안해서 한참 동안 손만 어루만졌다. 그러면서 '주님, 저는 이래요. 보고도 모르는 게 너무 많습니다. 주님은 다 아시죠. 이 자매가 저에게 다 이야기하지 못하는 속사정도 다 아시죠. 이 자매를 위로해주세요. 마음을 붙들어주세요'라고 기도만 했다.

다시 마음을 다잡은 자매는 교회에 착실하게 나오기 시작했다. 그럴수록 남편의 행동이 거칠어졌다. 집안에서만 반대하던 남편이 교회까지 찾아와 자매를 끌고 갔다. 예배 도중에 벌컥 문을 열고 '이리 나와!' 소리를 지르는 통에 깜짝 놀랐던 적이 한 두 번이 아니었다. 자신이 어떤 사람인지 다른 사람들이 다 알게 되었다고 생각했는지 남편은 점점 더 안하무인이 되었다. 갈수록 교회를 싫어하는 남편으로 인해 가정이 깨질 위험까지 다다르자 자매는 거의 체념하기에 이르렀다. 그리고 '아이들 때문에 헤어질 수도 없고, 그냥 제 팔자려니 하고 살아야 할 것 같아요'하면서 신앙을 포기하려고 했다.

그 말을 듣는데 가슴이 답답했다. 그래서 나도 모르게 "이 팔자나 저 팔자나, 어차피 못 벗어날 거면 우리, 하나님이라도 굳게 믿읍시다. 지금으로선 아무 길도 보이지 않지만 주님이 열어주실 걸 믿고, 하나님 기뻐하실 일, 전도를 함께 해요. 일주일에 한 번이라도 좋으니 나와 함께 전도를 하면서 주님의 뜻을 기다려요"라고 말했다.

그리고 그때부터 같이 구역예배를 드리고 일주일에 한 번씩 전도를 했다. 그런데 전도를 하면서 자매가 완전히 달라졌다. 우리가 함께 전도했던 가정을 돌보면서 자기 안에 있는 생명이 소생됨을 발견한 것이다. 그 가정은 아내가 바람을 피워 가출해 버려서 아이들만 있는 집이었다. 자매는 그 집에 다녀오더니 얼른 만두를 싸가지고 가서 아이들을 먹였다. 그리고 다음날은 밥이랑 반찬을 해서 가지고 가고, 아이들도 씻겨주면서 '우렁 엄마' 노릇을 했다.

주부의 손길이 닿은 그 집이 반짝반짝해질수록 자매의 얼굴도 환해졌다. 인생의 의미를 찾지 못하고 무기력하게 하루를 때우듯 넘겼던 자매에게 의욕이 생겼다. 자기도 다른 사람에게 뭔가 줄 게 있다는 게 사람을 활기차게 만든 것이다. 그 가정을 돌보면서 자매는 사명을 깨닫고 남편 몰래 기도의 시간을 가지면서 자신의 가정이 회복되길 간구했다. 자매가 말씀 위에 강건하게 서면서 극심했던 남편의 반대도 사그라져 갔다. 예전 같으면 부부싸움을 해도 골백번을 더 했을 일들이 생겨도 자매가 거기에 휘둘리지 않고 감사와 찬송을 계속하니 남편도 더 이상 시비를 걸 수 없었던 것이다.

그러던 중 시댁에서 좋은 일을 추천하여 자매의 가정이 지방으로 내려가게 되었다. 남편의 전공을 살릴 수 있는 일이어서 집안의 경사였다. 자매의 남편은 학벌도 좋고 집안도 훌륭한 사람이었다. 그 좋은 배경을 바탕으로 여러 가지 사업을 벌였으나 잘 안되어 마지막으로 선택한 게 만두가게였다. 남편은 가족을 위해 장사를 하긴 했지만 마음의 상심과 욕심을 채울 길이 없어 밤마다 허탄한 길로 빠져 들었던 것이다.

그런데 자신의 능력을 발휘할 수 있는 일이 생기니 사람이 180도 변했다. 밤낮 성실하고 가족을 위하는 자상한 가장이 된 것이다. 자매를 따라 교회에도 나오면서 믿음생활도 하기 시작했다. 자매는 더 극적인 변화를 맞았다. 남편이 안정적으로 직장에 다니면서 낮 시간이 자유로워진 자매는 시골교회에서 주일학교 교사를 자청했다. 자신의 전공을 살려 미술도 가르치면서 미적 능력을 발휘하기 시작했다. 몇 달 만에 다시 만난 자매는 완전히 다른 사람으로 변해 있었다. 하나님의 생명력으로 충만한 자매는 무한한 가능성으로 넘쳐났다. 하나님 안에서 자매는 무엇이든 할 수 있는 사람으로 변한 것이다. 큰일이든 작은 일이든 복음으로 말미암아 다른 사람을 돌보고 살리는 일을 함으로써 자매 스스로 살 길을 얻은 것이다.

복음이 들어갈 때 사람의 역사는 완전히 달라진다. 한 집안에 한 알의 밀알이 떨어져 일어나는 엄청난 역사를 보면서 전도야말로 생명을 사랑하는 가장 적극적인 방법이라는 생각이 들었다. 하나님의 능력과 확장성을 믿는다면 오늘도 주님을 전하지 않을 수 없다. 주님의 무한하신 사랑을 한 사람을 통해 흘려보내시기 위해 모든 것을 준비하고 기다리시는 하나님의 열심을 생각하면 한시도 게을러서는 안 되겠다는 생각이 들었다. 내가 알고 있는 생명의 복음을 전하지 않는 것은 다른 이에게 흘러갈 주님의 축복을 막고 있는 것이다.

"주의 증거들은 영원히 의로우시니 나로 하여금 깨닫게 하사 살게 하소서"(시편 119편)

넘어갈 집도 건져주신 기도의 위력

거리 전도자로 나서고부터 나는 목숨 걸고 기도했다. 새벽을 깨워 기도하고, 밤을 새워 기도했다. 말씀으로 심령을 채우고 기도로 무장해야 전도가 가능했기 때문이다. 거리 전도를 하면서 나의 소원은 예배자로 가득한 교회였기 때문에 내 기도수첩에는 전도대상자들을 위한 기도만 빼곡했다. 남편과 자녀들은 주님께서 돌봐주시니 나는 예비된 영혼들을 주님께로 인도하여 진정한 예배자, 전도자로 세우고 싶다는 열망으로 가득했다. 그래서 밤잠도 설치며 그 일을 위해서만 간절히 기도했다.

그런데 밤 기도를 시작한 지 얼마 지나지 않아 이모님께서 전화를 하셨다. 대뜸 집에 무슨 일이 없냐고 물으시는데 목소리에 걱정이 가득했다. 전도의 결실은 적었지만 그때 나는 신령한 기쁨으로 가득 차 있었기 때문에 "이모, 저는 평안해요. 요즘 새벽 3시부터 교회에 나가 기도하면서 주님과 동행하는 즐거움에 빠져 살아요"라고 대답했다. 그러자 이모님은 집안에 별 일이 없냐며 기도 중에 우리 집에 안 좋은 일이 있는 것 같은 느낌을 받으셨다고 했다. 나를 위해 항상 기도해주시는 이모님은 예언의 은사를 받으셨기 때문에 신앙의 길을 갈 때 등불 같은 역할을 해 주셨다.

그런 이모님이 하시는 말씀이라 귀담아 들을 수밖에 없었지만 그 당시 나는 걱정할 게 없었다. 남편도 두 딸도 어머니도 하나님의 은혜 가운데 살고 있었기 때문에 이모님의 걱정을 덜어드리기 위해 더 씩씩하게 나의 삶을 소상하게 말씀드렸다. 그런데 그 이후에도 이모님은 한 달에 한 번씩 전화를 걸어 우리 가정의 안부를 물으셨다. 그리고 더 기도로 무장하며 하나님의 전신갑주를 입으라고 권면하셨다.

그렇게 8개월이 지났을 때 어머니가 몸져누우셨다. 특별한 병환이 있는 것도 아닌데 좀처럼 기력을 회복하지 못하여 온 형제가 모여 어머니를 간호했다. 멀리 사는 형제들은 번갈아가며 왔고, 가까이 살던 나는 수시로 찾아가 어머니를 돌봐드렸다. 그러던 어느 날 한 형제가 나를 따로 불러서는 어머니가 왜 편찮으신지 아느냐고 물었다. 병원에서도 밝혀내지 못한 어머니 병의 원인을 그 형제는 알고 있는 것일까? 다급한 마음에 어머니가 왜 그러시냐고 물었더니 전혀 예상치 못했던 답을 했다. 바로 우리 집 때문에 병환이 나셨다는 것이다.

처음에 그 얘기를 듣고는 바로 이해가 되지 않았다. 다른 집도 아니고 걱정 없이 잘 살고 있는 우리 집 때문에 병환이 나셨다니 그게 무슨 말인가? 그래서 그 연유를 자세히 물으니 기막힌 이야기를 해주었다. 지금 우리 가족이 살고 있는 아파트가 공중분해 될 위기에 처했다는 것이었다. 그 당시 우리는 25평 아파트에 살고 있었는데 명의가 오빠로 되어 있었다. 그런데 바로 위 언니가 오빠 명의로 되어 있던 우리 아파트를 담보로 대출을 받았다는 것이다. 그것도 8개월 전에 받은 거라 자칫하면 아파트를 뺏길 지경이었다.

그렇게 긴 시간 동안 나는 어떻게 전혀 눈치를 채지 못했을까? 나를 볼 때마다 어머니와 오빠는 얼마나 괴로웠을까. 누구도 예상치 못한 상황에 다들 속앓이만 하고 있었던 것이다. 바로 위 언니는 정읍에서 형부가 사업을 하고 있었는데 그 당시 산업은행에서 대출을 받기로 되어 있었단다. 일주일 상관으로 돈이 나올 예정이었기 때문에 잠시잠깐 돈을 빌렸다가 채워 넣을 생각으로 나에게는 말을 하지 않은 것이다. 그런데 은행에서 대출받는 게 일이 어려워지면서 일이 꼬인 것이다.

전문가들에게 자문을 구했지만 속수무책이었다. 사채업자에게 돈을 빌렸기 때문에 빠져나갈 구멍이 전혀 없다는 것이었다. 그 얘기를 듣자 오히려 마음이 담담해졌다. 내가 선택할 수 있는 것은 아무것도 없었다. 아파트를 포기한다는 것은 단순히 집이 사라지고 빚더미에 오르는 걸 의미하지 않았다. 아파트는 물론이고 남편과 아이들까지도 포기해야 한다는 것을 말했다. 비밀로 부칠 수 없는 이 사실을 시댁 식구들이 안다면 가만히 계시지 않을 것이었다. 시댁 식구들 모두 독실한 불교 신자였기 때문에 크리스천에 대한 거부감이 대단했다. 집안에 예수쟁이가 들어와 이런 일이 생겼다고 성화하시는 소리가 들리는 듯했다. 이런 일이 터졌으니 이혼은 각오해야만 했다. 손을 귀하게 여기는 집안에서 아이들을 내게 맡길 리 만무했다. 나는 남편과 아이까지도 마음에 묻고 기도의 자리로 나아갔다.

내가 그런 결단을 할 수 있었던 것은 바로 위의 언니를 외면할 수 없었기 때문이었다. 언니는 하나님께서 특별히 살려주신 생명이었다. 바람기 많은 형부 때문에 화병으로 고생했던 언니는 날마다 병을 달고 살았고, 결국 사는 게 부질없어 약까지 먹었었다. 그때가 주일 새벽이었는데 새벽예배를 마치고 돌아오는 어머니의 귀에 비명처럼 언니의 위급한 상황이 들리고 보여졌다. 마침 전화가 와서 받아보니 언니가 이미 의식을 잃고 죽음의 문턱을 넘어가고 있었다. 그때 어머니는 놀랍게도 전화를 끊고 옷을 갈아입은 후 교회로 향하셨다. 딸의 상황을 알려주신 성령님께서 그 영혼과 육체를 지키실 거라 굳게 믿으셨기 때문이다.

주일예배를 마치고 정읍으로 갔을 때는 이미 언니가 다니던 교회 목사님께서 예배를 마쳤을 때였다. 예배를 마치고 나오시던 목사님은 어머니께 언니가 가망이 없다는 소식을 전해주셨다. 그런 목사님을 붙들고 어머니는 "우리 딸은 죽지 않아요. 하나님께서 반드시 살려주실 겁니다"라고 말씀하시며 그때부터 언니를 붙들고 기도하기 시작하셨다. 그리고 주님은 언니를 온전히 살려주셨다. 생사의 기로에서 다시 돌아온 언니, 주님께서 살려주신 그 귀한 생명을 내가 어찌 다시 고통 속으로 몰아넣겠는가.

내가 앞뒤 상황을 다 알게 되었다는 이야기를 들었는지 언니가 정읍에서 찾아오셨다. 그리고 어떻게 하면 좋겠냐고 물었다. 다 죽어가는 목소리를 듣자 가슴이 미어졌다. 언니가 할 수 있는 일이 무엇이겠는가. 나는 언니에게 이 문제를 정말 해결하기 원한다면 한 마음으로 기도하자고 했다. 그리고 언니에게 책임을 묻는 대신 주님께 이 문제를 해결해 달라고 한 달 동안 작정기도를 시작했다.

과연 이때를 위해 주님은 나를 8개월 동안 밤낮으로 기도의 훈련을 시키신 것이었다. 이모님을 통해 집안에 어려움이 있을 거라는 말씀을 주시면서 환난 중에 주님만을 바라볼 수 있는 믿음을 허락하신 주님, 나는 주님의 일에 충성하기 위해 기도에 매달렸다고 생각했지만 주님은 내 영적 근육을 튼튼히 만들기 위해 나를 단련시키신 것이다. 그동안 주님은 꿈과 기도 중 환상으로 내가 처해 있는 상황을 자주 보여주셨다. 기도를 할 때마다 군인들과 뱀들이 우글거리는 게 보이고, 한 번은 인민군 같은 군대가 내 주위에 가득하기도 했다.

어느 날은 꿈에 성균관대에서 유교행사를 하는 곳인 명륜당에 갔는데 수많은 무리가 나를 향해 비명을 지르며 죽일 듯이 쫓아왔다. 그래서 명륜당 앞에 의관을 정제하고 서 있는 한 남자를 향해 소리를 질렀다.

"나 좀 도와 주세요 이분들이 왜 이렇게 나를 죽이려고 쫓아오는지 모르겠어요."

그렇게 하소연하자 나를 명륜당 안쪽으로 데려가 문을 활짝 열어보였는데 제사상이 가득 차려져 있었다. 그 남자는 그것을 보여주면서 "제발 이들과 잘 지내 달라"고 부탁했다. 그제서야 나는 그들 모두 한통속이고, 그 모든 것이 악한 영의 역사임을 알고 더욱 깨어 기도의 자리로 갔다.

그런 꿈을 꿀 때마다 나는 전도를 하면서 벌여야 하는 영적 전쟁을 대비하라는 말씀으로만 받아들였다. 그 일이 우리 가정에 있을 환난에 대비하라는 것이라고는 전혀 생각지 않았다. 하지만 주님은 미리 꿈으로 말씀하셨고, 내 안에 나도 모르는 믿음의 씨를 뿌려주시어 싹이 나고 열매 맺게 하셨다. 그 힘으로 나는 한 달을 기도하며 버틸 수 있었다. 해결 방법이 아무것도 없기에 오히려 주님의 뜻만을 기릴 수 있었던 그 한 달 동안 나는 온전히 주님만을 바라보는 것이 무엇인지를 깨달으며 '그리 아니하실지라도 감사하겠다'는 기도를 드렸다.

그런데 그때 기적이 일어났다. 형부의 어머니, 언니의 시어머니께서 빚을 청산하는데 도움을 주셨다. 남편을 먼저 보내시고 혼자되신 사돈어른은 원래 근검절약이 몸에 밴 분으로 자식들에게 의지하지도 않으셨지만 경제적으로 힘이 되어 주지도 않는 분이셨다. 큰 아들이 형편이 어려워져 거리로 나앉게 된 상황에서도 집과 재산을 지키셨던 분인데 둘째 아들인 형부에게 집문서를 내주신 것이다.

누구에게 어떤 말씀을 들으셨는지 모르지만 느닷없이 둘째 아들네인 언니 집에 오셔서 흰 봉투를 내미시며 "요즘 사업이 어렵다는 얘기를 들었다. 이 돈으로 막을 수 있는 건 해결해라"라고 말씀하시고는 집문서를 던져놓고 가셨다는 것이다. 그것을 받자마자 형부는 그 집을 저당 잡히고 우리 아파트 대출 문제를 해결해 주셨다.

놀라운 방법으로 나와 언니의 가정을 지켜주신 주님은 그분께 충성하는 이들의 삶을 어떻게 돌보시는지 새롭게 깨닫게 하셨다. 주님이 전도자로 부르셨을 때 나는 나의 모든 것을 드렸다고 생각했다. 젊은 날을 다 바쳐 얻은 직장과 그 안에서의 모든 성과물 그리고 성전 건축과 이전을 위해 드렸던 예물, 무엇보다 나의 시간을 온전히 드려 충성했다고 생각했다. 주님의 은혜가 날마다 헤아릴 수 없었지만 마음 한켠에는 내가 치른 대가의 목록도 남아있었다.

그런데 그 일을 겪으면서 나는 내 마음 속에 남아있던 내 헌신의 목록, 희생의 리스트를 깨끗이 지웠다. 주님이 허락하신 헌신과 희생은 나를 위해 예비하신 축복이었다. 기꺼이 주님의 제단 앞에 나의 '이삭'을 바칠 때 주님은 상상할 수 없을 만큼 큰 은혜로 나를 채우셨다. 주님을 믿는 나의 담대함은 바로 그 놀라운 주님의 사랑에서 시작되었다. 그리고 그런 주님을 모든 이들과 함께 경험하길 바라는 마음을 심어주시어 지치지 않고 거리 전도를 할 수 있게 해 주셨다. 기도에는 공짜가 없다. 주님은 주님의 그 큰 은혜 속으로 내가 더 깊숙이 들어가게 하심으로 인해 전도에 대한 큰 열망을 주시고, 그것을 향해 쉼 없이 달려가게 하신 것이다. 그것이 내가 드렸던 기도의 제목이며 응답받은 한 가지이자 모든 것이다.

"내가 그를 위하여 모든 것을 잃어버리고 배설물로 여김은 그리스도를 얻고 그 안에서 발견되려 함이니 내가 가진 의는 율법에서 난 것이 아니요 오직 그리스도를 믿음으로 말미암은 것이니 곧 믿음으로 하나님께로부터 난 의라"(빌립보서 3:8-9).

전도 100명의 소원을 이루어 주신 주님

내 꿈에도 소원은 전도 100명이었다. '한해에 영혼 추수 100명의 결실'을 보는게 나의 소원이었다. 그래서 풀타임 전도자로 세움을 받고 나서는 '전도에 미치자'는 목표를 세우고 365일 하루도 쉬지 않고 전도에 매진했다. 그러자 주님께서는 상상할 수도 없이 많은 영혼을 만나게 하시고, 예비된 자들을 주님께로 인도하는 축복을 허락하셨다.

전도를 하면서 몇 명이나 인도했는지 세어본 적은 없다. 하지만 주님께서 추수의 계절에 너무 많은 결실을 주셨음을 기도 중에 깨닫게 하시고 내가 소원했던 그 기도에 응답하셨음을 알게 하셨다. 그때 그 감격이 얼마나 크던지 감사의 마음이 솟구쳐 한참을 먹먹한 가슴으로 십자가만 바라보았다.

"사람 낚는 어부가 되라!"는 말씀에 직장까지 그만두고 순종하며 달려왔지만 전도의 결실은 너무나 미미했다. 비어 있는 예배당 곳곳을 볼 때마다 그것이 마치 나의 불충 때문인 것 같아 하나님과 목사님께 죄송했다. 전도자였던 어머니의 뒷자락을 보며 자랐기에 나는 어려서부터 전도가 몸에 배어있었건만 새 소명을 받고 10년을 하루 같이 달려도 영혼을 추수하는 일은 녹록치 않았다. 그렇기에 더더욱 주님께 엎드렸다.

그런데 주님은 전도에 더욱 힘쓰게 하지 않으시고 나를 미국으로 보내시어 말씀에만 매진하게 하셨다. 말씀으로 수술을 받고 난 후에야 비로소 나는 영혼 구원의 참 의미를 알게 되어 말씀에만 의지하여 움직이는 자가 되었다. 골수까지 말씀으로 채우기 위해 나는 날마다 새벽예배를 다녀와서 새벽에 받은 말씀으로 큐티를 하고 난 후에야 전도지로 향했다.

주님은 내가 많은 영혼을 추수하는 것보다 내게 더 관심이 있으셨다. 혹시 나의 신앙이나 전도의 결실이 내 이름을 세우기 위한 교만이 아닌지, 스스로 알지 못하는 사이에 바벨탑을 쌓고 있는 것은 아닌지 끊임없이 확인시키시고 교만의 끝이 멸망이요, 버림받는 자리라는 것을 깨닫게 하셨다. 그래서 끝까지 충성하고도 "저는 무익한 종입니다. 오직 행해야 할 일을 한 것뿐입니다"라고 가슴 속 깊이 고백하는 자녀가 되기까지 훈련시키셨다. 내가 아닌 주님을 드러내는 자가 되기까지 스승 되신 성령께서 친히 날마다 가르치셨다.

주님의 이름만을 드높이기 위해 언제부턴가 나는 일부러 등록카드에 내 이름을 적지 않았다. 겸손의 겉모습이나마 갖추고 무의식적으로라도 교만하지 않기 위해 나를 쳐서 복종하는 훈련을 한 것이다. 주님은 그렇게 주님과 동행하며 겸손의 훈련을 철저히 받고 난 후에야 내게 영혼추수의 길을 열어주셨다.

주일에 전혀 시간을 낼 수 없는 분들에게 새벽 4시 새벽예배가 시작되기 전에 교회에 오실 것을 권유함으로 전도하게 하시고, 늦게 퇴근하시는 분들을 위해서는 밤 11시까지 기다릴 수 있는 환경을 만들어 주셨다. 또한 청소가 안 된 집은 티타임을 잠시 갖기 위해 파출부를 해 드리고, 편찮으신 어르신들 간병과 묵은 때가 켜켜이 쌓여 있는 냉장고 청소를 할 수 있는 마음을 주셨다.

또한 학생 전도를 위해 학교에 상담 자원봉사를 신청할 수 있는 지혜를 허락하셨다. 덕분에 매년 내가 집단 상담을 맡은 학년은 그룹 전체가 주님을 영접하는 기쁨을 맛보았다. 그 외에도 거리전도, 축호전도 등을 할 때마다 내 마음에 부어진 주님의 사랑이 흘러가는 흔적을 발견할 수 있게 하셨다.

주님은 내가 전도보다 더 중요한 사역, 주님과의 깊어지는 사랑을 확인하며 동행하기를 원하셨다. 그렇게 나를 통해 흘러넘친 주님의 사랑이 지나가는 그 자리에서 영혼을 소생시키시고, 새로운 생명을 탄생시키는 주님의 손길을 또 다시 뵙도록 인도하시면서 나를 주님의 사랑 안에 깊숙이 가둬두셨다. 그리고 그 사랑 안에서 점점 더 많은 생명들이 주님께 올려짐을 보게 하셨다.

그럼으로써 어머니에게 역사하셨던 하나님이 나의 하나님이 되셨다. 아브라함의 하나님, 이삭의 하나님, 어머니의 하나님이 나의 하나님이 되신 것이다. 할렐루야! 그때의 감격은 이루 말할 수가 없었다. 어머님은 무식하셨기 때문에 예언과 방언 등 하나님과 교통할 수 있는 모든 은사와 귀신 쫓는 능력, 신유의 능력 등을 주셨지만 내게는 그런 능력이 없었다. 오직 선포되는 목사님의 말씀과 밤중기도의 말씀묵상 그리고 기도로 무릎을 꿇은 것뿐인데 주님은 나도 구원의 통로로 사용해주시고, 꿈에도 소원이었던 전도 100명의 결실을 맺게 해 주셨다.

나는 은사가 없는 사람이다. 정말 특별한 은사가 아무것도 없다. 그런데 전도의 현장에서는 그 자녀의 상황에 맞게 모든 사랑과 능력을 쏟아 부어 주셔서 전도 대상자가 친히 주님의 살아계심을 목격하고 주님의 자녀로 접붙이게 하셨다. 내게 먼저 전도대상자를 향한 사랑이 일게 하시고, 그를 위해 간절히 기도할 수 있는 마음을 주셨다. 그러면 그 사랑을 통해 주님의 능력이 흘러나와 놀라운 기적을 일으켰다.

내가 할 수 있는 것을 했다면 어찌 이를 통해 하나님을 뵈었다고 말할 수 있으랴. 전도하는 현장에서 살아서 역사하시는 성령님의 역사와 기적을 뵈었기에 그 주님을 뵈옵는 그 감격과 영광에 몸을 떨며 주님의 일하심을 찬양할 수밖에.

주님의 임재를 경험하면 인간의 존재는 미미해진다. 두렵고 떨리는 마음으로 인간은 주님께 영광을 돌려야 하는 미물임을 경험하게 된다. 내가 어머니의 뒷모습을 보며 믿음의 길을 따라 이 지혜와 신비를 깨달았듯이 나 역시 자식들에게 모델과 교훈이 되는 믿음의 유산을 물려줄 수 있는 살아있는 거울이자 삶을 통해 믿음의 어머니로 각인되길 소원해 본다.

전도 간증자로 세워가신 하나님

주님은 전도를 통해 귀한 만남을 허락하셨다. 복음을 알지 못하는 이들 뿐 아니라 전도현장에서 귀한 믿음의 동역자도 만나게 하셨다. 타교회 권사님이신 승권사님도 전도를 하면서 만났다. 늘 전도하는 나를 보면서 도전받으셨던 승권사님은 자신이 섬기는 교회에 전도간증집회를 인도해주기를 청하셨다. 처음 그 제안을 들었을 때 나는 펄쩍 뛰었다.

내가 무슨 자격으로 사람들 앞에서 간증을 하겠냐는 생각에 계속 마다했지만 우리 교회 목사님께서 강권하시고 내게 부탁하신 권사님도 간곡히 권하셔서 마음을 돌이켰다. 자격을 말씀하실 수 있는 분은 주님뿐이시니 나는 보잘 것 없는 모습 그대로 하나님의 큰 사랑을 전해야겠다고 결심했다.

그러자 자유한 가운데 간증을 마칠 수 있었다. 아니, 간증을 하면서 내 인생을 인도해주신 하나님의 사랑과 전도자로 살아가면서 누리는 기쁨을 하나씩 떠올리며 내가 더 큰 은혜를 받았다. 참 신기하고 놀라운 것은 예수님의 사랑은 혼자 독차지하는 것보다 다른 사람과 함께 누릴 때 더 크고 풍성해진다는 것이다. 나를 사랑하시는 주님이 저 사람도 사랑하시고 이 나라뿐 아니라 세계와 온 인류를 다스리시는 아버지라는 사실이 공동체 안에서 더 감격스럽게 다가온다.

첫 집회 이후 잇따라 간증집회가 이어졌다. 이웃교회들의 간증

초청이 이어졌고, 담임목사님의 소개로 노회교회들을 섬기게 되고, 간증한 교회에서 또 소개가 이어졌고, 워싱턴기독교 방송에도 수차례 간증이 나가고, 목사님과 사모님들을 대상으로 한 전도학교도 섬기게 되면서 나는 하나님께서 마지막 때에 추수할 일꾼을 얼마나 바라고 계시는지를 새삼 느꼈다. 부족한 나의 입술을 통해 전해지는 간증을 통해 주님은 각 교회마다 전도에 대한 열망을 새롭게 하셨다. 간증을 통해 가슴이 뜨거워진 교인들이 전도팀으로 뭉치고 체계적으로 전도훈련도 받았다.

각 교회마다 주님의 뜻에 온전히 순종하는 전도자가 세워지길 소원하는 나의 기도가 주님의 뜻 안에서 아름답게 응답받는 것을 보면서 내 기도의 지평도 넓어졌다. '내 교회 네 교회'의 경계가 사라지고 다 함께 주님의 기뻐하시는 믿음의 공동체를 이뤄나갈 수 있기를 소망하며 더욱 간절하게 중보할 수 있게 되었다.

그것은 내게 엄청난 자유를 느끼게 함과 동시에 각 교회를 중보해야 하는 책임감을 갖게 했다. 전도를 하면서 '꼭 우리교회에 오셔서 믿음생활을 하셨으면 좋겠다'고 생각할 때는 내가 그 영혼을 책임지고 잘 양육하겠다는 각오를 했었다. 그것이 잘못인가? 전도자가 그런 책임과 각오 없이 전도를 할 수 없고 해서도 안 된다.

하지만 내게 그런 열심은 오히려 독이 되기 쉬웠다. 전도대상자가 누구건 그분은 하나님의 자녀다. 주님께서 그를 가장 잘 아시기 때문에 그분에게 가장 잘 맞는 교회로 인도하시고, 믿음을 자라게 하실 텐데 내 교회를 사랑하는 마음에 내 열심으로 전도를 하다보면 나도 모르게 주객이 전도되기 쉽다. 다시 일 중독으로 빠져 주님보다 앞설 위험이 큰 것이다.

나는 다시 주님 앞에 무릎 꿇고 회개하며 주님의 말씀에 뒤따라가는 종이 되겠다고 기도했다. '우리교회로' 라는 생각이 사라지자 오히려 영혼을 사랑하는 마음이 더욱 깊어졌다. 그러자 각 교회를 위해 내가 무엇을 해야 할 지 분명해졌다. 마른 뼈들처럼 생명력을 잃은 자들을 살리기 위해서는 교회마다 전도자들이 세워져야 한다. 그것을 위해 주님은 나를 간증집회로, 전도학교로 부르신 것이다.

난 간증을 갈 때마다 그 교회에 전도자 한 사람을 세워달라고 기도하며 갔다. 그러기에 집회에 가서 강사비를 받을 수 없었다. 전도자를 세우시는 성령의 역사에 동참하여 하늘에 상급을 쌓으려고 남편이 근무하는 동안은 강사비를 고사하였다. 주님이 직접 주실 하늘의 큰상을 간절히 사모했기 때문이리라.

주님은 또한 지역교회가 연합할 때 얼마나 아름다운 결과를 맺게 되는지 타 교회 권사님과 함께 전도할 수 있는 기회를 주시면서 경험하게 하셨다. 그 권사님은 나와 같은 아파트에 사시는 분으로 같은 지역에 있는 교회에 다니고 계셨다. 권사님은 거리에서 전도하는 나를 볼 때마다 전도에 대한 부담을 느끼시다가 결국 풀타임 전도자로 섬기겠다고 결단하셨다.

교회를 너무 사랑하는 권사님은 날마다 더 많은 성도와 함께 예배드릴 수 있도록 일꾼을 보내달라고 기도하다가 결국 "제가 그 일꾼이 되겠습니다"라고 고백하며 거리로 나온 것이다. 전도팀이 따로 없는 교회였기 때문에 권사님이 훈련받은 첫 제자가 되겠다고 결단하시며 내게 찾아오셨는데 그 겸손함과 열심에 고개를 숙일 수밖에 없었다.

"교회를 얼마나 사랑하면 다른 교회 전도팀과 함께 전도를 하겠다고 할까…"

나는 권사님의 아름다운 결단을 보면서 전도는 내가 하겠다고 할 수 있는 게 아니라 주님의 피로 산 교회를 사랑하는 마음이 나를 요동치게 해야 결단할 수 있는 은혜라는 걸 다시 한 번 깨달았다. 주님과 교회를 사랑하는 마음으로 시작한 기도가 내 순종을 통해 응답받는 경우가 대부분이기 때문이다.

권사님을 필두로 지역 교회의 다른 분들과도 함께 교제하며 전도할 수 있는 기회가 많이 생겼다. 그것은 더할 나위 없는 축복이었다. 전도가 오직 그리스도의 영광과 복음 전파만을 목적으로 하다 보니 지역 교회가 서로 경쟁하지 않고 연합하게 되었다.

개교회의 벽을 허물고 전도한 그 영혼이 주님 안에서 잘 성장하기 위해 가장 좋은 곳으로 심겨지게 해 달라고 기도하게 되었다. 그러면서 교회 안에서 상처받아 도태되었던 많은 영혼들을 보듬고 품으면서 교회가 생명력을 되찾았다.

그런 모습을 보면서 나는 '땅 끝까지 이르러 내 증인이 되라'고

하신 지상명령에 담긴 '세상에 있는 자기 사람들을 사랑하시되 끝까지 사랑하신' 우리 주님의 마음을 깨닫게 되어갔다. 전도는 다른 사람을 구원하는 것이지만 동시에 자기 자신을 주님께 단단히 접붙이는 일이기 때문에 우리가 전도하는 한 우리의 영혼은 주 안에서 안전했다.

생명력을 잃을 염려가 없었다. 그 생명력이 지역사회를 살리고 하나님의 나라를 확장시켜 우리는 이 땅에서도 하나님의 통치 아래에서 천국을 누리며 살 수 있다. 그 시작이 바로 '복음전파'이니 주님의 마지막 명령이야말로 이 땅에서 하늘나라 시민으로 살 수 있는 비밀을 공개하신 것이다. 바로 우리, 나를 위하여.

전도는 주님 축복의 비밀통로

요즘에도 나는 틈날 때마다 만나교회 노방전도 팀과 함께 화요전도를 나간다. 처음 노방전도를 나간 날, 나는 선교사로 해외에서 보낸 지난 8년의 시간을 실감했다. 매일 보던 거리의 풍광이 어딘가 달라 보였고, 지나는 사람도 낯설었다.

그런데 어디선가 "하나님이 오셨네. 하나님이 오셨어"라는 소리가 들렸다. 돌아보니 예전에 노점상을 하시던 분이 나를 보고 반가워 달려오고 계셨다. 어디선가 술 한 잔 걸치고 오셨는지 나를 보며 자꾸 '하나님'이라고 하셨다. 그분은 내 곁에 바짝 다가서서 그간에 있었던 일을 말씀하셨다. 이제는 나이가 들어 부부가 함께 하던 노점상을 접고 쉬고 계시다면서 대체 어디 갔다가 이제 왔냐고 내 얼굴을 보고 또 보며 반가워 하셨다.

그분은 거리에서 채소를 벌여놓고 파셨던 분으로 거리 전도를 할 때 매일 만났던 분들 중 한분이다. 짬날 때마다 일손도 돕고 말벗도 해 드리고 편찮으실 때는 병원에도 모셔다 드렸더니 그 사이 정이 꽤 많이 들었는지 나를 가족처럼 반겨주셨다.

그 마음은 너무 감사하지만 '하나님이라니…' 주님 들으실까 죄송스럽고 두려워 "그러면 안돼요"라고 정색하며 만류했지만 아랑곳하지 않고 내내 그 호칭으로 나를 부르셨다. 그렇게 나를 좋아하시면서도 정작 교회는 아직 안 다니고 있다고 말끝에 슬쩍 고백을 하셨다. 그 말씀을 듣자 마음이 더욱 간절해져서 그분이 내가 아니라 하나님 얼굴을 뵙고 감사하는 그 날이 하루 속히 오기를 주님께 날마다 기도드리고 있다.

영혼구원을 위해 거리에 나섰는데 사랑이 쌓이면서 이렇게 전도 대상자들과 가족 같은 사이가 될 때가 많다. 나는 주님이 그 사랑을 끝내 승리로 이끄시리라 믿는다. 승리는 주님의 것이니 나는 날마다 사랑하는 일에 충성을 다할 뿐이다. 반드시 주님께서 결실을 맺어주시기 때문이다.

거리 전도를 하다가 최근 만나교회에 스스로 찾아오셔서 등록하셨다는 84세 할머니에 관한 이야기를 듣고 사랑의 결실은 반드시 맺어진다는 것을 다시 한 번 확인했다. 오래 전 내 기억 속에 묻어두었던 사랑의 관계가 시간을 휘돌아 전도의 결실로 맺어져 그 할머니가 만나교회에 나오시게 된 것이다.

그 할머니는 알고 보니 동네에서 파지를 줍는 조선족 자매에게 만나교회를 소개받아 오시게 됐다고 한다. 나와 함께 거리 전도를 하는 권사님이 스스로 교회에 오셔서 열심히 신앙생활하시는 할머니가 너무 고마워서 간식거리를 갖고 심방을 갔다가 그 전말을 다 알게 된 것이다.

할머니께 만나교회를 소개한 조선족 자매는 비록 자신은 교회에 다니지 않지만 다른 분을 전도했다. 다리를 절면서도 하루하루 열심히 산다는 그 조선족 자매 이야기를 들으면서 나는 마음이 뜨거워졌다. '아, 여전히 성실하게 살고 있구나' 안심이 되면서 하루 빨리 하나님께서 그 조선족 자매의 이름도 생명책에 올려주시길 기도했다. 그 조선족 자매는 나와 특별한 인연으로 맺어진 관계였기 때문이다.

2008년 갑상선 암 수술을 받았을 때 내 앞으로 나온 보험금이 꽤 많았다. 나는 그 돈을 가장 귀한 데 쓰고 싶어서 중국에 선교비로 보냈다. 그리고도 남은 돈은 다리 저는 조선족 자매의 수술비로 남겨놓았다. 그때 나는 그 조선족 자매를 전도하는 중이었는데, 그녀의 소원이 다리 수술을 받아보는 것이었기 때문이다. 다른 사람에게 폐 끼치지 않으려는 조선족 자매의 성격을 고려해서 나는 수술비 5백만 원을 교회에 구제헌금을 드리고, 자매를 만나서 만나교회에서 자매가 다리수술을 받을 수 있도록 수술비를 지원하기로 했으니 어서 병원에 가서 날짜를 잡자고 했다. 그러자 조선족 자매는 뛸 듯이 기뻐하면서 남편과 의논해 보겠다고 했다.

그런데 잠시 후에 기운이 하나도 없는 목소리로 전화를 했다. "아무래도 교회에서 주시는 수술비를 받을 수 없을 것 같아요." 그렇게 바라고 원했던 일인데 갑자기 왜 그러냐고 묻자 남편이 불교신자라 교회의 도움을 받기가 꺼려진다는 것이었다. 자기는 지금 한국에 불법체류중인데 만약 교회의 도움을 받아 수술을 받는다면 남편이 자기를 떠날지도 모른다면서 겁에 질려 있었다. 너무나 안타까운 마음에 이렇게 저렇게 설득해 봐도 자매는 요지부동, 남편으로부터 버림받으면 살 길이 없다는 말만 계속했다. 중국에 있는 가족도 다 버리고 여기 와서 살고 있는데 남편에게 버림받으면 아무 연고도 없는 한국에서 어떻게 살겠냐는 것이다.

끝내 조선족 자매는 수술비를 사양했고 그 마음만 받겠다고 해서 그녀의 다리 수술을 해드리지 못했다. 하지만 우리는 그 일로 친구가 되었다. 내가 선교지에서 한국에 잠깐 들를 때마다 조선족 자매는 간식거리를 들고 나를 만나러 왔다. 그리고 선교헌금을 하겠다며 내게 계좌번호를 알려달라고 했다. 하지만 나는 번번이 대답만 하고 계좌번호를 알려주지 못했다. 그때도 여전히 지하방에서 곤궁한 삶을 살고 있는 걸 아는데 어떻게 선교헌금을 받겠는가. 내게 건네주는 그 간식을 사오는 것도 그녀에게 벅찬 일임을 알기에 가슴이 아파서 차마 알려주지 못한 것이다.

그때도 조선족 자매는 아니 내 친구는 사방팔방으로 다니며 만나교회를 소개하고 소문내 주었다. 교회분들로부터 전해들은 말에 의하면 교회 근처에 사는 그 자매는 동네 사람들이 만나교회 새벽 예배를 드리고 와서 은혜를 받았다고 하면 꼭 누가 설교했냐고 물었다고 한다. 만약 여자 목사가 말씀을 전했다고 하면 자랑스럽게 "내 친구야!"라고 말하면서 입에 침이 마르도록 만나교회를 칭찬했다고 한다.

그 조선족 자매처럼 전도하다가 서로 사랑하는 사이가 되었지만 교회에 나오지 않거나 예배를 드리지 못하는 분들이 꽤 많이 있다. 그런 분들을 볼 때마다 나는 더 안타깝고 가슴이 아프다. 하지만 그분들은 본인의 삶 속에서 음으로 양으로 전도하며 만나교회의 전도자들로 살아가고 있었다. 자신도 모르게 복음을 전하는 전도자가 되었으니 반드시 주님을 영접할 날이 오리라 믿는다.

그런가하면 단번에 주님을 영접하는 경우도 있다. 나와 같은 아파트에 사시는 분을 길에서 우연히 만나서 집을 방문했는데 이야기를 나누는 중에 그 집에 영적인 문제가 있다는 생각이 들었다. 그래서 문제의 정확한 근원을 알고 영적으로 접근하기 위해 양가 집안의 내력을 짚어보고 가족들의 성격이나 근황을 물어보며 그 속내를 깊이 파고들었다.

이상한 건 그분의 가정에 자녀가 4명인데 한 명을 제외하고는 다 결혼을 하지 않은 상태였다. 모두 잘나고 똑똑한 자녀들인데 혼기가 꽉 찼는데도 짝을 만나지 못했다는 것이다. 그래서 그분의 부모와 형제까지 짚어보며 상황을 파고들자 그분이 놀라운 이야기를 해주었다.

자신에게 형제가 많았는데 그 중 한 명이 귀신 들려 끝내 처녀로 죽었다는 것이다. 그래서 그 귀신이 다시는 집안사람들에게 해코지 하지 못하도록 부모님이 딸의 무덤을 쓸 때 무당을 불러 칼을 꽂아 굿을 했다고 한다. 그렇게까지 했는데도 남아있는 자매들의 삶은 평탄치 않아서 헤어지거나 별거를 하는 등 정상적으로 결혼생활을 하는 사람이 없다고 했다.

문제는 그분의 자매들의 대(代)에서 끝나지 않고 그 자녀대까지 이어졌다는 것이다. 그분의 큰딸은 결혼했는데 남편이 교통사고로 일찍 죽어 어린 자녀들을 키우며 살고 있고, 그분의 조카딸은 엄마가 돌아가신 후 이모집에 방문했다가 아파트에서 떨어져 자살을 했다고 한다.

정말 오싹한 일이었다. 귀신의 역사가 한 가문을 어지럽게 하고 있는데 그 정체를 몰라 속수무책으로 당하는 걸 보니 애가 탔다. 그래서 그분께 악한 영의 정체를 눈에 보이듯 알려드리고 악한 영을 제어하는 길은 오직 예수 이름 밖에 없음을 선포했다. 우리에게 역사하는 악령의 정체를 바로 알고 대적하며 그 역사를 해체하는 길은 주님밖에 없기 때문에 아무리 강조해도 지나치지 않았다. 그러고 나서 그 집안을 뒤흔들고 있는 귀신의 역사를 없애달라고 기도했다. 감사하게도 그날 그 가정은 눈물로 주님을 영접하고 온 가족이 교회에 나와 신앙생활을 하기 시작했다.

전도할 때 귀신에 사로잡혀 있는 이들을 만나도 무서워할 필요가 없다. 하루는 어머니께 드리려고 따끈한 떡을 사서 가고 있는데 길가에 앉아있는 할머니가 눈에 띄었다. 옆에 다가앉아 떡을 한 봉지를 드리면서 슬쩍 말을 걸었다. 다음에도 맛있는 간식을 갖다 드리고 싶으니 할머니의 집을 알려달라고 하자 잘 걷지 못하시는 할머니는 손으로 골목 끝을 알려주셨다.

며칠 후 잘 익은 감을 사서 할머니가 가르쳐주신 집을 찾아가 보니 집 앞에 빨간 깃발이 꽂혀 있었다. 긴가민가하면서 들어가 보니 방 한가운데 신상이 차려져 있고 떡하니 음식까지 차려 있었다. 아뿔사, 할머니는 만신, 그 집은 만신 집이었다.

잠시 당황스러웠지만 그래도 할머니께 복음을 전하기 위해 말을 건넸다. "할머니, 다리도 불편하신데 지금도 신을 모시고 사세요?" 그 말을 기다렸다는 듯 할머니는 당신이 모시고 있는 할아버지 신에 대해 설명을 늘어놓으셨다. 계속 듣다가는 끝이 없을 것 같아 중간에 말을 끊고 "할머니, 저는 하나님 신을 모시고 사는 사람이에요"라고 나를 소개했다. 그러자 할머니가 당신도 하나님을 안다고 하시는 게 아닌가? 깜짝 놀라서 어떻게 아시냐고 하자 신 중에 가장 큰 신인데 왜 모르겠냐며 되레 호통을 치셨다.

그 말에 잘됐다 싶어 그러면 할아버지 신보다 더 큰 신, 신 중의 가장 큰 신인 하나님께 기도를 드리자고 하자 순순히 따라하셨다. 그 분위기를 타서 나는 영접기도와 귀신을 결박하는 기도까지 내

처 해버렸다. 신상 앞에서 귀신을 내쫓는 기도를 하자 할머니는 왜 할아버지를 쫓아내려고 하냐며 버럭 화를 내셨다. 할아버지가 화 내실 텐데 이럴 거면 다시는 오지 말라고 하시며 나를 밀어내셨다.

그래도 나는 간식을 준비하여 일주일에 한 번씩 할머니 댁을 찾아갔다. 자주 가다보니 신상을 차려놓은 방 옆에 할아버지가 살고 계시다는 것도 알게 되었다. 다리가 불편한 할머니 대신 신상음식을 준비해주시는 분으로 부부는 아니지만 서로 의지하며 사시는 것 같았다. 할아버지가 계실 때는 할아버지와 함께 신상 앞에서 무당 할머니의 손을 잡고 기도를 드렸다. 대놓고 귀신을 결박하는 기도를 하면 할머니가 화를 내시니까 큰 신인 하나님께 기도드리자고 해서 두 분을 위한 영접 기도를 드렸다. 그렇게 석 달 가까이 매주 무당 할머니를 찾아가며 사랑의 관계를 쌓아갔다.

그러다 다리를 접질려 인대를 다쳐서 2주 만에 할머니를 찾아갔더니 방 안이 깨끗했다. 그 사이 신상을 싹 치워 버리신 것이다. 어안이 벙벙해서 어떻게 된 일이냐고 묻자 "지비가 하도 기도를 혀서 할아버지 신이 떠나부렀어"라고 하셨다. 할아버지가 가셨으니 신상을 둘 필요가 없어서 옆방에 사시는 할아버지를 시켜 다 치웠다고 하셨다. 할렐루야!

그 주일부터 두 분은 진짜 아버지의 집인 교회로 인도되셨다. 처음으로 두 분과 함께 주일 예배를 드리고 할머니께 목사님의 설교가 들리시냐고, 이해하실 수 있겠냐고 여쭙자 이런 하나님의 말씀이 안 들릴 수도 있냐며 오히려 내게 반문하셨다. 주님의 행하심은 그토록 아름다우며 인격적이시다. 스스로 신상을 치우고 무당이었던 자신의 과거를 지우고 하나님 앞에 온전히 돌아오기까지 하나님은 끝까지 기다리셨다가 할머니와 할아버지의 마음에 말씀을 심어 주신 것이다.

지금은 두 분 다 소천하셨다. 할아버지는 내가 선교 나가기 전에 편찮으셔서 박숙회 권사님께 천국 가시는 길을 잘 돌봐드려 달라고 부탁을 드리고 떠났다. 곧 할아버지가 위독하시다는 연락을 받고 권사님이 심방을 가자 할아버지는 천사들과 함께 권사님들이 오셨다고 기뻐하셨다고 한다. 할아버지는 주님이 허락하신 천사 환상을 보시고 천국을 확신하며 주님의 부름을 받으셨다. 할렐루야!

주님은 정말 다양한 방식으로 일하셨다. 나는 허름한 집들이 들어찬 골목에 자주 들러 집집마다 축호전도를 했었다. 대부분 단칸방 월세집들이라 찾아갈 때마다 집이 비어 있거나 혹 사람이 있어도 좁은 방에 들어오는 걸 난감해 하며 거절하는 경우가 많았다.

그럴 때 뒤로 물러서면 전도의 기회를 얻지 못하기 때문에 나는 염치 불구하고 친한 친구처럼 스스럼없이 굴며 어떻게든 비집고 들어갔다. 그럴 때는 반드시 맛있는 선물을 갖고 가야 그나마 말을 이어가기가 쉽다. 발 한 짝을 집안에 들여놓고 과일이나 간식을 펼치며 함께 먹자고 너스레를 떨면 더 이상 거절하지 못하고 나를 받아주기 때문이다. 일단 집 안에 들어가면 집안 형편도 살피고 이런저런 얘기도 나누면서 나는 먼저 친구가 되자고 자청했다.

그렇게 만난 분들이 홍자매 부부다. 나보다 한 살이 더 많은데도 홍자매는 나를 '어머니'라 부르며 따랐다. 왜 그러냐고 묻자 자신이 예전에 애기무당이었다고 하면서 일찍부터 신어머니가 계셨기 때문에 지금은 개종하여 예수님을 믿지만 나를 신어머니로 생각하고 의지하고 있다고 했다. 그 마음은 이해하지만 왠지 마음이 찜찜하여 그렇게 부르지 말라고 해도 자매는 불쑥불쑥 나를 그렇게 불러 댔었다.

자매는 무당이었을 때의 언어습관만 버리지 못한 게 아니었다. 보통 때는 정상이었는데 술만 마시면 애기 귀신이 들어와 맘대로 역사했다. 그럴 때마다 남편은 내게 전화를 걸어 도와달라고 하면서 제발 자신의 아내를 교회에 잘 데리고 다녀달라고 간곡하게 부탁했다. 그런데 막상 자매를 교회나 성경공부에 데리고 가려고 찾아가면 남편도 악령에 사로잡혀 버럭 화내고 짜증을 내면서 아내가 교회 가는 걸 방해하기 일쑤였다.

그렇게 변덕을 부리고 무시를 해도 나는 그 영혼이 불쌍하여 그 집 문지방이 닳도록 심방을 다녔다. 악령을 쫓아내도 본인이 완전히 믿음에 서지 않다보니 술 한번 마시면 끝이었다. 악령이 그 인생의 왕 노릇하면서 엉망으로 휘저어 놓아 양육이 절실한 상황이었다.

그런데 주님은 그동안 귀신의 역사를 다루시던 것과 전혀 다른 방법으로 홍자매를 만져주셨다. 보통 귀신이 들렸을 때 예수의 이름으로 결박하여 쫓아냈는데 홍자매는 성령의 불로 귀신을 쫓아버리셨다. 그날도 박숙희 권사님과 함께 홍자매를 심방을 했다. 그런데 예배를 드리고 집을 나서는데 특별한 이유 없이 마음이 무겁고 찜찜했다. 도저히 그냥 갈 수가 없어서 다시 집으로 들어가 권사님과 함께 기도를 드렸다.

그날은 자매가 술을 마시지 않아 정신이 말짱하여 바로 전에 예배드릴 때만 해도 별다른 반응이 없었는데, 다시 안수기도를 하자 손대는 곳마다 뜨겁다고 소리를 지르며 쓰러졌다. 나는 주님께서 불로 역사하고 계심을 깨닫고 자매의 비명에 아랑곳없이 예수의 이름으로 결박하여 악령이 뿌리 뽑힐 때까지 쉬지 않고 기도했다. 머리에서부터 발끝까지 하나하나 손을 대며 기도하는 동안 자매는 숨이 넘어갈 정도로 소리치며 뜨겁다고 고함을 쳤다. 결국 주님께서 승리하셨다. 자매에게서 귀신이 완전히 나간 것이다. 귀신이 빠져나간 후 자매는 거울 속의 자신을 보며 얼굴이 어떻게 이렇게 예뻐질 수 있냐며 신기해했다.

주님은 한 사람 한 사람을 주님의 자녀로 삼기 위해 모든 권능을 전도 현장에서 풀어주시기도 했다. 과거에 마포구청장이셨던 할아버지는 말씀의 권능에 단번에 굴복하셨다. 상계역에서 거리전도를 할 때 그분을 만났는데 한 눈에 보기에도 지적으로 보였다. 그 점잖은 노신사는 감사하게도 우리가 전도지에 나와 있는 말씀을 풀어서 복음을 전하는 것을 진지하게 들어주셨다. 그 기회를 놓칠 수가 없어 나는 할아버지를 상계역 한켠으로 모시고 가서 영접기도를 했다.

할아버지는 마포구청장을 하며 잘 나가던 젊은 시절에 술과 여자로 가산을 탕진하고 지금은 어렵게 지내고 계셨다. 돈이 바닥나자 그 많던 여자들은 다 떨려나가고 갈 데 없는 신세가 되어 한사코 당신을 거절하는 본부인과 함께 살고 계셨다. 그래서 죄에 대해 설명하고 그것을 해결할 수 있는 분은 주님 밖에 없음을 선포하자 눈물을 글썽이며 회개하시고 그대로 주님을 영접하셨다.

그리고 바로 그 주일부터 교회에 나와 등록하시고 사모님과 함께 성경공부까지 열심히 하셨다. 할아버지는 자신이 저지른 수많은 죄악을 울면서 철저히 회개하고 돌아온 탕자였다. 아버지 품에 돌아온 할아버지는 주님의 은혜로 사는 아들이 되셨다. 고령인데도 불구하고 사모님과 성경공부를 하며 믿음의 벽돌로 노년의 삶을 견고하게 쌓아가셨다.

인생의 황혼기에 헐떡이며 말씀의 샘에 빠져 들어가시는 할아버지를 보며 전도는 내가 하는 것이 아님을 다시 한 번 깨달았다. 나는 주님의 통로일 뿐, 시간을 정해놓고 주님께 순종하면 주님은 주님의 권능으로 전도를 친히 행해가셨다. 주님이 주님의 자녀를 찾는 것이기에.

우리 어머니가 전도하실 때만 해도 축호전도가 자연스럽게 이루어졌는데, 요즘은 집안에 들어가기가 너무 어려워졌다. 그래서 가능하면 집밖에서 먼저 관계를 맺은 후에 나중에 그 집을 찾아갔다. 무작정 문을 두드리는 것보다 그게 나에게는 훨씬 효율적이었다.

거리를 지나다 무거운 짐을 들고 계신 분이 보이면 집이 같은 방향이라고 말을 걸면서 짐을 들어 드리며 집을 알아 놓았다. 아이를 데리고 가는 분은 가방을 들어 드리거나 아이의 손을 붙잡고 걷고, 몸이 불편하신 분은 부축을 해 드렸다. 길 가다가 마음이 가거나 눈에 띄는 분은 어떤 특징을 잡아서라도 칭찬으로 말을 건네며 그분 집까지 동행했다. 그리고 상대에게 좋은 인상만 남기고 집 앞에서 헤어졌다. 그리고 며칠 후 미리 알아둔 집에 어울릴만한 선물을 준비해서 그 집을 방문하여 마음을 여는 작업을 해나갔다. 꾸준히 찾아가 전도대상자들이 마음을 열고 내게 마음을 주기까지 기다리고 인내했다.

지금은 든든한 신앙의 동역자가 된 자매도 이런 과정을 통해 만났다. 길을 걷는데 앞에 가는 여자분의 뒷모습이 너무 예뻤다. 풍성한 숱을 단정하게 손질한 머리가 세련되고 멋져서 나도 모르게 따라가 말을 걸었다. "어쩜 그렇게 머리를 잘 관리하셨어요?" 내가 살갑게 말을 걸며 옆으로 다가서자 자매는 대답 없이 쑥스러운 듯 웃었다. "어머, 앞에서 뵈니 더 예쁘시네요." 그렇게 자연스럽게 말문을 트고 미장원 얘기며 머리손질에 관한 얘기를 하면서 자매의 집 앞까지 함께 걸어간 후 다음을 기약하며 헤어졌다.

그리고 사흘쯤 지나 과일을 사서 그 집을 방문했는데 대문이 잠겨 있었다. 다음날도 그 다음날도 몇 번을 가도 문은 굳게 닫혀있었다. 너무 실망스러워서 그 윗집에 가서 전도를 하고 있는데 갑자기 '쿵'하는 소리가 났다. 깜짝 놀라서 나가 보니 가스 배달하는 아저씨가 아랫집 대문이 아니라 윗집으로부터 나 있는 사다리를 타고 아랫집으로 내려가고 있었다. 아무리 문을 두드려도 지하에 사시는 분들께는 그 소리가 들리지 않고, 안에서 대문을 잠가 놓으면 들어갈 방법이 없다보니 사다리를 타고 내려가 가스를 배달하는 것이었다. 나중에 알고 보니 지하에 사는 그 자매는 새벽녘에 퇴근하기 때문에 오전 시간에는 깊게 잠들어 밖에서 일어나는 상황을 알 수 없다고 했다.

자매가 밤낮이 바뀐 삶을 사는지도 모르고 나는 그 다음 날 사다리를 타고 내려가 자매의 집 문을 두드렸다. 잠이 덜 깬 상태로 나온 자매는 나를 보더니 눈이 휘둥그레졌다. 여기에 어떻게 들어왔냐고 묻는 자매에게 나는 사다리를 타고 내려온 얘기를 신나게 해주었다. 그러자 자매는 자기가 밤을 꼬박 새서 일하기 때문에 내가 방문했던 그 시간에는 한창 자야 할 시간이라면서 이야기할 게 있으면 본인이 일하는 가게로 오라고 했다. 피곤에 절어있는 자매의 모습을 보자 '아차' 싶었다. 너무나 미안했지만 이미 엎질러진 물, 그래도 얼굴 도장을 찍었으니 가게로 찾아가봐야겠다고 마음먹고 그 다음 날 자매가 알려준 가게를 찾아갔다.

알고 보니 자매는 예전에 교회를 다니다가 남편과의 관계에서 사정이 생겨 교회를 쉬고 있던 중이었다. 안타까운 마음에 한 번 찾아갈 것을 두 번 찾아가면서 교제를 깊이 나누었다. 자매는 내가 손에 뭐라도 들고 가면 그러지 마시라고 극구 사양했다. 비록 상처는 받았지만 하나님의 은혜에 대한 갈급함이 있었던 자매는 결국 둘째의 수능시험을 앞두고 교회에 갈 것을 결단했다. 딸을 위해 주님께 간절히 기도하고 싶은 마음이 든 것이다.

그리고 바로 딸들과 함께 교회에 와서 예배를 드리고 그 후에 자연스럽게 등록하며 신앙생활을 해나갔다. 그 어려운 중에도 쪽잠을 자며 새벽을 깨워 기도하고 거리전도를 하며 자매는 주님께 완전히 붙들린 아름다운 신앙의 일꾼이 되었다.

한번은 자매가 주님을 다시 받아들이고 난 후 우리 집에서 구역예배를 드리는데 그날따라 유난히 날씨가 맑아 거실에 볕이 잘 들었다. 그때 우리 집은 10층이었는데 햇빛이 잘 드는 남향집이었다. 거실에 쏟아지는 햇살을 본 자매가 "아! 천국 같아요. 저도 이렇게 햇빛 드는 집에 살면 얼마나 좋을까요?"라고 하더니 '햇빛 드는 집을 주세요'를 기도제목으로 내놓았다. 당시 지하에 살았기 때문에 햇빛이 그리웠던 것이다. 자매의 기도제목을 보는데 어찌나 가슴이 아리고 뼈에 사무치던지 나는 그 아픈 기도제목을 붙들고 몇 날 며칠을 울면서 하나님께 부르짖어 기도했다.

그런데 얼마 되지 않아 자매의 인생이 완전히 뒤바뀌었다. 기적처럼 햇빛 드는 좋은 집으로 이사했고, 본인이 가게를 인수하여 사장님도 되었는데 가게가 문전성시를 이루었다. 자녀들도 믿음으로 잘 성장하여 좋은 대학을 졸업하고 다들 제 몫을 든든히 해내고 있다. 주님과의 관계가 회복되니 물질의 문도 열리고, 인간관계의 문도 열렸다.

주님은 이런 기적 같은 기적들을 전도의 현장에서 일상으로 보게 하시며 기적이 상식처럼 일어나는 축복을 맛보게 하셨다. 나는 전도는 주님을 위해 내가 하는 것인 줄 알았다. 그런데 주님은 그 귀한 일을 우리에게 맡기시어 이 모든 축복을, 이 모든 하나님의 권능을 우리에게 쏟아부어주신다. 전도야말로 우리를 사랑하신 주님이 우리를 위해 계획하신 주님의 축복의 비밀통로였다.

난 지금도 전도의 현장에 있을 때 심장이 쿵쾅거리며 뛴다. 주님의 생명의 숨결을 그대로 듣고, 주님이 우리 한 사람 한 자녀들을 얼마나 애타게 사랑하고 구원하기 원하시는지 눈으로 목격할 수 있기 때문이다. 전도는 나에게 호흡이 되었고 내가 살아야하는 증거가 되었고 주님을 발견할 수 있는 모든 통로가 되었다.

전도해서 꼭 내 교회로 데려와야 한다는 부담감을 내려놓고 내가 주님을 사랑하는 표시로 하는 전도라면 그 누구라도 주님의 사랑에 녹아내릴 것이라 믿는다. 주님이 내게 사람 낚는 어부가 되라고 부르신 그날부터 나는 주님의 사랑의 노예가 되고, 그 사랑의 포로가 되어 날마다 헉헉거리며 주님의 사랑을 고백하지 않을 수 없다. 주님 사랑합니다! 주님 감사합니다!

제4부

십자가 군병 되어
열방 속으로

갑상선암의 축복 – 남편도 선교 갈 결단을 하다

신대원에 다니며 풀타임 전도사로 사역하면서 나는 선교에 대한 소망을 다시 품었다. 남몰래 남편이 퇴직한 후에는 가난한 나라에 선교사로 가서 영육을 살리는 선교를 하겠다는 꿈을 꾸었다. 물론 그런 얘기를 하면 남편은 세계여행이면 모를까 무슨 선교나 봉사냐며 자신은 서울에 있을 테니 나 혼자 다녀오라고 하면서 반대했다.

어찌 보면 남편은 나로 인해 '반(半) 전도자'의 삶을 살았던 사람이다. 아침부터 밤까지 전도하느라 바쁜 나를 대신해서 아이들을 돌봤고, 심방을 가거나 주일 아침에 어르신들을 모시러 갈 때는 운전을 해주며 동역자로도 기꺼이 섬겨주었다. 10의 5조를 결단한 나 때문에 자신이 버는 돈보다 항상 빠듯하게 살아야 했음에도 불평 한번 건네지 않았던 그야말로 넓은 마음의 소유자였다.

그뿐이 아니다. 남편은 항상 나의 넉넉한 품이 되어주었다. 온종일 전도하느라 탈진하여 집에 돌아오면 남편은 언제나 나를 따뜻하게 품어주었다. 저녁이 늦었다고 타박하거나 자신을 집에서 맞아주지 않는다고 불평한 적도 없었다. 오히려 내가 지친 기색을 보이면 외식을 하자며 아이들을 데리고 나갔고, 밤마다 넓은 품으로 안아주며 수고한다고 격려해주었다. 밖에서 상처받아 지쳐도 남편을 보면 모든 시름이 사라졌다. 내가 풀타임 전도자로 사역할 수 있었던 것은 8할은 남편 덕분이었다.

하지만 그 '반(半) 전도자'의 삶은 남편 스스로 선택한 게 아니었다. 나를 사랑해서 자신이 원하는 것보다 내가 원하는 것을 해 준 것이다. 그 희생을 알기에 남편이 은퇴 후에 절대 해외봉사단이나 선교는 가지 않겠다는 말에 나는 토를 달 수가 없었다. 그렇다고 어릴 때부터 품어왔던 꿈을 차마 버릴 수 없어서 모든 환경과 마음을 움직일 수 있는 주님께 내 속을 털어놓고 간절히 기도만 하고 있었다.

주님은 역시 이번에도 놀라운 방식으로 응답해주셨다. 40대 후반에 건강검진을 받다가 갑상선에 작은 혹이 있어서 조직검사를 했는데 뜻밖에도 암이었다. 요즘에야 갑상선암이 감기만큼 흔하다지만 그때만 해도 주변에 갑상선암을 앓은 사람이 별로 없었다. 그래서 암 진단을 받은 순간 얼떨떨하고 의아했다. 그런데 그것도 잠시, 곧 마음이 물결 가라앉듯 평안해졌다.

참 이상한 일이었다. 주님의 일하심을 믿고 의지함으로써 얻은 평안이 아니라 햇빛처럼 포근히 나를 감싸 안는 평안이었다. 배에서 생수의 강이 넘치듯 기쁨과 평안이 내 마음을 충만하게 감싸 안았다. 그 샘솟는 기쁨이 나를 얼마나 활기 있게 만들었던지 심방하고 전도할 때 나를 보는 사람들마다 얼마나 좋은 일이 생겼길래 얼굴이 그렇게 환하게 빛나냐며 궁금해했다.

평안하기는 딸들도 마찬가지였다. 스페인과 중국에서 나의 암 소식을 들은 딸들 역시 불안해하거나 걱정이 되지 않는다는 것이었다. 나를 위해 기도할 때마다 나의 암은 살아계신 하나님의 능력을 보여주시기 위해 허락된 병이라는 확신이 든다며 평안한 마음으로 수술 받으라고 격려해 주었다.

가장 마음에 걸리는 사람은 남편이었다. 우리 가정에서 가장 믿음이 약한 사람이었기 때문에 나의 병을 어떻게 받아들일지 염려되었다. 역시나 남편은 암이라는 말만 듣고도 얼굴이 창백해졌다. 그리고 내 손을 꼭 붙잡아 어루만져주었다. 그런 남편에게 나는 "여보, 나 미쳤나 봐요. 암에 걸렸다는데 하나도 무섭지도 않고 아프지도 않아요. 오히려 너무 기뻐서 찬양이 저절로 나와요"라고 말하며 씩씩하게 웃었다.

아마 남편도 알았으리라. 내가 꾸며낸 거짓 평안이 아니라 하나님께서 주신 평안으로 기뻐하고 있음을. 그래서 내가 남편을 위로할 때도 아무 말 없이 안쓰럽게 바라보기만 했다. 나는 진심으로 남편이 수술 결과에 대해 걱정하지 않기를 바랐다. 하나님이 함께 하시면 모든 질병과 환경을 초월해서 살 수 있으니 우리는 어떤 상황에 있든 주님을 찬양하며 살아갈 권리가 있다는 걸 남편도 깨닫길 바랐다.

남편은 내가 수술을 받기 위해 병원에 입원하는 그날까지 별다른 내색을 하지 않았다. 그저 내 곁을 묵묵히 지키며 위로할 뿐이었다. 남편이 속으로 어떤 마음의 전쟁을 치르고 있는지 알 수가 없어 답답했지만 대놓고 물어보기도 어려웠다.

그러다 수술을 이틀 앞두고 잠자리에 들었을 때 갑자기 남편이 내 손을 부드럽게 잡았다. 그리고는 나를 보며 "2년 후에 나 퇴직하면 함께 선교 갑시다"라고 말했다.

"할렐루야!"

그토록 기다려왔던 한 마디를 드디어 남편으로부터 들은 것이다.

수술을 앞둔 아내의 마음을 편하게 해 주기 위해 남편은 유일하게 고집하던 안락한 노후를 포기하고 선교지로 그 마음을 돌렸다. 그리고 이어진 한 마디가 내 가슴을 울렸다. 남편은 내게 "꼭 교수가 아니더라도 선교지에 가면 나도 뭔가 할 수 있는 일이 있겠지"라고 말하며 얼굴을 쓰다듬어 주었다.

그동안 내가 선교 얘기를 꺼낼 때마다 남편은 자신이 거기서 무엇을 해야 할지 몰라 마음의 짐이 되었던 것이다. 강의할 만큼 영어에 능하지 않기 때문에 교수를 하기는 어려울 것 같은데 그것을 제외하면 타지에서 마땅히 할 게 없어서 속앓이만 했던 것이다. 그런데 내가 암에 걸리자 무엇이든 하겠다는 각오로 함께 떠나겠다는 결심을 한 것이다.

그 마음이 너무 고마워 내 얼굴을 쓰다듬는 남편의 손을 꼭 잡으며 남편을 안심시켰다.

"고마워요. 나 수술 잘 받을게요."

수술을 이틀 앞둔 그 밤, 나를 위해 인생의 마지막 계획까지 바꾼 남편의 극진한 사랑과 주님의 뜻에 순종하기까지 우리 부부의 마음을 다독이며 기다려주신 예수님의 사랑에 충만히 젖어들었다. 갑상선암은 내게 실로 선교를 위한 주님의 선물같은 축복이었다.

성대결절도 치료해 주신 주님

갑상선암은 여러모로 내게 축복이었다. 수술을 전후로 하여 병원에 6일 동안 입원해 있었는데 그때만큼 하나님의 생명력을 강렬하게 느낀 적이 없었다. 갑상선암 수술이 잘되었기 때문만은 아니다. 물론 암 세포가 깨끗하게 제거되었고 수술 후에도 진통제를 맞지 않고도 통증 없이 지냈다.

주님은 그렇게 평안한 가운데 병원생활을 하면서 전도에 대한 사명을 새롭게 깨닫게 하셨다. 나는 한 번도 입원한 적이 없었기 때문에 병원생활이 굉장히 낯설고 신기했다. 환자복을 입고 피 주머니를 차고 병실을 드나드는 것도 처음이었다. 환자복을 입고 환자를 만나니 나를 대하는 그들의 반응이 평상시와 전혀 달랐다.

그동안 전도하면서 병원은 수시로 들락거렸다. 전도대상자가 입원해서 심방을 오기도 했고, 병원에 입원중인 성도들을 심방하기 위해 방문하기도 했다. 병원에 자주 드나들기에 어느 병원이든 익숙했는데 환자복을 입으니 다른 환자들과의 공감대가 너무 쉽게 형성됐다.

"이 땅에서의 생명보다 더 중요한 건 영생"이라고 아무리 얘기해도 고개를 모로 꼬고 잘 듣지 않던 분들도 암환자로 다가가 말씀드리니 귀를 기울였다. 고통을 호소하며 낙담하던 분들도 암 수술을 받고 활기차게 병원을 누비는 나를 보면서 희망을 가졌다. 그분들에게 나는 '희망의 증거'였다. 자신들처럼 죽음의 공포를 경험하고 고통을 느꼈을 텐데 어떻게 저 상황에 찬양하고 다른 환우들을 위해 기도하며 보살피는 모습을 보며 복음이 가짜가 아니란 걸 믿게 된 것이다.

입원하는 동안 병원은 내게 황금어장이었다. 처음에는 내가 입원했던 병실, 그 다음은 복도, 차츰 병원을 두루 다니며 말씀을 전했다. 복음이 사람들의 마음에 꽂히는 걸 보면 기쁨이 넘쳐서 힘든 줄도 몰랐다. 수술 후 마취로 취해있을 때를 제외하고는 물 만난 고기처럼 온종일 병원을 돌아다니는 내게 주님은 만날 만한 자들을 붙여주시어 많은 영혼들이 주님을 영접하고 주님께 접붙이도록 친히 일하셨다.

놀라운 것은 주님을 영접하기 전에는 수술과 죽음에 대한 공포에 휩싸였던 이들이 복음을 받아들이고 나면 감사함으로 천국을 소망하며 천국을 바라본다는 것이다. 수술을 목전에 두고 있기에 그 변화가 극적으로 일어났다. 질병의 고통과 인생의 허무함, 경제적 어려움이 병실 안의 삶을 짓눌러 아무런 기쁨도 느끼지 못하고 하루하루 근근이 살아가던 자들이 예수님을 마음에 모신 후로는 오늘 생명 주심을 감사하며 주님께 찬양을 드렸다.

의인은 삶의 조건이나 환경과 관계없이 믿음으로 산다는 말씀이 병원에서 이루어졌다. 주님을 모시고 있는 한 실패 속에서도 살고, 질병과 가난 속에서도 산다. 생명은 호흡에 있는 것이 아니라 주님 그 자체이기 때문에 생명 되신 주님과 동행하는 한 죽어서도 산다는 것을 병원 전도를 통해 두 눈으로 직접 확인시켜 주셨다.

충만한 은혜 가운데 전도를 하면서 내 몸의 모든 질병이 완전히 치유되는 기적도 맛보았다. 그동안 목을 너무 많이 사용해서인지 성대가 결절되어 기도원 원장님같이 쉰 목소리가 되어 말하기가 어려웠다. 목소리가 항상 쉬었고 쇳소리가 나서 듣는 사람도, 말하는 나도 힘들었다. 그런 상태로 1년 넘게 지내다보니 갑상선암 수술을 받을 당시에는 찬송가도 제대로 부르기 어려운 지경이 되어버렸다.

그래서 이왕 수술을 받는 김에 성대도 함께 수술을 받을 수 있는지 알아보니 별개의 부위라 따로 일정을 잡아야 한다고 했다. 그러자면 보름 가까이 다시 입원해야 하기 때문에 성대수술은 포기하고 있었는데 갑상선 수술 후 주님께서 목소리까지 깨끗하게 회복시켜 주셨다. 갑상선암 수술 후 상계역에서 교회식구들과 함께 전도를 하면서 찬송가를 흥얼거리는데 예전처럼 맑은 목소리가 나왔다. 목에 뭔가 걸린 것 같은 느낌도 사라졌다. 함께 전도하시던 권사님이 알아차리시고 "어머 목소리도 깨끗해지셨네요"라고 말씀하시는 바람에 나도 알아차리고 주님께 감사의 기도를 드렸다.

질병도 주님의 주권 아래에 있으니 아프다고 원망할 것도 없고 나았다고 우쭐댈 것도 없었다. 내가 어떤 상황에 있어도 주의 날개 아래 있는 것이니 호흡이 있어 복된 증인으로 말씀을 전할 수 있을 때 그 기회를 놓치지 말고 하나님 나라를 선포해야겠다고 생각했다.
그러자 보험금으로 나온 기천만 원도 쓰임새가 정해진 돈이란 생각이 들었다. 내가 가지 못하는 곳에서 주님의 말씀을 전하는 자들을 위해 드려져야 할 돈이었다. 나는 그 돈의 일부를 선교비와 중국 교포 수술비로 드렸다. 그것이 전부는 아니었지만 내게 주신 모든 것을 다 드린다 한들 주님께는 아까울 게 없었다. 주님은 내게 생명 이상의 생명, 영생을 주신 분이기 때문이다.

강권적인 확증으로 목사안수까지

전도는 내게 천성처럼 익숙했다. 책에서 배운 게 아니라 현장에서 몸으로 배운 살아있는 지식이었기 때문이다. 그래서 주님께서 나를 전도자로 부르셨을 때 신학을 해야겠다는 생각을 하지 못하고 어머니처럼 전도를 해야겠다고만 생각했다. 어머니가 신학을 전공해서 전도를 하신 게 아니었기 때문이다.

신학이 필요하다고 생각한 것은 40대가 넘어서였다. 선교를 구체적으로 품으면서 체계적인 공부가 필요하겠다는 생각이 들었다. 언어도 낯설고 문화도 생소한 나라에 가면 책임져야 할 돌발 상황이 많이 생길 텐데 신학을 공부해 두면 그럴 때 도움이 될 것 같았다. 그래서 40대 중반에서야 신대원에 입학하여 공부를 시작했다.

하지만 딱 거기까지였다. 필요에 의해 신학을 하지만 목사가 되고 싶은 생각은 없었다. 오빠 목사님과 주변의 많은 목회자들을 보면서 목사안수를 받는다는 게 하나님 앞에서 얼마나 책임이 무거운지 알았기 때문에 피하고 싶었다. 그 생각은 신대원을 마칠 때까지도 변함없었다. 그때 나는 선교사든 목사든 평신도든 주님의 말씀을 전하는 도구로 선교지에 가면 된다고 생각했다. 그래서 목사고시를 볼 생각은 하지도 않았다.

그런데 시험 날짜가 다가올수록 마음에 부담이 생겼다. 애써 외면해도 자꾸 마음에 걸려서 결국 주님께 목사안수를 두고 기도하기 시작했다. 진심으로 주님의 뜻이 아니길 바랐지만 그래도 주님이 원하신다면 목사안수를 받아야하는데 그 뜻에 순종하기 위해서는 보다 확실한 증거가 필요했다. 그 증거가 있어야 내가 사랑하는 두 사람을 설득할 수 있기 때문이었다.

그 사랑하는 두 사람은 어머니와 남편이었다. 내가 목사안수 받기를 꺼렸던 건 두 사람의 반대가 극심했기 때문이기도 했다. 다행히 남편은 갑상선암 수술을 계기로 든든한 동역자가 되었지만 어머니는 신대원에 입학할 때부터 신대원을 마칠 때까지 나를 말리며 선교사가 되는 걸 반대하셨다.

어머니는 이미 목사의 길을 걷고 있는 아들을 보며 목회자의 길이 얼마나 험난한 것인지 너무 잘 아셨기 때문에 내가 그 길을 가지 않길 바라셨다. 또 내가 어머니의 곁을 떠나는 것에 대해서도 불안해 하셨다. 연로하셔서 거동이 불편하신 어머니 곁에 내가 가까이에 살면서 돌봐드렸기 때문에 갑자기 막내딸이 선교지로 가버리면 당신의 노후가 막막해질 거란 노파심 때문에 더 심하게 반대하셨다.

그런 어머니를 보는 내 마음은 찢어질 듯 아팠다. 어머니는 아버지가 돌아가셨을 때도 우리 앞에서 한숨 한 번 내쉬지 않으셨던 믿음의 장수셨다. 언제나 주님께 모든 것을 맡기며 거침없이 사셨던 분이었는데 노쇠하고 쇠약해지셔서 내게 기대시는 걸 보니 안쓰

럽고도 서러웠다. 어머니는 내가 목사안수를 받으면 금세라도 한국
을 떠날 것처럼 불안해하셨기 때문에 그런 상황에서 안수를 받고
싶지는 않았다.

그래서 내가 목사 안수를 받는 게 주님의 뜻이라면 어머니의 마
음을 돌이켜 달라고 기도했다. 그와 함께 내 마음을 굳힐 수 있도
록 두 가지 증거를 더 보여 달라고 기도했다. 하나는 내가 모르는
외지 선교사로부터 선교지에 갈 때 왜 목사 안수를 받아야 하는지
이유를 듣게 해 달라고 했고, 다른 하나는 정말 주님께서 나를 목
사로 부르신다는 구체적인 부르심을 체험할 수 있게 해달라고 기도
했다. 이 세 가지 기도에 응답하시면 두 말 없이 순종하겠다고 기
도했다. 그때 목사고시를 열흘 앞두고 있었다.

기도한 지 이틀 만에 아프리카 말라위에서 선교하시는 여선교사
님이 전화를 주셨다. 지인으로부터 내 얘기를 듣고 어떤 사람인지
궁금해서 연락을 했다면서 선교활동에 대해 이것저것 말씀해 주셨
다. 그러면서 말미에 선교지에 올 때는 꼭 목사 안수를 받아야 한
다며 자신의 경험을 바탕으로 그 이유를 차근차근 설명해 주셨다.
그 다음날은 중국의 선교사님이 전화를 걸어와 목사안수를 받아
야 하는 이유에 대해 말씀해 주셨다.
하나님과 두 여선교사님이 서로 말을 맞춘 것처럼 하루 상관으
로 내게 꼭 필요한 말씀을 정확하게 해 주셨다. 묻지도 않은 질문
에 답을 주신 것이다. 그것이 하나님의 응답이 아니고 무엇이겠는

가. 두 번의 전화를 받고 나는 목사 안수를 받는 걸로 마음이 기울여 갔다.

문제는 어머니였다. 어머니의 반대라는 큰 산을 어떻게 넘느냐가 관건이었다. 목사고시가 코앞에 다가왔는데도 어머니는 요지부동이셨다. 그러다 시험을 이틀 앞두고 어머니가 전화를 하셔서 집에 잠깐 들렀다 가라고 하셨다. 목소리가 약간 흥분된 것 같아서 걱정된 마음에 달려갔다. 어머니는 나를 보자마자 지난밤 기도 중에 환상을 보셨다며 마치 그 장면이 눈앞에 펼쳐진 것처럼 자세히 말씀해 주셨다.

내가 선교지에서 아름답게 생명을 살리고 교회도 건축하는 모습을 보셨는데 그걸 보니 당신의 마음도 뜨거워졌다고 하셨다. 그래서 건강만 허락된다면 당신도 나와 함께 선교지에 가서 중보기도를 해주고 싶다는 소망이 생겼다고 하셨다. 아무래도 내가 목사안수를 받고 선교지에 가는 게 하나님의 뜻인 것 같다고 말씀하셨다. 시험을 이틀 앞두고 주님께서 어머니의 마음을 만져주신 것이다. 주님은 어머니를 기도하게 하시고 기도 중에 내가 앞으로 할 사역을 보여주시며 그 마음을 변화시켜 주셨다.

그보다 더 확실한 응답은 없었다. 나는 부랴부랴 목사고시를 접수하여 시험을 무사히 치르고 합격했다. 하지만 목사 안수를 받는 것은 여전히 망설여졌다. 선교지에 나가려면 1년 여 준비기간이 남아있었기 때문에 그 기간 동안만이라도 미루고 싶었다. 고민 끝에 담임 목사님께 목사안수 받는 것을 1년 정도 미루겠다고 말씀드렸는데 주님은 내 생각과 다르셨다. 말씀과 설교, 큐티를 통해 끊임없이 내게 "기름부음을 받으라!"고 채근하셨다.

주일 대예배에서도 사울의 기름부음을 주제로 한 설교로 마음에 찔림을 주시고 그 다음날 새소식반 교육에 갔을 때도 콕 짚어 다윗의 기름부음에 대해 말씀을 나누게 하셨다. 그래도 마음의 결정을 하지 못하자 주님은 다윗이 기름부음을 받은 후의 여정을 묵상하게 하시면서 내 영적 상태를 적나라하게 보여주셨다.

다윗은 기름부음을 받은 후에 바로 왕이 되지 못했다. 오랜 동안 고된 훈련을 받은 후에 주님의 때가 되었을 때 왕으로 세우셨다. 기름부음은 곧장 일을 시키시겠다는 사인이 아니라 주의 사명이 무엇인지 알리시고, 기름부음 받은 자가 당신이 원하는 그릇이 될 때까지 훈련하시겠다는 뜻을 알려주시는 징표임을 알게 하셨다.

기름 받음은 순종이고, 그 순종을 어떻게 사용할 것인지는 전적으로 하나님의 영역이다. 그런데 나는 내 뜻대로 그 시기와 내용을 정하고 싶었던 것이다. 그 속마음이 말씀 앞에서 고스란히 드러났다. 연약하고 부족해서 평신도 자격으로 선교지에 가고 싶었던 게 아니라 부담이 덜하고, 족쇄가 헐거운 선택을 하고 싶었는지도 모르겠다는 생각이 들었다. 그것은 내가 할 수 있는 만큼만 주님께 충성하고 싶다는 마음에서 비롯된 것이었다. 내 마음 속을 꿰뚫어 보시는 주님 앞에서 더 이상 숨을 곳도 없고 변명할 수도 없었다.

목사 안수를 받겠다고 주님 앞에 무릎은 꺾었으나 메마른 순종이었다. 주님의 뜻을 따른다는 기쁨 없이 황량하기만한 마음을 부여잡고 나는 다시 기도의 자리로 나아갔다.

그 당시 나는 모퉁이돌 선교단에서 '선교적 성경연구' 훈련을 받고 있었는데 몇 주에 걸쳐 금요일 오후에 만나 성경연구를 하고 밤에는 철야로 기도하며 영성훈련을 받았다. 목사안수를 앞두고 어느 때보다 절박했기 때문에 기도도 더 간절했다. 그런데 갑자기 목사님이 올리브유로 내 머리에 기름을 부어 주셨다. 기도 중에 성령님께서 목사님을 강권하여 갑작스럽게 일어난 일이었다. 예정에 없이 기름부음을 받게 된 나를 위해 모든 동역자들은 온밤을 새워 축복하고 중보해 주었다. 그날 목사님께 기름부음을 받으며 나는 헐거워진 순종의 족쇄를 단단히 채웠다. 그리고 날마다 나를 죽이고 십자가로 나아가겠다는 결단을 새롭게 하였다.

그리고 외따로 앉아 새벽녘까지 기도를 하는데 주님께서 시리즈로 환상을 보여주셨다.

첫 장면은 흰 옷을 입은 유대인 어른과 어린이가 손을 잡고 나란히 가는 모습이었다. 자세히 보니 어른은 예수님이고 손잡고 가는 어린이는 바로 나였다.

두 번째 장면은 예수님이 가슴팍에 어린 양을 안고 계셨는데 그 양이 나로 바뀌었다. 세 번째는 하늘에서 그물이 내려오고 땅에서 내가 그 그물 끝을 잡아 넓게 펼쳤는데 펄떡거리는 작은 물고기가 그물 안에 가득 차 있었다. 마지막 장면은 하늘에서 어마어마하게 큰 손이 내려와 내 손목을 꽉 잡고 있었다. 내가 주님을 잡고 있는 것이 아니고 주님이 그렇게 완강한 손으로 나를 붙들고 계셨던 것이다.

주님은 앞으로 펼쳐질 나의 선교여정을 환상을 통해 압축적으로 보여 주셨다. 내가 어디를 가든 나 혼자 가는 게 아니고 주님이 이렇게 함께 하시겠다, 이렇게 동행하시겠다, 이렇게 붙드시겠다, 이런 열매를 주시겠다고 보여 주셨다. 선교에 대한 확신이 생기자 나를 어디로 보내실 건지 궁금했다. 그래서 내가 가야 할 선교지를 알려 달라고 기도했다.

그러자 주님은 선교지가 어디인지를 찾지 말고 어디를 가든 내가 주님의 통로가 될 수 있기를 기도하라고 하셨다. 내가 아니라 거룩한 하나님만 드러나는 도구로 쓰이길 간구하라고 말씀하셨다. 그 말씀을 받고 '나는 없어지고 주님만 온전히 드러나는 종으로 세워지길' 온밤이 새도록 간절히 기도했다.

첫 선교지, 미지의 나라 에콰도르

나의 첫 선교지는 에콰도르였다. 그 전에 몇 달씩 단기 선교를 인솔하기도 하고, 선교단체와 함께 단기선교를 가기도 했지만 기아대책기구와 만나장로교회를 통해 정식으로 부부가 파송을 받고 떠난 선교지는 에콰도르였다. 사실, 목사 안수를 받기 전에 나는 중국과 북한 선교에 마음이 쏠려 있었다. 중국은 둘째 혜신이가 공부하고 있는 중의대가 어려운 상황이었기에 마음이 쓰였고 중국에 계신 동료 선교사님이 신학교 사역과 북한 사역을 하시면서 몇 년 전부터 계속 콜을 보내셨기 때문에 내심 중국으로 가닥을 잡고 있었다. 북한 선교학교에서 압록강 근방으로 단기선교를 갔다 오면서 북한 땅에 대한 마음도 뜨거웠지만 현실적인 문제 때문에 중국으로 마음을 굳힌 것이다.

그런데 갑자기 남편이 코이카(국제협력단) 에콰도르의 지식도시와 신도시건설 자문단으로 선발되면서 상황이 급변했다. 에콰도르는 내 선교지 명단에 아예 없었던 곳이었다. 에콰도르에 가기로 결정되기 한 달 전에 주님께서 기도 중에 나를 중국 뿐 아니라 열국으로 보내실 거라는 환상을 보여주셨지만 내 시선이 중국에 붙박여 있었기 때문에 다른 나라는 생각하지도 않았다. 그런데 에콰도르라니, 그곳은 철저히 남편의 경력에 따라 결정된 곳이라 사역을 어떻게 해야겠다는 예비지식이 전혀 없었다. 중국 심지어 북한조차도 어떻게 복음을 전해야겠다는 동선이 그려졌는데 에콰도르는 말 그대로 미지의 땅이었다.

하지만 그 또한 주님의 응답이었다. 오랫동안 선교를 소망하며 꿈꿔 왔지만 담임목사님인 오빠가 건강이 몹시 좋지 않은 상황에서 내가 교회를 비운다는 것은 한없이 민망하고 미안한 일이었다.

만나교회 초창기부터 20년 넘게 동고동락하며 교회를 위해 동역해 왔기 때문에 선교사로 파송될 때 목사님을 비롯한 모든 성도의 축복 속에서 갈 수 있도록 해 달라고 은밀하게 기도해왔다.

그런데 주님께서 그 기도를 들어주신 것이다. 남편이 퇴직하기 전 1년간의 공로연수기간 동안 에콰도르 신도시 건설의 자문으로 일할 수 있게 하심으로써 모든 이들의 축복을 받으며 선교사 파송을 받을 수 있었다.

한국에서 비행기로 33시간을 날아서 도착한 지구 반대편의 나라, 에콰도르에서 나는 걸음마를 처음 배우는 아이처럼 주님 손만 꽉 붙들고 매달렸다. 베이비 선교사로 첫발을 내디뎠기 때문에 선교사역도 가늠할 수 없었던 데다 치안이 매우 불안하다고 주변에서 염려하셨기 때문에 외출도 맘대로 하지 못했다. 우리가 머물렀던 곳은 에콰도르의 수도 키토였는데 그곳도 안전의 사각지대였다. 원래 키토는 살기 좋은 곳으로 손꼽혔던 곳이었는데 하필이면 우리가 도착하기 얼마 전에 콜롬비아가 범죄와의 전쟁을 선포하면서 범죄자들이 에콰도르로 대거 몰려와 치안이 엉망이 된 것이다.

도시에 떠도는 소문이 어찌나 흉흉하던지 거리에 마음 놓고 나갈 수가 없었다. 만나는 한국분들마다 밤에는 절대 집 밖으로 나오지 말고 낮에도 거리에서 아무나 총을 겨눌 수 있으니 택시를 타고 다니라고 신신당부했다. 솔직히 나에게는 하나마나한 충고였다. 모든 것이 눈에 선데다 스페인 말을 전혀 배우지 못하고 왔기 때문에 길을 물어볼 수조차 없어 밖에 나갈 엄두를 내지 못했다.

덕분에 잠깐이지만 결혼 25년 만에 전업주부로 살았다. 남편을 위해 다림질을 하고 밥을 차리는 여유롭고 행복한 시간을 만끽했다. 그러다 종종 교회에서 정식으로 파송된 선교사가 이렇게 시간을 보내도 되는지 걱정되어 마음이 다급해지기도 했지만 주님이 사역의 동선을 짜주시기 전에는 움직이지 않기로 결심했기 때문에 꼼짝 않고 기도만 했다. 사역이 급하면 주님께서 급하게 사용하실 거라 믿으니 오히려 담대해지면서 주님과 더 깊은 교제를 나눌 수 있었다.

기도의 분량이 채워지자 주님은 만나야 할 사람을 붙여주셨다. 바로 국승담 선교사님이었다. 에콰도르에도 많은 선교사님들이 계셨지만 주님은 남편 지인을 통해 국선교사님을 만나게 하셨다. 그분은 캐나다 시민으로서 캐나다에 사시다가 50대 중반에 에콰도르에 와서 20년 넘게 사역을 하셨는데 주로 현지인 사역자를 세우는 일에 집중하셨다. 현지 사역자를 훈련하여 에콰도르 각 지역으로 보내고, 그곳에서 현지 사역자를 중심으로 교회를 개척했다. 그리고 한인교회와 협력하여 개척한 교회가 잘 자립할 수 있도록 물심양면으로 돕는 일을 하고 계셨다.

선교지에 갈 때마다 느끼는 것이지만 선교사의 역할엔 한계가 있었다. 아무리 열심히 전도한다고 해도 만날 수 있는 사람이 한정적이기 때문에 현지인들을 제자로 세워 그들로 복음을 전파하게 하는 것이 훨씬 효과적이었다. 문제는 강의였다. 어렵사리 성경학교나 신대원을 지어놓아도 강사를 구할 수가 없어서 훈련을 못 시키는 경우가 허다했다. 국선교사님은 그런 점을 보완하기 위해 영상강의를 활용해서 가르쳤다. 3년 6개월 과정인 영상강의는 미국에서 내로라하는 강사들로 구성되어 내용이 탄탄했다.

그 일의 열매는 놀라웠다. 사명을 받아 가슴이 뜨거워진 청년들은 복음을 들고 오지와 빈민촌으로 들어갔다. 아마존 정글보다 더 험준한 곳에 들어간 젊은 리더들은 원주민들을 전도하고 교회를 세운 후 또 다른 사역자를 훈련시켰다. 그렇게 개척한 교회가 이미 13개였다. 그렇게 세워진 지교회들의 리더들은 한 달에 한 번씩 한인교회에 모여 복음의 방향성을 서로 점검하고 사역내용을 공유함으로써 든든한 믿음의 공동체를 이뤄가고 있었다.

주님을 향한 큰 열심과 굳건한 믿음은 예배에서 드러났다. 그들의 예배야말로 주님께 영광을 돌리는 예배였다. 주님을 기뻐하는 예배였다. 장장 3시간에 걸쳐 찬양하고 연주하고 춤추며 말씀을 선포하는 그들을 보며 나는 이것이야말로 '살아있는 예배'라고 느꼈다. 더 놀라웠던 건 헌금이었다. 예배 마지막 시간에 한 사람씩 헌금을 하는데 어른은 1불, 청소년은 50센트, 아이는 25센트로 헌금 액수가 정해져 있었다. 그 해 16개의 교회를 개척하기 위해 전 교인이 합심하여 작정헌금을 하는 것이었다.

예배가 끝나면 교인들이 사방으로 흩어져 전도를 했다. 훈련받은 사역자를 중심으로 교인들이 삼삼오오 짝을 지어 나가서 전도를 하다가 3시와 7시가 되면 그곳이 어디든 그 자리에서 예배를 드렸다. 주님을 막 영접한 사람과 숲속 바위에서 손잡고 예배를 드리기도 하고, 가정에 초대받아 예배를 드리기도 하고, 씨만 뿌리고 거둔 것 없는 빈손으로 교인들끼리 예배를 드리기도 했다. 부르신 곳에서 예배하는 것, 그것이야말로 우리에게 주어진 가장 큰 특권인데 그들은 삶 속에서 온전히 그것을 누리며 살고 있었다.

전도와 예배가 하나 되고, 전도대상자가 전도자가 되는 놀라운 역사가 광활한 안데스 산맥, 그 중에서도 사람의 발길이 닿지 않는 오지에서 매 주마다 일어났다. 동네 꼬마들이 손잡고 걸어갈 때 아이들이 한명씩 늘어나는 것처럼 방금 전도 받은 사람이 사역자와 함께 손잡고 전도를 하면서 점점 사람이 불어났다. 사람의 노력이 아닌 하나님의 감동으로 전도의 띠는 안데스 산맥을 휘돌아 에콰도르 전역으로 퍼져나가고 있었다.

한인교회 성령으로 하나되다

현지인들의 살아있는 예배를 경험하면 할수록 새벽 예배에 대한 갈증이 심해졌다. 남편과 함께 날마다 큐티로 새벽을 열었지만 하루의 첫 시간을 주님 앞에 온전히 드리고 싶은 마음이 간절했다. 하지만 안데스 산맥이 남북으로 관통하고 있는 에콰도르에서 새벽기도를 기대하는 건 어려운 일이었다. 해발 3천 미터에 위치해 있는 키토는 기압차가 심하기 때문에 새벽부터 움직였다가 자칫 건강을 잃을 수도 있기 때문이다.

그런데 감사하게도 그 고산지대에서도 새벽예배를 드리고 있는 교회가 있었다. 그것도 국선교사님과 함께 현지인 교회를 섬기는데 있어 핵심적인 역할을 하고 있는 한인교회였다. 처음 그 교회를 알게 된 것도 현지인 사역자를 훈련하는 프로그램 덕분이었다. 국선교사님이 진행하시는 사역자 훈련을 위한 영상강의 중에 한국어로 된 것을 나도 받아서 독학을 하다가 영상강의를 듣는 현지 사역자들과 만나게 되었다.

그들은 한인교회에 모여서 팀을 이뤄 강의를 듣고 토론하고 과제를 정하여 발표하면서 보다 역동적으로 훈련을 받고 있었다. 새벽예배를 드리는 '아름다운 교회'는 바로 현지인들이 강의를 듣는 곳이자 한 달에 한 번씩 지교회 사역자들이 모임을 갖는 곳으로 에콰도르 선교의 컨트롤타워 역할을 하고 있었다.

그때까지 내가 경험한 한인교회는 내부 갈등으로 사분오열되어 상처와 아픔으로 점철된 곳이 많았는데 이 교회는 에콰도르에서는 보기 드물게 선교를 위해 발 벗고 나섰다. 그래서 어떻게 예배를 드리는지 궁금하여 주보를 본 순간 "주님, 감사합니다"가 절로 흘러나왔다. 주보에 떡하니 새벽예배가 적혀 있었기 때문이다.

그 교회는 7년 전 교회를 개척한 날부터 하루도 새벽예배를 쉬지 않았다고 했다. 고산기후로 인해 성도들이 못 오는 날은 목사님 혼자 예배를 드리며 지금까지 새벽제단을 지켜오셨다. 그야말로 여호와 이레였다. 나는 새벽마다 차로 나를 데리러 오시는 목사님과 함께 교회에 가서 기도의 자리를 지켰다.

그런데 새벽에 기도를 할 때마다 한인사회의 복잡한 문제들이 떠올랐다. 한인사회가 좁다보니 작은 갈등으로도 골이 깊어져 등을 돌린 채 사는 사람들이 꽤 많았다. 그러다보니 에콰도르 정부에서 완제품 무역을 금지한 이후 경제적으로 큰 어려움을 겪고 있는 교민들이 도움을 받지 못하는 상황까지 이르렀다. 끼니를 걱정할 정도로 힘든 가정이 많은데 서로 상처가 있다 보니 손 내밀 용기도, 손잡아 줄 여유도 사라진 것이다.

당시 나는 주일예배는 00한인교회를 섬기고 있었다는데 키토의 그 한인교회는 여러 가지 이유로 내홍을 겪고 있었다. 그러던 중 교회를 담당했던 사역자가 갑자기 모든 일을 정리하고 한국으로 떠나버리시면서 교회를 섬겼던 10여 가정의 성도들이 졸지에 '목자 없는 양'이 되어 버렸다. 사역자의 부재는 교인들을 분열시켰다. 떠난 사역자를 기다리자는 쪽과 다른 목사님을 모시자는 쪽이 팽팽히 맞서면서 반목과 갈등이 이어졌다. 선교지에 선교하러 갔던 나는 본의 아니게 한인교회의 아픔을 보고 함께 겪었다. 그 아픔을 주님께 아뢰며 서로 위로하고 주님의 뜻을 바라는 기도의 시간을 함께 가졌다.

사역자에 대한 원망과 배신감, 서로에 대한 불만이 엇갈린 채 예배를 드렸지만 주님은 예배 안에서 그들의 마음을 만져주셨다. 다른 사람을 향했던 원망과 불평의 화살이 회개가 되어 마음을 찌르고, 말씀이 영혼을 쪼개면서 교인들이 점차 안정을 되찾기 시작했다. 너덜너덜했던 마음이 말씀으로 봉합되고 치유됐다.

상처를 싸안고 흩어졌던 마음이 하나가 되자 목자 없이 방황하던 00한인교회 교인들이 흩어지지 않고 아름다운 교회로 고스란히 옮겨졌다. 나를 00한인교회로 인도하셔서 주일예배를 섬기게 하신 것도, 국선교사님을 통해 아름다운 교회를 알게 하신 것도 주님의 계획하심 아래 일어난 일이었다. 교인들은 자신의 상처에만 매몰되어 영혼 구원에 등한시했던 것을 회개하고 선교에 대한 열정을 다시 불태웠다. 아름다운 교회 경규대 목사님을 도와 현지인 교회를 지원하고 선교하는 소명을 가진 자들로 거듭났다.

연약한 부부를 평신도선교사로 파송하다

에콰도르에서의 사역은 짧지만 강렬했다. 내가 그곳에 머문 기간은 고작 7개월, 그중에서도 처음 두 달은 언어와 문화에 익숙해지느라 아무것도 하지 못하고 오직 주님과 깊은 교제만 나누었다. 그리고 나머지 5개월 동안은 국선교사님, 경규대 목사님과 함께 현지 선교지를 방문했는데 그곳에서 받은 은혜가 너무나 컸다.

주님의 선한 역사는 인간이 만들어 놓은 결과를 항상 압도한다. 교회 공동체가 깨어져 버린 고통스러운 과정 속에서 주님은 선교에 대한 아름다운 계획을 갖고 계셨다. 00한인교회에서 사찰집사로 섬기셨던 분들을 평신도 선교사로 파송하신 것이다. 교회가 파산되는 과정에서 그분들이 가장 어려움을 많이 겪었다. 당장 갈 곳 없는 기러기 신세가 되어버렸기 때문에 영적으로 육적으로 고통이 격심했다.

그런데 함께 기도하던 중 그분들의 마음속에 깊이 묻어둔 비전, 선교에 대한 열망을 새롭게 소원하게 하셨다. 현실적으로 보면 그들 부부의 비전은 무모하기 짝이 없었다. 두 분 모두 병이 깊어 어려움을 겪고 있었기 때문이다. 특히 남편집사님은 한쪽이 마비가 되어 말도 제대로 못하고 한쪽편이 사용하기 어려운 처지였다. 게다가 신학교는 고사하고 사역자 훈련도 받지 못한 상황이었다. 건강도 좋지 않고 후원할 교회도 없고 선교훈련도 받지 않은 상황인데 어떻게 선교를 가겠다는 건지 답답했다.

그런데 기도를 하면 주님은 "파송하라!"고 답하셨다. 기도를 할 때마다 같은 대답이었다. 그러면 도리가 없다. 주님이 가라하시니 무조건 가야했다. 설상가상으로 부부는 떼나를 선교지로 원했다.

그곳은 키토에서 5시간이나 떨어진 곳으로 일찍이 미국의 엘리엇 선교사가 복음을 전하러 왔다가 순교한 곳이다. 복음의 씨앗은 뿌려졌지만 이후 그 정글 깊숙한 곳까지 가서 물을 주는 이가 없어 신앙의 불모지가 되어가고 있는 곳이었다.

건강도 좋지 않은 부부가 그런 험지를 자원하는 걸 보고 처음에는 기가 찼다. 하지만 주님이 그 일을 추진하라고 말씀하셨기 때문에 분명히 내가 모르는 주님의 계획하심이 있을 거라 믿고 평신도 부부 선교사 파송하고 그들이 떼나 지역에 잘 정착할 수 있도록 그곳을 답사했는데, 가보니 주님이 왜 떼나에 그 부부를 보내려고 하시는지 이유를 알 수 있었다.

떼나에는 무엇보다 말이 통하는 사람이 필요했다. 한국에서 파송된 선교사님이 계셨지만 그분도 언어 때문에 어려움을 겪고 있었다. 그런데 파송하려는 집사님부부는 에콰도르에서 산 지 10년이 넘었기 때문에 스페인어로 정글의 주민들과 소통하는데 아무 문제가 없었다. 그 지역을 향한 하나님의 예비하심이 있었기에 선교사 부부를 위한 집을 구하는 것도 후원금을 마련하는 일도 수월하게 해결됐다. 사찰로 섬겼던 00한인교회 성도들과 함께 기도하던 중 그 중 네 가정이 연합하여 1년 동안 매달 각자 100불, 200불 작정하여 선교비를 후원하기로 하고 초기 정착비용은 내가 담당하기로 했다. 4가정에 불과한 작은 기도 공동체에서 평신도 부부 선교사를 파송했다.

나는 아름다운 교회에 두 분을 부탁드리면서 그분들이 평신도 선교사로 잘 서나갈 수 있도록 인도해 주시길 거듭 말씀드렸다.

어찌 보면 절차와 형식을 따르지 않은 파송이었다. 부부 모두 선교사 훈련도 받지 못한데다 몸도 성치 않았다. 하지만 주님은 약한 자를 들어 강한 자를 부끄럽게 하시는 분이다. 게다가 일이 급하면 사역을 하면서 제자로 훈련시키시고, 건강과 물질을 회복시켜 주님의 사람으로 세우시는 분이다. 그들 부부가 그런 경우였다.

도착하자마자 그분들은 자신들이 쓰기에도 부족한 생활비를 쪼개어 제자훈련을 했다. 그리고 통신신학교를 통해 선교사 수업을 받았다. 선교를 하면서 두 분의 건강도 차츰 회복되었다. 그리고 얼마 지나지 않아 현지 사역자들을 배출하기 시작했다. 놀라운 결과였다. 엘리엇 선교사가 뿌린 씨가 알곡으로 자란 그때에 주님은 그들 부부를 추수꾼으로 보내신 것이다. 그리고 몇 년 지나지 않아 떼나의 오지지역에 교회가 세워졌다.

이 일은 놀라운 파장을 일으켰다. 그들 부부를 후원한 가정들이 물질과 기도로 부부 선교사를 후원함과 동시에 자신들도 그 길을 가야 할 사명자임을 자각하게 된 것이다. 소명을 깨닫게 되면 기도의 자리에 올 수밖에 없다. 아름다운 교회의 새벽제단은 깨어 기도하는 자들로 점점 채워졌다. 목사님 홀로 지켰던 제단의 불씨가 성령의 역사하심으로 활활 타오르게 된 것이다. 침체되었던 교회가 새 성도들을 맞아 활기를 되찾고 기도의 동력으로 충만해졌다. 자신의 상처만 바라보던 시선이 선교지로 향하자 자신을 이 땅에 보내신 주님의 뜻이 무엇인지 무릎으로 묻는 자들로 변화되었다.

과연 성전으로부터 흘러나오는 생수는 모든 죽어가는 것을 살려냈다. 하나 된 마음으로 그들과 함께 예배드리면서 나는 에스겔서에 나온 환상을 보았다.

"그가 나를 데리고 성전 문에 이르시니 성전의 앞면이 동쪽을 향하였는데 그 문지방 밑에서 물이 나와 동쪽으로 흐르다가 성전 오른쪽 제단 남쪽으로 흘러내리더라"(에스겔 47:1).

우리의 죽은 영혼을 살리신 주님께서 아름다운 교회에서 흘러나온 생수가 교회 주변 뿐 아니라 에콰도르 곳곳으로 흘러나가 모든 생명을 살아나도록 지금 이 순간도 일하고 계시다는 것을 믿어 의심치 않는다.

무너진 성벽을 다시 세우다 – 3월의 부흥, 중국

에콰도르에서 남편의 임기가 끝날 무렵 중국에서 우울한 소식이 들려왔다. 우울증이 심각하여 막내 혜신이가 힘든 시간을 보내고 있다는 것이었다. 남편은 하루라도 빨리 일을 정리하고 중국으로 가서 혜신이와 시간을 보내자고 했지만 나는 그 상황까지도 주님께 맡기고 내가 어디로 가야할 지 알려달라고 기도했다. 남편은 코이카에서 일의 종료를 알려주었지만 나는 하나님께서 마감시기를 알려주지 않으셨기 때문에 무엇 하나 쉽게 결정할 수 없었다.

다행히 사역의 마무리 기간 중에 00한인교회 네 가정이 아름다운 교회에 정착하였고, 또한 그곳에서 함께 교제하며 봉사하던 3가정이 교회에 심겨졌으며, 평신도 부부 선교사도 파송하고, 맥 성경공부도 무사히 끝냈다. 그러면서 나의 사역도 아름답게 마무리되었다. 감사한 마음으로 우리 부부는 에콰도르의 모든 사역을 마치고 한국에 들렀다가 바로 중국으로 향했다.

나는 혜신이를 돌보는 동시에 아이가 다니는 학교의 교회도 함께 섬겼다. 중의대로 유학한 대부분의 한국 학생들은 선교사를 지망한 아이들이라 그동안 목회자 없이 자기들끼리 예배를 드렸다. 그것도 학교에서 예배드리는 것을 원칙적으로 금했기 때문에 대예배 때만 겨우 장소를 빌려서 도둑 예배를 드렸다.
그러다보니 아이들의 신앙이 체계적으로 자리 잡지 못하고 들쭉날쭉하여 서로를 세워주고 끌어주는 대신 비난하고 갈등하다가 공동체가 갈가리 찢겨졌다. 2년 전에 우울증에 걸린 혜신이를 돌보기 위해 중국에 왔을 때 겨우 다잡아 놓았는데, 그 사이 신앙의 끈을 모두 놓쳐버리고 아이들은 믿음을 상실한 채 살고 있었다.

주님의 용사로 깃발 들고 나아가야 할 아이들이 맥 놓고 앉아 무기력하게 있는 걸 보니 기가 막혔다. 어떻게 하면 이 아이들을 주의 일꾼으로 다시 일으켜 세울 지 그 방법을 알려달라고 주님께 기도

했다. 중의대를 생각할 때마다 교회를 맡아 사역할 목회자를 보내 달라고 항상 기도했었는데 돌고 돌아 주님은 결국 나를 또 이곳으로 보내셨다. 그런데는 분명 이유가 있을거라 생각했다.

그래서 이번에는 아이들을 단단히 훈련시키리라 마음먹었는데 시작도 하기 전에 우려 섞인 얘기부터 들었다. 외부의 목사가 출입하면 학교가 어려워질 수도 있으니 조심하라는 거였다. 최악의 상황이었다. 하지만 그럴수록 주님께 더 가까이 나아가야 한다. 두려워 걸음을 멈추는 순간 사단의 역사가 시작되기 때문이다.

어떻게든 아이들이 말씀으로 주님을 만나고 기도로 응답받도록 삶의 기초를 튼튼히 닦아 놓아야 했다. 그러기 위해 아이들에게 새벽 큐티와 멀티미디어 성경맥을 통해 집중적으로 훈련 받기를 제안했다. 아이들을 흔쾌히 받아들여 아침에는 큐티, 저녁에는 특강을 듣겠다고 했다.

새벽 큐티는 2년 전에 중국에 와서 한 달 간 머물렀을 때 함께 했었기 때문에 자기들끼리 소그룹을 나눠서 하도록 했다. 그동안 큐티 모임이 지속되지는 않았지만 그래도 몇 명은 개인적으로 큐티를 계속하고 있었다. 2년 전, 처음 아이들과 함께 큐티를 했을 때는 혜신이를 포함해서 서너 명이 모여 말씀을 나누었다.

그러다 입소문이 나면서 열 댓 명이 되고 나중에는 복도와 건넛방까지 가득 메울 만큼 많이 모여 새벽 예배를 드렸었다. 2년 전이나 지금이나 아이들은 말씀에 대한 기갈이 심했다. 감사한 건 예배를 드릴 때마다 그 영이 살아나는 게 보였다. 선교사로 살겠다고 서원했던 아이들인 만큼 하루가 다르게 변했다. 아이들은 모일 때마다 기도했고, 찬양하면서 하나님께 더 가까이 나아갔다.

아이들은 영적으로만 피폐해진 게 아니었다. 공부하느라 바빠서 밥도 못 해먹고 기름진 것만 사 먹다 보니 건강이 엉망이었다. 중국인 기숙사에 사는 아이는 밥 냄새를 맡아본 지가 까마득하다고 할 정도였다. 그렇게 두어서는 안 되겠다 싶어서 부서별로 불러 밥을 해먹이기 시작했다.

그때 혜신이가 학교 가까이 아파트를 얻어 살고 있어서 우리 애들 생일 파티하는 마음으로 정성껏 음식을 준비해 차려놓으면 아이들은 코를 쿵쿵거리며 들어와 한국 음식 냄새를 맡아서 너무 좋다고 탄성을 지르며 밥 서너 공기를 뚝딱 해치웠다. 그렇게만 먹어도 아이들의 얼굴에는 기쁨이 돌았다.

영육의 결핍과 불균형에 시달리는 아이들을 돌보는 일은 시급했다. 급한 대로 새벽에는 큐티, 낮에는 집밥, 저녁에는 성경맥 강의를 하면서 아이들에게 영육의 양식을 제공해주었다. 저녁 특강은 자연스럽게 예배로 이어져 수요예배, 금요예배까지 드리게 되었다. 합심하여 기도하는 가운데 학교 측에서 예배 장소로 강당을 빌려주는 기적이 일어났다. 예배드리는 것조차 금했던 대학에서 그동안 줄기차게 건의해도 대답이 없었는데 드디어 장소를 허락한 것이다.

여호와 이레의 하나님은 미리 장소를 마련해 두셨다. 이 모든 것이 아이들의 믿음을 든든히 세우기 위한 하나님의 섭리라고 생각하고 나는 더욱 담대하게 말씀을 선포하고 전했다.

예배시간마다 젊은이들로 차고 넘쳤다. 금요기도회를 마치고 나서도 5-60여 명의 아이들은 엎드려 기도하며 주님의 뜻을 갈망했다. 그 모습을 볼 때 느끼는 뭉클함은 이루 말할 수가 없다. 엎드려 기도하는 청년들을 어떻게 쓰실지 나 역시 주님의 뜻을 구하며 그들의 심령을 새롭게 하기 위해 집회를 열었다. 집회의 마지막 날은 부흥회식으로 진행했다.

은혜 가운데 흠뻑 젖기를 기도하며 한 시간 동안 찬양하고 한 시간 동안 설교하고 또 한 시간 동안 기도했다. 마지막 기도 시간에는 아이들 한 사람 한 사람을 찾아가 머리에 손을 얹고 안수기도를 했다. 주님의 임재 가운데 아이들은 성령으로 하나가 되어 찬양과 기도를 드렸다. 그날 아이들의 표현으로 치면 '3월의 부흥'을 경험한 것이다.

그런데 부흥회가 거의 막바지에 다다랐을 때 앞에서 찬양을 인도하던 아이들이 웅성거렸다. 그리고 "목사님 도와주세요"라고 다급하게 외쳤다. 한 시간 넘게 방방 뛰면서 찬양을 인도하던 남학생이 갑자기 사지를 뒤틀면서 입에 거품을 물고 쓰러진 것이다. 사단의 역사가 분명했다. 성령이 뜨겁게 역사하자 싱어였던 남학생 안에 있던 귀신이 견디지 못하고 그 정체를 드러낸 것이다.

그 남학생은 온 사지를 비틀면서 금세라도 숨이 멎을 듯 괴로워했다. 겁에 질린 아이들은 놀라서 주춤주춤 뒤로 물러났다. 나는 아이들을 진정시키며 예수의 보혈을 찬양하라고 했다. 그리고 그 남학생의 귀에 대고 "예수의 이름으로 사단아 물러가라"고 명령했다. 그러자 남학생은 누군가 숨통을 조이는 것처럼 괴로워하면서 발악했다.

"왜 나가라고 해? 니가 외롭다고 해서 그동안 친구해줬는데 왜 이제 와서 나보고 나가라고 그래!"

고래고래 고함을 지르며 악령은 자신의 모습을 드러냈다.

놀란 아이들은 더 간절하게 큰소리로 찬양하고 나는 괴성을 지르며 벌벌 떠는 아이의 귀에 대고 계속해서 "얘는 하나님의 선별된 백성이야. 예수 이름으로 물러가"라고 선포하며 명령했다.

그렇게 20분가량 사단에 대적하여 함께 기도하고 찬양을 계속했다. 모두 땀에 흠뻑 젖어 눈물 콧물을 흘리며 기도하는데 남학생의 표정이 눈에 띄게 밝아졌다. 흙빛으로 잔뜩 굳어있던 얼굴이 물에 풀린 휴지처럼 느슨해지더니 서서히 얼굴이 빛나기 시작했다. 그리고 안도의 숨을 크게 내쉬더니 기진맥진한 채로 평안을 찾았다. 사단이 빠져 나간 것이다. 그럴 때는 무조건 재워야 한다. 나는 아이들에게 빨리 남학생을 기숙사로 옮겨 푹 재우라고 하고 부흥회를 마무리했다.

다음 날 싱어였던 남학생이 나를 찾아왔다. 평소보다 핼쑥하지만 밝은 표정이었다. 그 남학생은 아버지가 장로님이시고 어머니가 권사님이신 신실한 가정에서 자랐는데 고등학교 때 불의의 사고로 인해 하나님과 멀어지게 되었다고 했다. 사춘기 때 오토바이를 타고 친구들과 어울려 다니며 방황했던 사춘기 시절, 친한 친구가 남학생의 생일 선물을 사러 가다가 그만 오토바이 사고로 목숨을 잃었다. 자기 때문에 친구가 죽었다는 죄책감으로 괴로워하던 그에게 감당하지 못할 일이 또 생겼다. 오토바이 사고로 죽은 친구의 어머니가 자식을 잃은 슬픔을 이기지 못하고 스스로 목숨을 끊으신 것이다.

그 일은 남학생에게 극복할 수 없는 트라우마가 되었다. 자신으로 인해 두 명이나 죽었으니 자신은 저주받은 인생이라고 생각했다. 그는 자신의 인생 전부를 부정하면서 스스로 살 만한 가치가 없다고 결론지었다. 자책하고 자학하면서 정말 죽을 것 같이 괴로워 모든 것을 다 포기하려던 찰나 선교사님을 통해 중의대를 소개받아 중국에 오게 되었다.

하지만 중국에 와서도 남학생은 마음을 잡지 못했다. 죽고 싶은 충동을 이기지 못해 자신의 숙소가 있는 3층 창문에 걸터앉아 하염없이 땅만 쳐다보기도 하고 비 올 때는 팔뚝을 칼로 긋기도 했다. 그 지옥에서 건져달라고 주님께 매달릴수록 사단이 남학생의 마음을 뒤흔들어 죄책감을 일으키고 실의와 낙담에 빠지게 했다. 그는 자신도 모르게 사단의 역사에 이끌려 살았던 것이다.

그 삶이 얼마나 고되고 힘들었던지 남학생은 다시는 사단에게 마음의 자리를 내주지 않겠다고 다짐하고 또 다짐했다. 그 전날 사단이 빠져 나갈 때 죽음을 경험했던 남학생은 평생 그 일을 잊지 않고 죽을 결심으로 주를 믿겠다고 결단했다.

놀라운 일이었다. 아이들의 내면에 깊은 상처를 회복시키는 하나님의 치유 역사는 이후에도 계속되었다. 한국으로 돌아오기 전 마지막 금요기도 시간에 주님은 아이들을 기수별로 앉게 하라고 하셨다. 그래서 기수별로 앉힌 후 함께 기도하는데 회개의 영이 부어졌다. 가슴 속 깊은 죄를 토로하면서 아이들이 서로 껴안고 울며 용서를 구하기 시작했다. 기도가 깊어질수록 상대를 받아들이며 서로 하나가 되었다. 알고 보니 금요기도에 온 그때까지도 원수로 살았던 기수들이 있었는데 주님께서 서로의 죄를 고백하게 하시고 성령으로 하나 되게 하신 것이었다.

이 두 가지 일로 아이들은 살아계신 하나님을 경험했다. 그리고 불가능하다고 생각했던 모든 일을 사랑으로 가능케 하시는 주님의 능력을 믿게 되었다. 그런 믿음은 시공간을 초월해서 일하시는 하나님을 만나는 경험으로 이어졌다. 맥성경 강의를 할 때 아이들이 너무 힘들어해서 시간을 쪼개 잠깐 내적 치유를 했다. 시간이 워낙 짧아서 아쉬웠는데 다음날 학생들로부터 놀라운 이야기를 들었다. 강의 시간에 충분히 치유되지 않았던 학생을 하나님께서 직접 치료해 주셨다. 그 학생의 꿈에 내가 나타나 자신의 마음에 있던 죄의 쓴뿌리를 토하게 하시며 밤새 치유를 했다는 이야기를 들으면서 나는 '할렐루야!'를 외칠 수밖에 없었다.

한 손에는 성경을, 한 손에는 칼을 들고 세계만방으로 나가 복음을 전할 주의 일꾼들을 세워나가시는 주님의 열성에 일중독인 나조차도 두 손을 다 들었다. 말씀에 사로잡히고 기도에 깊이 빠지면 다른 무엇보다 그 일을 가장 중요하게 생각하게 된다. 아이들은 새벽기도와 맥성경 공부를 통해 말씀과 기도를 삶의 중심에 두고 주님께서 자신을 빚어 가시도록 자신을 내어드리는 훈련을 받았다.

짧은 시간동안 아이들은 놀랍도록 변화하였다. 황폐했던 아이들의 영혼이 생수로 채워지면서 주님의 진정한 제자가 되고자 하는 열망이 깊어져 날마다 주님께로 한걸음씩 나아갔다. 새벽이슬 같은 주의 자녀들을 향한 하나님의 지극한 사랑이 사단의 역사 속에서 그들을 지키시고 영혼을 구원하시어 결국 주의 길로 인도하신 것이다. 그러니 사람의 '오늘'을 보고 낙담하는 것만큼 어리석은 것은 없다. 사람의 '오늘'을 흔들어 깨워 새 역사를 일으키실 하나님을 바라보며 소망을 가져야 한다. 동시에 주님께서 새 역사에 세우는데 나를 동참시키려고 부르실 때 언제든 대답하고 나갈 수 있도록 깨어 준비하고 있어야 한다.

중국, 담을 허물고 사단을 물리치는 기도

중국은 내게 특별한 나라였다. 선교사를 꿈꿀 때부터 중국을 가슴에 품고 기도했기 때문에 선교지를 묻는 기도를 할 때마다 "하나님, 중국인가요?"를 묻곤 했다. 그만큼 중국은 내 마음의 일순위였다. 그런데 공교롭게도 둘째 딸 혜신이가 중국으로 유학을 가게 되고, 만나교회에서 전도자로 사역할 때 만났던 집사님이 중국 선교사로 가시면서 중국과의 끈은 계속 이어졌다.

김00 선교사님과의 관계는 좀 특별했다. 그분이 잘 나가는 사업가로 일에만 매진하고 계실 무렵, 나는 미국에서 막 돌아와 그 가정을 심방하여 예배를 드렸었다. 그때 그분의 가정이 매우 어려운 지경에 있었고 이사하여 교회도 나오지 않고 있다는 소식을 듣고 집사님과 함께 그 가정에 심방을 하였다. 그런데 처음 만나 기도하는 가운데 갑자기 성령께서 꾸짖는 마음을 주시며 "이 가정에서 선교의 아버지요 고아의 아버지가 나올 텐데 왜 이리 주저앉아 있느냐"라는 책망의 말씀을 주셨다.

주체할 수 없는 마음에 기도는 했지만 얼굴이 화끈거리면서 그 말을 주워 담고 싶었다. 이래저래 신앙을 다 잃어버려 낙담한 가운데 있는 가정에 와서 '세계 선교의 아버지'라니 소가 웃을 일이었다. 하지만 내 마음은 아랑곳없이 주님은 그 예언과 책망을 계속하게 하셨다. 그리고 그 꿈같은 일이 20년 만에 일어나 선데이 크리스천이었던 그 가정의 남편이 신학을 하고 목사안수를 받으시고 중국 선교사로 북한선교사역을 하고 계셨다.

김선교사님이 중국에 가기까지의 모든 과정을 지켜봤던 나로서는 하나님의 일하심이 놀라울 수밖에. 주님 하시는 일에 불가능이 없다는 것을 주님은 김선교사님을 통해 다시 한 번 보여주셨다. 주님은 오랜 시간동안 두터운 신뢰를 쌓아온 우리의 관계를 믿음의 일꾼들을 세우는데 사용하셨다.

김선교사님은 사역을 시작하면서부터 중국에 오라고 내게 연락을 했었다. 한 달만이라도 좋으니 신학교에 와서 강의를 해 달라고 했다. 내가 신학을 공부할 때부터 중국에 오라고 채근했기 때문에 처음 선교지를 정할 때 중국에 가리라 마음먹고 준비를 했다. 그런데 갑자기 에콰도르가 결정되어 중국행은 불발되었다.

그래서 에콰도르에서 돌아온 후에 정저우와 단둥에 각각 단기선교를 다녀왔다. 정저우는 두 번에 걸쳐 서너 달, 단둥은 한 달, 둘다 짧은 기간이었지만 주님은 그 동안 사람들의 마음에 있던 큰 둑을 다 무너뜨리셨다.

C국 00지역에서 나는 신학교에서 대학원생과 학부생들을 대상으로 각각 신구약개론을 강의했는데, 먼저 강의를 들었던 대학원생들이 학부생 강의 때도 청강해왔다. 맥성경으로 공부를 하면 말씀을 새롭게 보는 눈이 생겨서 더 깊게 파고들고 싶은 마음이 생기게

마련이다. 나는 대학원생들을 보면서 그들도 그랬으려니 생각하며 강의를 하려고 하는데, 교수님들과 학부생들이 술렁이기 시작했다. 그동안 학부생과 대학원생의 반목이 심해서 척지고 산 지 오래 되었는데 갑자기 대학원생들이 나타나자 당황한 것이다.

말씀 앞으로 다가온 대학원생들의 큰 걸음이 학부생과의 화해를 향한 첫 걸음이 되길 바랐지만 해묵은 갈등이 쉽게 해결될 것 같지 않았다. 그래서 그 문제에 대해서는 아예 모른 척하고 강의만 계속했다. 그런데 사흘째 강의에서 주님은 회개의 영을 부어 주셨다. 너나 할 것 없이 학생들 모두 가슴을 치고 손을 들어 자신의 죄를 자백했다. 서로 얼싸안고 눈물을 흘리며 상대를 받아들였다.

그때 강의실 맨 앞에 앉아있던 나이 많은 여학생이 머리가 깨질 것처럼 아프다고 하소연했다. 그래서 쉬는 시간에 다 함께 통성기도를 하자 그 여학생의 얼굴에서 그늘과 고통의 모습이 사라졌다. 사탄이 빠져 나간 것이다.

사실 그 학생은 세미나를 할 때부터 요주의 인물이었다. 교수님들은 세미나를 부탁하시면서 학생 중에 듣는 태도가 불량한 학생이 있는데 개의치 말라고 미리 당부를 하셨다. 아니나 다를까 강단에 서자 맨 앞 가운데에 앉아있는 학생이 눈에 띄었다. 인상을 잔뜩 찌푸린 채 다리를 꼬고 앉아 있었는데 이상하게 나는 그 모습이 전혀 거슬리지 않았다. 그래서 학생의 태도에 좌우되지 않고 강의를 계속했다. 그러자 말씀이 그 학생의 마음에 들어간 것이다.

알고 보니 그 학생은 파룬궁의 추종자였다. 열혈신도였던 그녀는 간부급이었던 동생이 잡혀가 감옥에 들어가는 바람에 정부의 눈을 피해 신학교에 들어온 것이다. 파룬궁은 정부에서 법으로 금지한 종교기 때문에 적발되면 바로 감옥행이었다. 어쩔 수 없이 신학교에 다니면서 수업은 들었지만 그때마다 눈을 부릅뜨고 앉아서 "거짓말이다. 진리는 따로 있다 너를 속이고 있다"고 속삭이는 내면의 음성을 들으며 괴로워하며 말씀을 부정해 왔던 것이다.

그런데 말씀이 들어가자 그녀를 사로잡았던 사단의 정체가 드러나면서 말씀 앞에 발가벗겨진 것이다. 그 학생이 사단의 족쇄에서 풀려남을 감사하며 기도를 하는데 갑자기 "얘도 좀 봐주세요"라며 소리치며 울부짖는 소리가 들렸다. 연세가 지긋하신 분이 청년을 앞으로 밀치면서 그 사람을 위해 기도해 달라면서 대성통곡을 했다. 기겁한 청년은 그 자리에서 줄행랑을 치고 연세가 많은 분은 주저앉아 하염없이 울었다. 도망간 청년이 아니라 그 어른에게 문제가 있는 거라는 생각이 들어 그분을 붙잡고 또 함께 기도했다. 그러자 그에게서도 사단이 빠져 나왔다. 홀어머니 밑에서 가정과 사회에 불만을 갖고 살면서 응어리졌던 그분의 마음에 사단의 영이 작용했던 것이다.

그 일을 통해 학생들은 말씀이 살아있으며, 나의 내면 깊숙한 부분까지 꿰뚫어 보시어 정결케 하시는 것을 목격했다. 나는 학생들이 지루할까봐 강의 중간에 어머니의 치유 사역과 귀신을 쫓았던 이야기를 해주었는데 그 일이 자신들의 강의실에서 실제로 벌어지니까 학생들이 예수를 믿지 않을 수가 없었다. 주님은 강력한 성령의 역사를 보여주심으로써 척박한 땅 중국에 복음의 능력이 깊게 뿌리내리게 하셨다. 그날 오순절 성령의 강림을 경험한 학생들은 각지로 흩어져 복음을 전파한 예수님의 제자들처럼 지금 복음의 횃불을 들고 중국을 복음화시키는 데 앞장서고 있을 것이다.

불교의 성지 스리랑카 - 중보자 70명을 예비하시다

중국 단기선교를 마치고 한국에 돌아와 모교회에서 밤중기도를 하는데 열왕기상 18장을 묵상하게 하셨다. 주님은 엘리야의 갈멜산 대결의 말씀을 주시면서 다음에 갈 선교지는 영적전쟁을 할 곳이라고 말씀하셨다. 그리고 꿈과 환상을 통해 앉아있고 누워있고 서있는 많은 불상들을 보여주셨다.

그 기도와 환상을 본 후 남편과 나는 코이카 봉사국 중에서 불교대상 국가가 어디인지를 찾아보니 스리랑카가 눈에 들어왔다. 사실, 인도나 아프리카는 한 번쯤 가보리라 생각했었는데 스리랑카는 생각해보지도 않은 생소한 곳이었다. 게다가 남편의 경력에도 도움이 되지 않았다. 남편은 보수도 환경도 열악한 스리랑카보다는 일의 무게가 있고 대우가 좋은 중장기자문단으로 지원하려고 했지만 주님께 순종하는 마음으로 스리랑카를 지원했다.

남편은 곧 합격하여 훈련을 받은 후 스리랑카 지역개발 프로젝트에 투입되어 출국날짜가 결정되었다. 남편은 한 달 먼저 스리랑카에 들어가 언어와 문화 그리고 업무를 익히고 나는 그동안 스리랑카 선교를 위해 기도로 준비했다.

그때 주님은 생각하지도 않은 든든한 중보자들을 만나게 하셨다. 스리랑카로 출발하기 전에 온누리교회 두란노에서 진행하는 '통큰통독세미나'에 갔다가 성경맥 강의를 부탁받았다. 내가 스리랑카 들어가기 전에 먼저 구약만 개략적으로 강의해 달라고 부탁을 받았는데 출국 바로 전주에 신약 전체의 맥을 부탁받고 은혜 중에 마쳤다.

그런데 그 강의 마지막 날 스리랑카를 위해 70명이 중보기도자로 헌신하기로 결단하고 그 중 14명이 정기후원을 약속하셨다. 나는 선교를 결심하면서 헌금을 구걸하지 않기로 주님께 기도했다. 주신만큼 사용하겠다는 원칙하에 어디서도 헌금을 이야기하지 않았는데 통통강의 주강사님께서 강의 중에 말씀하셔서 특별헌금까지 모금하여 목돈을 만들어주셨다. 그 헌금을 받으면서 나는 몸둘 바를 모르겠다는 말을 실감했다.

나는 다른 사람의 도움을 받는 일이 익숙하지 않았다. 중보 기도팀을 꾸려서 오랫동안 기도했지만 나를 위해 한 적은 한 번도 없었다. 외국으로 선교를 갈 때도 항상 자비량 선교를 원칙으로 했기 때문에 어디를 가든 우리가 가진 돈을 털어서 헌금을 하고 왔다.

전도 간증을 할 때도 강사료도 받지 않았다. 처음 전도 간증을 나갈 때 느헤미야 5장 14절 "또한 유다 땅 총독으로 세움을 받은 때 곧 아닥사스다 왕 제이십년부터 제삼십이년까지 십이 년 동안은 나와 내 형제들이 총독의 녹을 먹지 아니하였느니라" 말씀을 큐티하며 느헤미야가 총독으로 재직하는 동안 녹을 받지 않았던 그 원칙을 지키기로 서원했다.

그래서 한국에서 사역했던 교회 뿐 아니라 간증 간 교회에서도 사례비를 고사했다. 전도자가 돈을 받고 전도하는 법은 없기 때문이다. 전도할 때 내 물질과 땀의 헌신으로 전도했기 때문에 전도 집회에 갈 때도 한 영혼을 일으켜 세워 또 하나의 전도자가 세워지기 원하는 심정으로 강단에 섰기에 강사료를 받을 수가 없었다.

그래서 더 주님께 배짱이 있었는지도 모르겠다. 혹 내가 주님께 심은 게 있다면 주님께서 또한 더 베풀어 주실 줄 믿기에 내 입으로 헌금을 부탁하는 일은 삼갔다.

그래서 나는 항상 주기만 하는 자라고 생각하고 내가 가진 것을 돌아보며 어떻게 하면 도움을 줄 수 있을까만 생각하며 살았는데 이 일을 통해 주님은 내가 진정 받은 자라는 것을 알게 하셨다. 그리고 선교는 내가 가진 자원이 아니라 주님이 주시는 은혜로 해야 한다는 것, 그래서 사랑에 빚진 자로서 내가 받은 은혜를 더 많은 이들과 나누겠다는 마음으로 선교를 떠날 수 있도록 내 마음을 낮추시고, 감사와 사랑으로 가득 채워주셨다.

그뿐 아니다. 13년 간 스리랑카 사역을 하고 돌아오신 선교사님 부부를 맥강의로 인도하셔서 스리랑카에서 사역을 할 때 콜롬보에 있는 두란노 국제학교와 두란노 바이블칼리지 신학교와 협력할 수 있는 길도 열어주셨다. 뜻하지 않은 주님의 손길을 느끼면서 나는 스리랑카에 혼자 가는 게 아니라 주님은 물론이고 통통가족의 중보 기도자들과 동행한다는 것을 확신했다.

스리랑카에서의 모든 사역은 이미 예비해 놓으셨을 거라는 믿음으로 출국하던 날, 주님은 내 마음에 걸렸던 한 가지마저 깨끗하게 해결해주셨다. 둘째 혜신이가 여성 관련 암 검사를 받았는데 결과가 좋지 않아서 약물치료를 한 후 다시 한 번 결과를 보자고 했던 날이 스리랑카로 떠날 시기와 맞물렸었다. 병원에 계속 연락을 했지만 연결이 안 되다가 결국 공항에서 의사와 통화가 됐다. 감사하게도 모든 수치가 정상으로 돌아왔다고 했다. 그 말을 듣는데 마치 주님께서 내 어깨를 두드리며 "네 자녀는 내가 돌볼 테니 모든 문제를 내게 맡기고 주의 길을 가라"라고 말씀하시는 것 같았다.

불교 성지중의 성지, 폴로나루와로

남편은 한국인 뿐 아니라 외국인도 하나 없는 스리랑카 폴로나루와라는 지역에 배치 되었다. 불교국가 안에서도 생소한 불교성지 지역에 우리는 여장을 풀었다. 스리랑카는 중국이나 에콰도르와는 전혀 다른 분위기였다. 불교행사를 위해 매달 15일을 공휴일로 정할만큼 불교문화가 뿌리박혀 있는 사회였다. 그중에서도 내가 살던 폴로나루와는 불교성지였기 때문에 어떤 선교사도 들어올 수 없는 지역이었다. 목탁 두드리는 소리에 잠이 깨고 온 종일 붉은 승복을 입은 승려들을 볼 수 있는 곳이었다.

다행히 20분 거리에 장로교회가 있어서 주일에 예배를 드릴 수 있었다. 나는 그것만으로도 감지덕지했다. 폴로나루와에 도착한 첫 주 주일 예배에 참석만 했다. 나는 싱할라어를 전혀 몰랐고 교회에는 영어를 할 수 있는 사람이 없었기 때문에 그들이 예배하는 모습을 보고만 왔다. 그러면서 감사한 마음보다 슬그머니 의구심이 들었다. 스리랑카의 수도인 콜롬보가 아니더라도 캔디나 그 밖의 수도권 지역에만 가도 선교사들이 많이 계신데 주님은 왜 이렇게 멀리 수도에서 7시간이나 떨어진 먼 곳에 우리를 뚝 떨어뜨려놓으셨을까?

폴로나루와는 불교성지로 불상의 동네이기에 가끔 방문하는 관광객을 제외하고는 외국인을 볼 수 없는 시골 오지였다. 그러다보니 그 지역 사람들에게 나는 동물원의 원숭이처럼 신기한 존재였다. 나의 일거수일투족이 화제에 올랐고, 주일에 교회에 가면 그간 내가 무슨 일을 했는지 성도들이 다 알고 있었다. 처음에는 그 호기심을 이용해서 전도지를 전하며 사람들에게 복음을 전했다.

그런데 다음날 곧 승려의 손에 내가 전해준 전도지가 전해지고 전도한 가정이 단속을 당하면서 나의 정체가 드러날 위험에 처했다. 불교 성지라서 그런지 폴로나루와의 기독교 박해는 엄청 심했다. 교회에 다니는 사람을 구타하고 협박하는 것은 기본이고 불교로 개종을 강요하며 사회에서 왕따를 시켰다.

그런 분위기에서 내가 선교사라는 것이 발각되면 곧 추방당할 게 뻔했다. 그때서야 나는 주님이 왜 나를 이곳에 보내셨는지 알게 되었다. 남편이 아니고서는 나 혼자 결코 이 땅을 밟을 수 없는 곳이었다. 폴로나루와에서 살 수 있었던 것은 내가 이 지역을 개발하기 위해 한국에서부터 온 전문가의 아내였기 때문에 가능한 것이었다.

남편은 지역개발을 주관하는 스리랑카 정부기관에서 일하고 있었는데 단순히 자문역할만 한 게 아니라 스스로 프로젝트를 구상하고 지원해서 정부 보조금을 따냈다. 그래서 그 지역의 숙원사업인 홍수방지 프로젝트의 일환으로 14km 둑을 건설하고 정비하는 일을 했다. 폴로나루와는 논농사를 짓는 농촌이었는데 11~12월의 우기 때마다 물이 범람하여 논밭은 물론 집까지 다 떠내려가는 난리를 겪었다. 그런데 정부보조금 3만 불로 홍수를 방지해 보겠다고 외국인이 나섰으니 지역주민들로서는 고마울 수밖에.

　장비도 변변치 않아 그 거대한 사업을 관청의 힘을 빌려 정부의 중장기를 무상으로 대여 받아 남편은 중장기 한 대와 주민연합회와 연합하여 함께 그 프로젝트를 진행했다. 그마저도 툭하면 고장이 나서 공사가 지연되기 일쑤였다. 출퇴근도 만만치 않은 고행이었다. 차가 들어갈 수 없는 시골 오지라서 대중교통을 이용해서 공사하는 가장 가까운 곳까지 간 후 걸어서 현장까지 찾아가야 했기에 더위가 심할 때는 완전히 녹초가 되어 일어나지 못 할 때도 있었다. 그래도 불평 한 마디 하지 않고 묵묵히 일하는 그 진심이 주민들에게 통했기에 남편의 일이라면 주민들도 발 벗고 나서서 도와주었다.

　그럴수록 나의 신분은 탄로 나지 않게 조심해야 했다. 그래서 직접 전도하려던 전략을 바꿔 현지 사역자를 도와 그들이 전도하는 것을 섬기기로 했다. 그러자 눈을 번쩍 뜬 것처럼 주위에 도움의 손길들이 보이기 시작했다. 더듬거리는 한국말이지만 한국에 취업을 다녀온 후 한국어를 할 수 있는 사람을 만나게 하셔서 간단한 통역과 싱할라어 공부를 돕게 하셨고 영어가 가능한 자매들을 만나 함께 일하게 하셨다.
　하지만 예배 중 말이 통하지 않아서 그들이 무슨 말을 하는지 대부분 이해할 수 없었고, 나 또한 말씀을 제대로 전하지 못했다. 하지만 주님은 내가 전혀 생각지 못 한 방식으로 일하게 하셨다.

스리랑카 교회에서는 매주 예배와 찬양 중 한 주 동안 받은 은혜를 나누는 간증의 시간이 있었다. 특별한 순서 없이 성령이 이끄시는 대로 사람들이 일어나 간증을 하는데 나는 그들의 표정만 보면서도 함께 박수치고 눈물을 흘리며 큰 은혜를 받았다.

그러기를 석 달 째 계속하는데 언젠가부터 사람들이 간증을 하면서 자꾸 나를 가리켰다. 알고 보니 여러 성도들의 꿈에 내가 나타나 기도해주어서 그 집이 악한 것으로부터 자유해졌고, 통증이 사라졌다는 것이다.

그 꿈을 꾼 사람들은 내가 예배시간에 안수 기도를 할 때면 주님께 온전히 자신을 맡기며 한 마음으로 기도했다. 나를 통해 역사하실 하나님을 꿈에서 미리 경험했기 때문에 확신이 생긴 것이다. 그런 일이 없었다면 이름도 모르는 낯선 나라에서 온 여인을 그들이 받아들였을까? 내게 기도를 받으려 했을까? 아마 나도, 기도 받는 것도 거부했을 것이다.

모든 것을 아신 하나님은 그들의 꿈에 나를 먼저 보이셔서 서로 신뢰하고 존중할 수 있도록 미리 일하신 것이다. 우리의 마음을 돌이키기 위해 주님은 어떤 것도 마다하지 않으신다. 그 열심 앞에 내가 무엇을 자랑할 수 있겠는가. 날마다 새 일을 행하시는 주님께 감사하며 폴로나루와를 위해 더 간절히 기도할 수밖에.

갈멜산의 대결-
불교성지에서의 두 한국 여인들

복음을 전하는 곳에서는 항상 일어나는 일이지만 폴로나루와에서는 유독 영적전쟁이 심했다. 그동안 겪은 것은 국지전이라고 할 만큼 폴로나루와는 사단의 세력이 강력했다. 사도행전에 나오는 에베소처럼 폴로나루와도 우상숭배 문화가 만연했다. 스리랑카가 황금시대를 구가했던 중세의 수도였던 폴로나루와는 불교와 과거에 갇혀 있었다.

그런데 '주의 말씀이 힘이 있어 흥왕하여 세력을 얻게' 되자 사단의 공격도 교묘해졌다. 희한한 것은 그 선두에 대한민국 여성두 명이 섰다는 것이다. 스리랑카에 도착한 이듬해 남편의 사무실에 일흔이 넘으신 한국인 여승이 방문했다. 그분은 예순이 넘어서 일본으로 건너가 승려가 되셨는데 신통력으로 일본 천황의 병을 고친 것으로 유명했다. 병을 고칠 뿐 아니라 심령을 꿰뚫어 보는 능력까지 있어 일본 불교계에서는 중량급 인사로 대접 받았다고 한다.

외국인이라고는 찾아 볼 수 없는 곳에 한국인이 있다는 소식을 듣고 일부러 남편의 사무실에 찾아왔다는 여승은 하필이면 우리가 교회를 건축하려고 하는 지역에 절 기도원(명상센터)을 지으려고 했다. 그것을 위해 6개월 전에 일본에서 스리랑카로 와서 산 속에 텐트를 치고 기도하며 준비해 오다 이제 착공을 앞두고 있다며 착공식에 스리랑카 대통령도 참석하니 남편에게도 시간이 되면 오라고 권했다고 했다.

듣고 보니 기가 막혔다. 한 지역을 두고 두 명의 한국여자가 각각 절 기도원과 교회를 세우려고 하다니 우연의 일치로 보기엔 너무나 절묘했다. 남편에게 그 얘기를 듣는데 갑자기 스리랑카에 오기 전에 주님께 받았던 말씀이 기억났다. 열왕기상 18장을 묵상하던 중 엘리야가 갈멜산에서 대결하는 말씀을 주시며 앞으로 갈 곳은 영적 격전지라고 알려주시며 무장하게 하셨다. 그곳이 바로 스리랑카이고 바로 이때를 위해 주님은 환상으로 나의 마음을 예비시켜 주신 것이다.

절 기도원을 지으려고 하는 그곳은 교회 짓는데 너무나 어려움이 많은 곳이었다. 불교가 완전히 장악한 곳이라 승려들이 수시로 가정교회를 공격했고, 공사가 조금이라도 진행되면 불을 질러버려 사람들이 접근하기조차 어려웠다. 날마다 첫 번째 기도제목으로 놓고 기도하던 곳이었는데 설상가상으로 여승의 소식까지 듣게 된 것이다. 말 그대로 사단의 궤계가 시작된 것이다.

그런데 마음이 오히려 차분하게 가라앉으며 담대함이 생겼다. 이 일을 위해 주님께서는 기도의 동역자들을 한국으로부터 부르셨기 때문이다. 공교롭게도 절 기도원 착공식 다음날 콜롬보에서 두란노 선교훈련중인 팀들이 필드트립으로 오기로 되어 있었다. 사단이 아무리 땅을 다지고 세력을 모아도 최후 승리는 주님의 것으로 이미 결판이 난 싸움이다. 내가 할 것은 선교팀과 함께 영적 격전지를 돌며 하나님의 나라가 더욱 확장되도록 전도에 힘쓰는 것, 그것뿐이었다.

절 기도원 착공식이 열린 지역을 심방하기에 앞서 나는 선교팀에게 영적전투에 대비하여 기도로 단단히 무장하고 오라고 당부했다. 가뜩이나 불교 세력이 강한 곳인데 절 기도원 착공식에 대통령 대신 그 아들이 참석할 정도로 인정받자 그 기세등등함은 이루 말할 수도 없었다. 그래서 긁어 부스럼을 만들지 않기 위해 선교팀이 방문했을 때 전도보다는 심방에 집중하고 주일은 치유예배로 드리기로 했다.

토요일 심방은 은혜 가운데 무사히 마쳤다. 차가 커서 마을 안까지 들어가지 못해서 걱정 했는데 마을 초입에 있는 집에 3-40명의 사람들이 와서 함께 예배드릴 수 있었다. 예배 가운데 치유가 일어나고 그 역사를 목격한 이들이 자연스럽게 복음을 받아들였다. 다리가 아파서 교회에 못 나온다던 60대 어르신이 기도를 받고 치유되자 성당에 다니던 며느리까지 교회에 나오겠다고 결단했다. 고통에서 벗어나게 하신 주님을 찬양하는 소리가 여기저기서 터져 나오면서 산 속 오지에 주님의 임재가 가득했다.

그런데 그 다음날 주일예배에서는 치열한 영적전투가 벌어졌다. 그날 예배에 낯선 사람 세 명이 교회에 왔는데 그 중 한 사람이 설교 도중에 목사님을 불렀고 동시에 그 옆의 여자가 괴성을 지르면서 발악을 하다가 쓰러졌다. 귀신들린 지 10년이 넘은 여자인데 최근에 축사 기도를 받고 귀신이 나갔다가 다시 들어와서 증상이 심해졌다고 했다. 열 번도 넘게 남편을 죽이려고 달려들어서 참다 못한 남편이 물어물어 아내를 교회로 데리고 온 것이다.

다 같이 한 마음으로 주님께 한참을 기도하자 귀신이 쫓겨 나갔다. 그래서 그들 부부가 배와 손목에 차고 있던 사단과 관계된 줄들을 끊어내고 주님을 영접할 수 있도록 현지 사역자가 설명하고 있는데 또 괴성이 들리면서 그 교회 성도인 남자분이 쓰러졌다. 그 남자도 사단에게 종종 사로잡혀 고통을 겪었지만 그날처럼 심하지는 않았고 기도하면 그냥 나가는 순한 남자였는데 그날은 여자에게서 나간 귀신이 그 남자를 공격하여 악이 극도로 발했다.

그 남자분도 다 함께 기도하자 얼마 되지 않아 사단이 힘을 잃고 나갔는데 또다시 영접기도하고 있던 여자의 처소로 귀신이 들어가 그 여자를 죽이려 들었다. 귀신은 시멘트 바닥에 여자의 머리를 찧고 비틀리게 하여 죽일 심산인 듯 보였다. 하지만 한참 기도를 계속하자 여자도 다시 거품을 물고 축 늘어졌다.

두 사람이 번갈아 괴성을 지르고 쓰러지기를 수차례 반복하면서 얼굴은 흙빛으로 변하고 온몸에 물기가 졌다. 고통이 역력한 표정을 보니 안쓰러운 마음에 기도가 절로 나왔다.

"더러운 귀신이 더 이상 두 사람을 장악하지 못하도록 주님 지켜주옵소서!"

그리고 그들이 어떤 반응을 보이건 상관하지 않고 계속해서 그들의 귓속에 대고 "예수 그리스도의 이름으로 물러가!"라고 명령했다.

한 사람에게서 귀신이 나가면 다른 사람에게 들어가고, 서로 들락거리기를 두 번 되풀이하다가 갑자기 남자가 구토를 하기 시작했다. 여자도 헐떡거리던 숨을 고르게 쉬기 시작했다. 한 시간 여 동안 사투를 벌인 끝에 귀신이 완전히 나갔다.

사실 여기서부터가 중요하다. 귀신이 나간 후에 더 마음을 정결케 하고 주님만을 섬겨야 하는데 그렇지 못할 경우 사단은 더 많은 세력을 몰고 와 영혼을 또 사로잡는다. 그래서 주일 성수를 강조하면서 예배를 삶의 중심에 두라고 했지만 잘 실천될 지는 미지수였다. 교회가 멀어서 새벽예배도 드리러 올 수 없는데 어떻게 신앙생활을 해 나간단 말인가.

다음날이 되어도 여전히 마음이 무거웠다. 새벽예배를 드리러 가는 길에서도 악령에 시달리던 형제자매의 모습이 뇌리에서 떠나질 않았다. 그들의 비통함과 아픔이 생생하게 느껴졌다. "주님 다시는 악한 것들이 그들을 만지지도 못하게 해 주세요. 고통에서 완전히 자유해지도록 도와주세요." 교회에 오는 내내 사단에 사로잡혔던 이들을 위해 기도하는데 교회에 도착하여 문 앞에 섰는데 갑자기 환상이 펼쳐졌다.

어제 영적전투를 했던 교회 안의 그 장소에서 귀신들려 고통 받고 절규하는 사람들 옆에 그들과 비교할 수 없을 정도로 크신 예수님이 교회를 넘어서 우뚝 서 계셨다. 어제 그 일로 인하여 교회의 그 자리에 앉아 기도하는 게 고통스러울까봐 주님께서는 사단의 모습과 현상이 아닌 그 속에서 역사하고 계시는 주님만 바라보도록 그 환상을 보여주신 것이다.

주님은 늘 그러셨다. 내가 힘들고 고통스러울까봐 상상할 수 없이 크신 주님의 모습을 보여주시며 주님만 바라보며 나가도록 내 평생의 온전한 동역자가 되어주셨다. 우리가 고통 중에 있을지라도 주님께서 감싸 안고 계시는 한 염려할 것이 없었다. 어떤 상황에서도 주님은 우리를 포기하지 않으시니까. 그 주님을 뵈옵고 감사함으로 다시금 주님 앞에서 기도로 나아가게 하셨다.

선교팀은 3박4일의 일정을 마무리하고 돌아갔지만 그 한국여승이 절수도원을 짓고 있는 동안 영적격전의 기도는 몇 달간 계속되었다. 그 여승은 남편이 건축과 도시계획 전공인 줄 알게 된 후 몇 번 더 자문을 구하기 위해 만나자고 요청을 했는데 남편이 아내가 기독교 목사라고 신분을 밝히자 그 후에는 소식을 끊었다.

하지만 그분은 여전히 절 수도원을 지으려고 하는 곳에 텐트를 치고 몇 달 동안 기도를 하셨다. 그리고 그 절의 주지스님이 자신의 방을 내주어 기거하면서 기도를 계속하셨다. 이후 소식이 끊기면서 그 여승의 근황을 알지 못했는데 지인으로부터 전해들은 바로는 여승의 딸이 암에 걸려 돌보기 위해 폴로나루와를 떠났다가 다시 돌아와서는 자금 문제로 스리랑카 분들과 불화가 생겨서 절 수도원 짓기를 포기하고 떠나셨다고 했다. 반면 그 대립과 핍박의 어려움 속에서도 주님의 교회는 주님이 친히 행하셔서 6개가 완성되어 갔다.

할렐루야! 주님께선 이렇게 명쾌하게 기도의 응답을 주셨다. 누가 주님의 행하시는 지혜를 따를 수 있으리요. 주님께서 주님의 방법대로 주님의 일을 행해가시니 이를 목격하며 사는 우리가 어찌 주님을 찬양하지 않을 수 있으랴.

땅을 요동케 하는 주님 -교회건축을 시작하다

스리랑카에서의 모든 만남이 귀하지만 그 중 하나님께서 폴로나루와의 복음을 위해 특별히 예비하신 사람들이 있었다. 바로 수지 부모님이시다. 복음의 불모지였던 폴로나루와에서 예수님을 처음 영접한 1세대 신앙인으로 어느 복음전도자를 통해 복음을 전해 듣고 개종하였다. 수많은 핍박과 고난 속에서도 믿음을 지켜온 그분들은 자신의 집을 예배의 처소로 내놓아 폴로나루와에서 예배가 끊어지지 않도록 그 맥을 지켜왔다.

그러다 아들 띠론이 한국에 근로자로 파견되어 일해서 번 돈으로 집을 짓게 되자 거실을 넓게 만들어 그곳에서 예배를 드렸다. 그리고 가정교회에서 폴로나루와 사역자가 거의 다 배출되는 역사가 일어났다. 가정교회에서 수년 간 예배를 드리다가 나간 사역자들은 폴로나루와 곳곳에 교회를 개척하여 열매를 맺었다.

동시에 가정교회 역시 부흥하여 거실의 예배처소가 비좁아지자 수지 부모님은 마당을 헐물하여 그곳에 예배당을 지었다. 그분들의 손길이 곳곳에 닿아있는 예배당, 그곳이 바로 내가 폴로나루와에서 출석했던 현지인 교회(four square church)다.

기꺼이 한 알의 밀알이 되어 폴로나루와의 척박한 땅에 떨어져 많은 열매를 거둔 수지 부모님은 선교사로 온 내게도 부모님과 같이 극진한 사랑을 베풀어 주셨다. 한 지역을 복음화시키는 기수가 된 노부부의 삶은 공명하는 소리굽처럼 깊은 감동을 자아냈다.

그곳에서 내게 감명을 준 또 한 분은 샨떠 목사님이다. 수지 부모님이 폴로나루와에 복음의 씨를 심었다면 샨떠 목사님은 그 씨가 잘 자라도록 열심히 물을 주고 가꾸는 분이었다. 청년 시절에 예수님을 영접한 샨떠 목사님은 20년 간 눈물로 그 땅에 복음의 씨를 뿌리고 있었다. 온종일 자전거로, 오토바이로, 나중엔 털털거리는 작은 차를 주셔서 그 일대를 전도하고 심방하는 게 샨떠 목사님의 일과였다. 무릎으로 기도하고 발품 팔아 전도하는 주님의 일꾼을 스리랑카에서도 가장 사단의 세력이 강한 폴로나루와에서 만난 것이다.

처음에는 말이 통하지 않아서 목사님의 사역을 잘 알지 못했는데 새벽기도를 함께 섬기면서 차츰 전도사역에 대해 알게 되었다. 서로 소통하기 위해 나는 싱할라어를 독학해서 반 년 만에 간단한 이야기는 주고받을 정도가 되었다. 그러자 목사님은 내게 전도심방을 함께 가자고 하셨다. 말은 통하지 않지만 성령은 하나시니 반드시 구원의 역사를 일으켜 주실 거라는 말에 나도 흔쾌히 기도의 동역자로 전도심방에 나섰다.

폴로나루와 지역 일대를 심방하는 건 육체적으로는 고된 일이었다. 어깨를 겹쳐 앉아도 비좁은 자동차 뒷자리에 앉아 비포장도로를 달려서 겨우 목적지에 도착하면 그때부터 마을을 찾아 걸어들어 갔다. 같은 정글이라도 에콰도르와 스리랑카의 풍광은 전혀 달랐다. 수도에 살았기에 장엄하면서도 아름다운 모습만 보여주었던 에콰도르와 달리 스리랑카의 정글은 삭막하고 위험했다. 또한 빈곤하기 짝이 없는 살림에 다들 몸도 성치 않았다. 집집마다 자리보전하고 누운 환자가 한 명씩은 있었다.

무엇보다 사단의 영에 사로잡혀 고통을 겪고 있는 사람들이 너무 많았다. 돌아가신 어머니가 자신을 놓아주지 않겠다고 밤마다 꿈에 나와서 머리가 깨지듯 아프다고 데굴데굴 구르는 사람, 귀신이 들려 장정 대 여섯 사람이 달려들어 붙들어도 감당하지 못할 정도로 포악해지는 여자, 원인도 모르는 병에 걸려 시름시름 앓고 있는 노인 등 집집마다 사단의 올무에 빠져 있는 사람이 수두룩했다.

하늘의 절대적 도움 없이는 살아갈 수 없는 그들을 위해 주님은 강한 치유의 역사를 펼치셨다. 안수하는 손에 능력을 더하셔서 예수의 이름으로 귀신을 쫓아내고, 병마를 물리쳤다. 간절한 기도 중에 살 길이 열려 너무 가난해서 아이를 입양시키려던 가정에서 아이를 포기하지 않아도 되는 기적도 일어났다. 날마다 예배 중에 초자연적인 역사가 일어나다보니 점점 예배를 사모하는 사람들이 늘기 시작했다. 능력으로 그들을 만나주신 하나님께서 스리랑카 사람들의 마음속에 구원에 대한 소망을 심어주신 것이다.

'어떻게 저런 상황에서 찬양할 수 있을까?' 할 정도로 척박한 삶 속에서 그들은 복음을 받아들이며 삶을 변화시켜 나가고 있었다. 그들은 찢어지게 가난한 중에도 주의 종을 극진하게 섬겼다. 호수에서 물고기를 잡아 근근이 살아가고 버섯을 키우고 닭을 길러 빠듯하게 살아가는 이들에게 여분의 양식이란 없다.

그런데도 심방을 가면 어느 집을 가도 항상 상을 차려냈다. 손으로 먹어야 하는 카레밥에 소박하기 그지없는 밥상이지만 그것은 그들의 전부였다. 흙벽이 내려앉아 바람이 술술 들어오고 양철지붕에 구멍이 뚫려 비가 새는 집에 살면서도 그들은 자신을 찾아준 목회자를 위해 자신들의 한 끼를 양보했다.

어떤 집은 홍수로 닭이 스트레스를 받아 알을 낳지 않는다며 기도해 달라고 간청해서 서로 손을 맞잡고 간절히 기도해주고 나오는데 계란을 종이에 둘둘 말아서 옆구리에 찔러 주었다. 닭을 키워 먹고 사는 그들에게 남아있던 계란 전부를 사역자에게 준 것이다.

가난하다고 더 움켜쥐지 않고 자신의 전부를 내어주는 그들을 보며 '주님, 이들을 도와주세요'라고 기도하지 않을 수 없었다. 하지만 내가 할 수 있는 일은 너무나 적었다. 설사 한국에서 도움을 받아 가난한 사람들을 돕는다 해도 그것 역시 한계가 있었다. 빵과 구원사역이 함께 이루어져야 하는데 어떻게 해야 할 지 답답했다. 그런데 기도를 하면 할수록 그들에게 필요한 것은 예배할 거처라는 생각이 강하게 들었다.

샨떠 목사님이 복음의 씨를 뿌린 지 20년이 되었는데도 심방하는 두 시간 거리의 지역에는 교회가 없었다. 교회를 지으려고 하면 어떻게 알았는지 승려들이 몰려와 공사 중인 건물을 때려 부수고 공사를 다시는 못하게 협박했기 때문에 교회 건축을 제대로 마칠 수가 없었다. 어떤 곳은 땅만 다져놓고 어떤 곳은 지붕을 올리다가 공사가 중단됐다. 지역 주민들은 물론 승려들까지 나서서 교회를 짓는 일을 방해하다 보니 건축기간도 오래 걸리고 비용도 몇 배로 들어서 공사 중간에 포기한 곳도 여럿 있었다.

그것을 볼 때 내 가슴이 무너졌었는데 주님은 얼마나 아프셨을까. 바로 그 일을 위해 주님은 나를 이곳에 보내신 것이 아닐까. 짓다 만 교회를 완성시키고, 십자가를 세우기 위해 선교사가 발도 못 들여놓는 불교성지에 나를 지역개발 전문가의 아내 자격으로 들어

오게 하셨다는 생각이 강하게 들었다. 할 일이 분명해지자 힘이 솟았다. 동시에 어떻게 도와야 할 지 막막했다. 당장 슬레이트 33개만 사주면 지붕을 얹을 수 있는 곳도 있고 벽돌만 사줘도 건축을 완성시킬 수 있는 곳도 있었다.

또 가정교회에서 예배를 드리다가도 예배처소를 제공한 주인과 의견이 엇갈리면 어처구니없게 공든 탑이 무너지듯 교회가 공중분해 되는 곳도 있었기에 불교와 대항하기 위해서도, 이처럼 가정교회가 무너지는 것을 막기 위해서도 예배당이 세워지는 것은 시급한 일이었다.

하지만 단순히 돈으로 돕는 것은 의미가 없었다. 교회를 다 지어서 예배를 드리다가도 승려나 지역 주민들의 공격을 받으면 하루아침에 무너져 버리는 게 스리랑카 교회의 현실이었다. 사회적 고립과 핍박 속에서도 신앙을 목숨처럼 지키겠다는 믿음 없이 교회만 지어봤자 쉽게 허물어질 게 뻔했다.

그래서 그 지역의 사역자들을 만나 교회건축이 꼭 필요한 곳을 먼저 선별했다. 내가 생각하기에 예배의 처소가 필요한 곳은 일단 교회가 훼파되지 않고 부흥해 갈 수 있는 곳이어야 했다. 그러기 위해서는 목숨 걸고 헌신하는 준비된 사역자와 기도하고 전도하는 성도들이 있어야 하고, 교회를 짓기 위해 토지 등을 헌신해야 하며 건물은 없더라도 가정에서라도 예배를 드리고 있는 공동체여야 한다고 기준을 명확히 했다.

몇 달에 걸쳐 이 조건을 충족하는 5군데를 선별하고 교회를 건축하기로 결정했다. 하지만 교회를 짓기 전에 먼저 해야 할 중요한 과업이 있었다. 교회 건축이 이곳 스리랑카 성도들에게 복이 되고, 새 생명이 탄생하는 전도의 도화선이 되려면 그들 자신의 힘으로 예배의 처소를 마련해야 하고, 벽돌을 굽든 나무를 잘라 지붕을 잇든 자신들의 땀과 피로 교회를 지어야 그들의 교회가 된다.

그런데 스리랑카 사람들의 마음에 그런 각오가 없었다. 물질적 후원을 당연하게 생각하는 이들이 생각보다 많았다. 자신들은 가난하니 부자 나라로부터 도움을 받겠다는 기대심리가 상당히 컸다. 그런 마음가짐으로 교회를 지으면 결국 건물만 남는다. 선교사를 물주로 생각하는 교인들은 바라는 게 점점 많아지고, 그것을 충족시켜주지 못할 때 갈등과 반목이 생기면서 교인들이 흩어져 버리는 경우가 많다. 선교지에서 종종 생기는 안타까운 광경이다.

그런 전철을 밟지 않으려면 사람들의 마음을 먼저 다져야 했다. 말씀으로 깨어져 하나님을 만나야만 진정한 믿음의 사람이 될 수 있다. 그래서 사역자들과 교회 리더들을 대상으로 맥성경 공부를 시작했다. 창세기부터 요한계시록까지 성경을 통으로 읽으면서 주님이 말씀하시는 진정한 복의 의미를 다시 되새겼다.

이들에게 있어서 예수님이 주시는 복은 세상의 복과 일치했다. 예수를 믿어야 병이 낫고 살 길이 열린다고 굳게 믿었기 때문에 어려운 중에도 교회를 나왔다. 하지만 그 신앙만으로는 우상세력이 만연한 곳에서 믿음을 지킬 수 없었다. 요한계시록의 결론인 믿음다운 믿음을 지키기 위해서는 축복이 우선이 아닌 순교를 각오하는 믿음이 필요했다.

맥성경 공부를 하면서 나는 복음에 목숨을 건 신앙을 강조하며 바로 그 믿음을 갖고 스스로 교회 건축을 준비하자고 했다. 주님이 나의 입을 열어 그들에게 외치게 하신 그 말이 젊은 청년들의 가슴에 떨어져 열매를 맺었다. 교회 리더들을 중심으로 기도 모임이 일어나기 시작했고, 교회 건축을 위해 물질과 시간을 내놓았다. 처음에 기도했던 대로 한국 교회는 기본 건축 재료만 제공하고 스리랑카 교인들이 교회를 지을 땅과 노동력을 제공하여 교회건축이 스리랑카 교인의 헌신으로 이루어질 수 있게 되었다.

교인들의 열성과 기도로 교회 건축의 진행 과정도 순조로웠다. 한 군데를 제외하고는 지붕을 올리기 전까지 모든 일이 일사천리로 진행됐다. 그 정도 속도면 두 달 안에 교회를 지을 수 있을 거란 기대를 안고 다들 열심히 일을 했다. 그런데 지붕을 올릴 때쯤 되니 주변에서 공격해 오기 시작했다.

먼저, 군인과 경찰, 공무원이 수시로 찾아와 공사한 것을 때려 부쉈다. 그래도 공사를 계속하니 법원에서 벽돌 한 장도 얹지 못하도록 공사 중지 명령을 내렸다. 그 명령은 땅 주인이 받게 되는데 그때부터 지루한 싸움이 시작됐다. 땅 주인이 포기하고 항복하면 그만이지만 끝까지 공사를 하겠다고 버티면서 법적 투쟁을 계속하면 결국 법원도 이기지 못했다. 하지만 그 과정이 쉽지 않고 어렵기 때문에 그야말로 순교를 각오하지 않으면 할 수 없는 일이었다.

어떤 곳은 승려들의 공격이 너무 심해서 교회 부지를 알아보지도 못했다. 그 근처에 불교계에서 신령하게 여기는 큰 절이 있어서 유독 방해가 심했는데 나중에는 콜롬보에서부터 승려들이 대거 몰려와 집집마다 찾아다니며 공격했다. 사람들이 모여 예배드리는 가정을 급습하여 "계속 주일에 예배를 드리면 가족들을 다 죽이겠다"고 협박해 사람들을 두렵게 하기도 했다.

그 위협은 나의 것이기도 했다. 오지를 돌면서 교회 건축을 주관했던 나 역시 위험하긴 마찬가지였다. 얼마나 분위기가 흉흉했던지 샨떼 목사님마저도 내가 시골에 가는 것을 말렸을 정도였다. 하지만 순교를 각오해야하는 건 스리랑카 사람들만이 아니었다. 나 역시 주님을 전해야 할 사명이 있기에 목숨 걸고 오지를 찾았다. 스카프로 얼굴을 다 가리고 긴 팔 옷으로 피부색을 감추고 함께 한 분들이 내 앞뒤를 막아 나를 숨겨주었다. 시골에서는 쥐도 새도 모르게 저격을 당해 죽을 수도 있기 때문이다.

지금 생각하면 등골이 오싹하지만 그때는 무서운 줄도 몰랐다. 오히려 하나님께 감사했다. 말씀이 사람들의 마음을 감화시키니 사단이 요동을 치는 것이었다. 하나님의 말씀이 우리 안에 있는 한 어떤 악한 세력도 우리를 상하게 할 수 없다는 것을 확신했기에 기뻠으로 오지를 다니며 교회 공동체들을 섬길 수 있었다.

핍박을 당할수록 교회 공동체는 더욱 공고해졌다. 공격을 받은 교회들마다 금식하며 기도했고, 말씀 앞으로 나아갔다. 주님은 부족한 기도를 고난을 통해 채워가셨다. 기도를 해야 어떻게 주님께서 새 역사를 써 내려가시는지 똑똑히 알 수 있기에 나는 주변의 반대가 심할수록 감사했다. 더 놀라운 것은 그 어려운 중에 전도의 열매가 맺어졌다는 것이다. 교회 건축만이 아니라 새 신자들이 찾아왔다. 그것도 가족단위로 찾아와 한 번에 10명 이상 새 생명을 탄생시킨 곳도 있었다.

폴로나루와는 불교성지인데다 콜롬보에서 뚝 떨어져 있는 외진 곳이라 전도하기가 어려웠다. 폴로나루와 지역 사람들도 그곳은 불교성지라 수도 콜롬보에서 100명이 전도되는 것보다 그곳에서 한 명 전도하기가 더 어렵다고 할 정도였다. 그런데 주님께 의지하여 교회를 세우겠다는 열망이 생기고 어려운 핍박이 오자 기도로 극복하며 말씀을 공부하면서 마음이 뜨거워져서 순교를 각오하고 나가자 오히려 생명들이 붙어지는 역사가 이루어진 것이다. 기도를 통해 주님의 역사하심을 경험하는 자들은 어떤 환경에서도 담대해질 수 있다. 그것만이 사람을 변화시킨다. 환난 가운데 하나님을 만난 스리랑카 교회 공동체는 기도와 말씀으로 믿음의 반석을 굳게 세워나갔다.

주님이 원하셨던 교회는 바로 그 믿음이 아니었을까. 비가 오고 물 나며 바람 부딪혀도 흔들리지 않는 굳센 믿음, 그 믿음을 소유하자 주님은 순차적으로 교회 건축을 해결해주셨다. 나무 아래에서 예배를 드려서 '나무아래 교회'라는 별명을 가졌던 교회 공동체는 땅을 기증한 가족의 목숨 건 헌신으로 법적 투쟁에서 승리하여 공사 중지 명령이 해지되었고, 지붕을 올리다가 두 번이나 승려들의 공격을 받은 바까무나교회도. 결국 건축을 완성했다.

그렇게 어려움을 기도로 극복해나가면서 스리랑카 교인들은 6군데에 예배의 처소를 마련했다. 보통 교회를 세우는데 기천 만원이 드는데 폴로나루와에서는 10분의 1에 해당되는 헌금만으로 교회를 지었다. 더 감사한 것은 그 교회가 스리랑카 교인들에 의해 세워졌을 뿐 아니라 자립하는 교회로 온전히 세워졌다는 것이다. 주님은 복음으로 그 땅을 소동케 하셨고, 지축을 흔들어 우상의 세력을 떨쳐내고 마침내 주님의 교회를 세워 가셨다.

제5부

주님의 순결한 신부로

선교의 결과가 암이라고요?

불교의 성지 스리랑카에서 주님은 2년 여 동안 많은 일을 행하게 하셨다. 청소년들에게 한국어를 가르치게 하셨고, 6개의 교회를 건축하게 하셨으며 또 한 교회에 공부방을 마련해주셔서 전도의 도구로 사용할 수 있게 해 주셨다. 또한 결손 가정에 학용품비를 매월 지급하고 아이들에게 장학금을 줄 수 있는 손길을 허락하셨으며 불우한 가정에 조그마한 집을 돕도록 지원하는 등 교회 사역을 확장시켜 주셨다.

남편 또한 혼신의 힘을 다해 둑 공사에 매달려 일한 덕분에 16 킬로미터나 되는 둑을 건설하는 대역사를 마치고 한국에 돌아올 수 있었다. 둑을 건설한 지역은 홍수 범람 지역으로 해마다 홍수가 나면 물에 잠기는 곳이었다. 그런데 한국 정부로부터 지원을 받아

14킬로미터로 예정했던 둑을 2킬로미터 연장하여 건설했으니 일은 고됐지만 남편이나 나나 마음은 뿌듯하고 자랑스러웠다.

스리랑카 사역을 마치고 한국에 돌아오자마자 집안에 경사가 겹쳤다. 두 딸 모두 미국에 있었는데 둘 다 미국 시민권자인 한국 청년들과 교제하여 큰 딸이 2014년 12월에 결혼하고 이듬해 2월에 작은 딸도 결혼했다. 두 사위 모두 믿음 위에 굳게 서있고, 주님 나라를 위해 살겠다고 결단한 귀한 믿음의 청년들이었기 때문에 진심으로 주님께 감사했다. 복음을 전하기 위해서는 항상 주님의 임재를 경험하며 말씀을 살아내야 하는데, 두 사위 모두 그런 청년들이었다. 두 딸을 위해 주님께서 예비해주신 배필을 보며 이제 부모로서 내가 해야 할 일은 다 마쳤다는 생각이 들었다.

이제는 정말 선교에만 집중하며 사역할 수 있겠다고 기뻐하는 순간 마음이 와르르 무너지는 일이 생겼다. 남편이 중병에 걸린 것이다. 한국에 오자마자 큰딸 결혼식을 준비하느라 정신이 없는데 남편이 자꾸 어지러움과 복시현상이 생긴다며 힘들어했다. 심각한 정도는 아니라고 해서 우리가 너무 더운 나라에 있다가 와서 몸이 우리나라 가을 날씨에 적응하면서 생기는 일시적인 증상이라 생각하고 결혼 준비에만 전념했다.

그런데 식을 올린 후에도 남편이 계속 몸이 좋지 않다고 해서 병원에 가서 검사를 받아 보니 뇌종양이었다. 그것도 다른 암에서 전이된 다발성 뇌종양이기 때문에 빨리 큰 병원으로 가보라고 해서 다음날 서울대학병원에 가서 조직검사를 해보니 원발은 그것도 폐암 말기, 이미 다른 쪽 폐와 림프, 다발성 뇌종양으로 전이가 되어 6개월 정도 생존가능성이 있다고 했다.

살면서 우여곡절을 겪었다고 생각했지만 남편의 암 선고처럼 거대한 풍랑은 없었다. 그 앞에서 나는 속절없이 무너졌다. 머리가 하얗고 마음이 캄캄했지만 슬퍼할 겨를조차 없었다. 의사는 암 표적 방사선 치료를 권했고 우리는 입퇴원을 반복하며 검사와 시술을 반복해서 받고 결국 3시간에 걸쳐 뇌에 감마나이프 시술을 받았다. 그리고 며칠이 지나자 거짓말처럼 통증이 사라졌고 일상을 살아갈 수 있을 만큼 건강이 회복되었다. 그렇다고 암이 사라진 건 아니었다. 잠시 뇌의 급한 불을 껐을 뿐 종양은 여전히 남편 몸속에서 자라고 있었다.

둘째 딸의 결혼식까지 무사히 마치고 우리 부부는 춘천에 있는 요양원으로 거처를 옮겼다. 그리고 둘째 딸을 미국으로 보내려 준비하던 중 나는 잠시 틈을 마련하여 천보산 기도원으로 향했다. 남편의 암 선고를 들은 그때부터 머릿속에서 떠나지 않은 의문을 해결하기 위해서였다. "대체 왜 이런 일이 일어났는지?" 아무리 기도하고 생각해도 이유를 알 수가 없었다.

나도 모르게 중대한 범죄를 저지른 건 아닌지, 스리랑카 사역을 하면서 주님의 마음에 합하지 못했던 것은 없었는지, 아니면 스리랑카 사단의 공격인지, 스리랑카 선교를 다녀온 직후에 발견된 병이라 더욱 해석하기가 어려웠다. 질문은 솟구치는데 답은 어디에도 없었다. 결국 주님과 독대하여 이 문제를 해결하려고 천보산 기도원으로 향한 것이다.

예배의 자리에 앉으니 회개가 터져 나왔다. 내가 머릿속으로 궁금해 하던 죄목이 생각나 회개가 시작된 것이 아니라 인간 자체가 주님 앞에 설 수 없는 죄 덩어리임을 다시 깨달으면서 나는 몸부림치며 회개하기 시작했다. 얼마나 몸부림치며 기도를 하다 허리를 삐끗했는지 아니면 주님께서 야곱처럼 환도뼈를 치셨는지 갑자기 허리에 통증이 엄습했다. 조금만 움직여도 비명이 나올 정도로 통증은 심했다. 예배당 뒤에 서서 기도를 하다가 허리를 두 동강 내는 것 같은 아픔에 그대로 엎드려 누웠다.

새벽을 맞도록 꼼짝할 수가 없어서 그 자리에 누워 있다가 겨우 일어섰는데 한 발자국도 내딛기가 어려웠다. 그런 상태로 기도를 계속한다는 건 무리였다. 주님께 응답받지도 못했는데 그대로 내려가야 할 상황이었다. 결국 둘째에게 상황을 설명하고 데리러 오라고 전화를 한 후에 딸을 기다리는 동안 예배당 뒤편에 엉거주춤하게 서서 예배를 드렸다.

예배를 통해 말씀은 소낙비처럼 나를 적시는데 주님은 여전히 응답하지 않으셨고, 허리 통증은 점점 더 심해졌다. 아무리 생각해도 그냥 내려갈 수는 없었다. 이미 딸은 나를 데리러 와서 빨리 병원에 가자고 성화를 부리고 있었는데 내 마음엔 '죽으면 죽으리라!'

는 각오가 섰다. 그래서 끝까지 주님만 의지하고 예배를 드리겠다고 결단하고 딸을 내려 보냈다.

수요일에 시작된 통증은 금요일 낮 예배 때까지도 여전했다. 그런데 그때 마태복음 4장 '시험받으신 예수님'의 말씀이 내 가슴에 새겨지면서 이 모든 것이 시험이라는 확신이 들었다. 그리고 이어 저녁 예배 때도 누가복음 4장의 다른 복음서이지만 내용은 동일한 '광야에서 시험받으신 예수님'을 주제로 한 말씀이 또 선포되었다. 그 말씀이 내게 응답이라는 확신이 들자 심한 통증도 나를 더 이상 괴롭히지 못했다. 남편의 질병이 하나님이 허락하신 시험이라면 이제부터 말씀과 기도로 인내하며 승리로 나아가면 된다. 통증은 나를 계속 압박했지만 마음은 홀가분하고 가벼웠다.

그래서 심야기도회 때는 억지로 기어나가 안수기도를 받는 줄에 서서 기도를 받았다. 그런데 그날 강사 목사님께서 나에게 예언 기도를 해 주셨다.

"믿음의 선한 싸움을 싸우라. 영생을 취하라. 이를 위하여 네가 부르심을 받았고 많은 증인 앞에서 선한 증언을 하였도다"(디모데전서 6:12).

말씀을 선포하시면서 앞으로 큰 영적 싸움이 있을 테니 깨어 준비하고 있으라고 하셨다.

나는 기도원에서 하는 연례적인 안수기도인줄 알고 기도를 받았는데 갑자기 예언기도를 해주셔서 놀랐고, 또 주신 말씀이 내 상황에 딱 맞는 지침이라서 또 한 번 놀랐다. 그 말씀에 "아멘"으로 화답하고 나니 마음에 감사가 넘쳐났다. 큰 기쁨으로 온밤을 지새워 주님께 기도하고 아침녘에 깜박 졸다 눈을 떴는데 몸이 가뿐했다. 허리 통증이 말끔히 사라진 것이다. 허리 통증도 시험이었던 것일까?

놀라움과 경외심으로 가득 차서 천보산 기도원에서 내려와 집에 도착하자마자 기독교 방송을 틀었는데 놀랍게도 또 마태복음 4장의 '시험받으신 예수님'에 대한 설교가 나왔다. 연거푸 같은 말씀을 3번이나 들려주시면서 주님은 이미 나를 강하게 붙잡고 계심을 알려주셨다.

"네 주님, 시험이라면 주님 의지하며 주님과 함께 이 고난을 넘어가겠습니다!"

다시 한 번 결단하며 나는 주님과 함께 신앙의 신발 끈을 단단히 조여 맸다.

노후를 위해 남겨둔 집을 주님께 올리려

두 딸을 결혼시키고 미국 신혼집으로 보낸 후 나는 남편과 춘천의 한 요양원에서 3개월간 지냈다. 타국을 돌며 선교를 하다가 겨우 한국에 왔는데 여기서도 물선 타향살이를 하게 된 것이다. 그래도 다행인 것은 함께 기도하고 예배드릴 수 있는 목사님 부부를 포함하여 동역자들을 만나게 된 것이었다. 춘천 산자락 아래에 있는 경강의 지역교회에서 새벽예배를 함께 드리다보니 성도들이 나의 속사정을 알게 되어 집에서 기른 채소와 과일을 비롯해서 들기름 등 시골에서만 맛볼 수 있는 귀한 식재료들을 아침마다 만나처럼 공급해 주셨다.

갚지도 못할 지역교회 성도들의 사랑을 받으면서 나는 감사함도 느꼈지만 동시에 위축되고 힘들었다. 어려서부터 나는 주는데 익숙했기 때문에 사랑의 빚조차도 무겁게 느껴졌다. 내일을 기약할 수 없는 불안감과 점점 쇠약해지는 남편을 보면서 내 마음이 힘들었기 때문이리라.

그래도 남편은 감사하게 감마나이프 시술 후 정상 생활이 가능해 산책도 하고 좋은 음식과 약을 쓰며 치료와 기도에 전념할 수 있었다. 그러나 발병한 지 1년이 넘어가자 증상이 점점 악화됐다. 6-7시간에 걸쳐 감마나이프 시술을 다시 받았지만 증상은 좀처럼 나아지지 않았다. 남편은 다리까지 통증이 내려와 걷지도 못하고, 진통으로 인해 깊이 잠들지도 못했다.

그렇게 고통으로 몸부림치며 시시각각 생명이 꺼져가는 남편을 곁에서 보고 있자니 견딜 수가 없었다. 정말 이제는 마지막이다 싶어 모든 지인들에게 기도를 부탁했다. 때론 죽음이 내게 엄습해 오는 것 같은 마음에 어찌할 바를 몰라 그 자리에서 일어나 밤중에 기도하다가 새벽예배도 놓치고 죽음과 사투를 벌일 때도 있었다. 그럴 때 주님께서는 나에게 이모저모를 보여주시며 죽음의 관점을 재해석하게 하시고 죽음의 두려움을 떨치도록 신비롭게 역사하셨다.

　나는 우리 모두 주님 앞에 설 그날을 준비하며 살아가는 인생이기에 육체라는 집을 부숴야 주님 계신 곳으로 옮겨갈 수 있다는 것을 익히 알고 있었다. 죽음은 영혼이 육체의 집을 벗고 주님 곁으로 이사 가는 것이기 때문에 오히려 기뻐해야 할 일이었다.

　그런데 왜 나는 남편의 죽음을 이토록 애석해하는 걸까? 그 안에는 혼자 남겨질 나의 외로움과 고독에 대한 두려움이 자리 잡고 있었다. 믿음이 약했기 때문에 그런 두려움이 생겼겠지만 나의 인생을 돌이켜 보면 당연한 일인지도 모른다. 남편은 내 인생에서 아버지처럼 친구처럼 나를 아껴주고 내편이 되어주고 사랑해준 사람이었다. 전적인 동역자였다. 전도자로 사역할 때도 그랬지만 선교사로 파송되었을 때는 더욱 적극적으로 내가 하는 일을 도왔다.

　내가 다른 지역을 방문할 때 남편은 무슨 일이 있어도 함께 가서 내 곁을 지켜주었다. 그리고 내가 말씀을 전하고 기도하고 맥성경 세미나를 하는 모든 활동을 사진으로 찍어서 파일로 만들어 주었다. 선교보고를 해야 될 때 남편 얼굴을 한 번 쳐다보면 보고서를 뚝딱 만들어 주었다. 그렇게 남편은 내가 다른 것에는 전혀 신경 쓰지 않고 선교에만 집중할 수 있도록 묵묵히 나를 그림자처럼 도운 사랑의 동역자였다.

그런데 그런 남편의 울타리 없이 어떻게 이 세상을 혼자 살아갈 수 있을까? 한없이 자기연민에 빠져들고 있는데 갑자기 "감정을 낭비하지 말라", "자기 연민에 빠지지 말라"는 주님의 음성이 들렸다. 그토록 사랑하는 남편이라면 조금이라도 건강이 허락할 때 한 번 눈도 더 마주치고, 손도 잡아주며 사랑과 행복을 전해야 하는데 이 귀한 시간에 부정의 감정에 빠려들어 슬퍼하는 내 모습을 볼 수 있게 하신 것이다. 그런 나를 보니 정신이 번쩍 들었다.

맞다! 남편과 함께 할 수 있는 날이 얼마가 될 지 그것은 주님의 소관이다. 하지만 허락하신 날 동안 행복한 시간을 창조하는 것은 내가 할 몫이다.

주님은 내게 지금 이 순간, 남편과 함께 하는 이 순간에 충실하라고 말씀하셨다. 회개하는 마음으로 내 감정들을 쏟아놓자 주님께서 어지러워진 내 감정들까지 말끔히 정리해 주셨다. 정말 경이로운 주님, 늘 나의 감정까지 섬세하게 만져주시는 주님이 정말 놀라웠다. 오늘, 아직 생명이 붙어있는 동안 남편을 마음껏 사랑하고 힘껏 존경하고 성심껏 행복을 창조해 가는 것이 나의 사명이었다.

그러자 노후를 위해 돈을 남겨두는 것이 부질없게 여겨졌다.

노후를 위해 집을 남겨두었지만 나와 남편이 있는 곳은 병원이었다. 집 문턱도 넘어보지 못하고 병원에만 갇혀 있는 신세인데 집이 있은들 무슨 소용이랴. 오히려 남편이 수고하여 일군 재산이 남아 있다면 그가 살아있을 때 주님을 위해 사용하여 남편의 상급이 하늘에 쌓도록 돕는 일이 내가 남편을 위해 할 일 이라는 생각이 들었다. 그래서 남편과 의논하여 가난과 헐벗음으로 오늘을 버티기 힘든 자들을 위해 우리의 노후를 위해 남겨놓았던 아파트를 다 팔아 주님께 드리자고 결단했다. 남편도 기뻐하시며 차근히 진행해 나가기로 했다.

그래서 5억 원을 이삭헌금으로 드리기로 작정했다. 스리랑카에서 사역하면서 보니 아담하고 소박한 시골 예배당을 짓기 위해선 5백만 원 정도가 필요했다. 그래서 세계 100곳에 주님의 처소를 마련하는데 쓰이길 소망하며 집을 내놓은 후에 극동방송과 기아대책에 우리가 지금은 사역을 못하고 있음으로 "목숨 걸고 선교하는 선교사님들께 헌금을 보내드리겠습니다"라고 소식을 전했다. 그리고 중국과 네팔, 스리랑카 몇 군데는 개인적으로 이삭헌금을 전달했다.

그 돈을 다 드려도 아까울 게 없었다. 남편의 병환으로 국내에 묶여 있는 우리를 대신해 생명을 걸고 사명을 감당하고 있을 선교사들을 위해 우리 부부가 할 수 있는 최선이었기 때문이다. 내가 남편을 사랑하는 만큼 조금이라도 더 남편을 위해 하늘에 보화를 쌓고 싶은 마음이 가득했다.

헌물 보다 더 남편 자신을
받으시기 원하셨던 주님

집을 팔아 5억 원의 이삭헌금을 드리기로 작정하면서 나는 주님의 마음을 또 한 번 알게 되었다. 주님은 이삭헌금보다 더 원하시는 게 있었다. 나는 행동주의자여서 뭔가 결단함으로써 실천하는 모습을 보였지만 주님은 우리가 더 가까이 주님께 다가가 더욱 친밀하고 더 깊은 관계를 맺기 원하셨다.

다시 말해 우리의 물질이 아니라 '나 자신, 내 남편' 자체를 원하셨던 것이다. 주님은 '다시 진짜가 되라'고 '순종덩어리가 되라'고 경건과 거룩으로 인도해 가셨다.

그 말씀이 내 가슴을 울릴 때마다 나는 정말 진짜가 되고 싶은 열망이 간절해졌다. 그래서 '주님 어떻게요? 어떻게 해야 진짜가 되나요? 어떻게 해야 경건의 열정을 품게 되나요?'라고 물었다.

그때마다 주님은 적진을 앞에 두고 길갈에서 할례를 행했던 여호수아의 군대처럼 내 생각이나 경험, 이성도 다 내려놓고 죽음 앞에서도 죽음에 묶이지 않는 주님이 말씀하시면 그대로 좇는 순종덩어리가 되길 명하셨다.

내 나이 쉰일곱이 되기까지 나에겐 전진과 승리만 있었다. 남편이 암 선고를 받기 전까지 내 삶은 "주님 안에 살면 이렇게 복 받고 살게 됩니다"라고 자신 있게 말할 수 있을만한 축복의 표본이었다. 그 교만이 내게 있었는지도 모른다. 아이들까지도 거룩하고 축복된 가정을 다 이루게 하시고, 어떤 걸림돌도 없게 하신 후에 우리에게 이런 질병을 허락하셨다. 그렇다면 이 고난은 주님의 계획하심이 분명한데 나는 과연 이 시험을 감사함으로 받아들이고 있는가?

승리에만 마음이 쏠려있는 건 아닌지 기도 안에서 나를 돌아보았다. 늘 전진하기에 바빴던 나에게 주님은 고난을 통해 잠잠히 멈춰 서 있는 법을, 잠잠히 주님을 바라보는 법을 배우게 하셨다. 남편의 연약한 믿음을 굳게 할 기회를 주시며 일보다 더 중요한 게 주님과의 관계인 것을 다시 깨닫기를 원하셨다. 일을 보고 달려가는 나에게 주님 품안에서 안식하라고 초청해 주신 것이다.

그때 나는 누가 봐도 우리는 저주와 징계 그리고 심판의 자리에 서 있었다. 하지만 주님은 그 자리가 저주의 자리가 아니라 축복의 자리임을 알게 하셨다. 심령이 가난해진 우리 부부를 주님은 주님과의 더 깊은 심연의 관계로 인도하시며 내 마음을 평강으로 지켜주셨다. 한 순간도 자기 연민에 빠지지 않도록 조심시켜 돌봐주시고 다른 사람의 눈보다 주님의 시선을 더 귀하게 여길 수 있는 마음을, 남편의 아픔까지도 깊이 사랑하도록 한 몸이 되어가게 하셨다.

주님 안에 있는 것이 얼마나 행복한 것인지 알도록 나를 만져주시고 또 만져주셨다. 전진이 좋은 것만은 아니었다. 일을 시작하면 '주를 위하여'라는 미명 하에 그대로 내달렸던 나를 돌아보며, 나를 주저앉혀 내 손을 꼭 잡아주시는 주님께 새삼 감사했다. 어떤 상황에서도 주님의 다스림 안에 있는 것이 축복이다. 주님의 손을 붙잡고 함께 있는 것이 은혜였다.

암이 뇌척수로 전이되다

암 선고를 받은 지 1년 반이 지나자 암은 뇌척수로 전이됐다. 가장 우려했던 일이 벌어진 것이다. 척수로 암이 전이되었기 때문에 그동안 운신이 가능했던 몸을 가눌 수 없게 되어 곧 침상생활을 하게 될 거라고 의사는 말했다. 의사의 말대로 남편의 증상은 급속도로 나빠졌다.

혼자 산책을 나갔다가 넘어지는 바람에 얼굴과 무릎이 깨져 피를 철철 흘리면서 돌아오기도 했고, 길에서 굴러 논두렁에 흠뻑 빠져 몸과 옷이 젖어 흙더미가 되어 어렵사리 걸음을 떼어 집으로 돌아오기도 했다. 아무리 말려도 나를 도와준다고 물건을 들다가 찻길에서 넘어져 깨지고 다쳐서 위험을 겪은 적도 한두 번이 아니었다. 걸음이 흔들리고 시야가 흐려져 제대로 발을 내딛지도 못했다. 한 번씩 그런 일을 겪을 때마다 놀라고 안타까워 나는 눈물로 남편을 보듬고 만지며 쓰린 가슴을 안정시키느라 목이 메이고 떨린 가슴은 새가슴이 되어 버렸다.

그래도 악화되는 증상을 멈출 도리가 없었다. 2016년 추석 즈음에는 교회에 가는 것조차 힘들었다. 축 늘어진 남편을 온 몸으로 받쳐서 오르내리기엔 우리가 살던 펜션의 2층 계단이 까마득하게 높았다. 그래도 안간힘을 다해 한 두 걸음 내딛던 남편이 열 걸음도 채 걷지 못하고 주저앉는 것을 보면서 나는 요양병원을 알아보기 시작했다. 혹여 위급한 상황이 되어 응급차를 부르면 춘천에 있는 병원에 가게 될 텐데 그때 제대로 치료방법이나 전문의를 알아보면 너무 늦을 것 같았다.

그래서 별내에 있는 요양병원을 알아보고 시댁 고모부님 부부의 도움을 받아 10월 초에 그곳으로 옮겼다. 그때 남편은 이미 두 발을 딛지도 못했고, 식사도 스스로 할 수 없는 상황이었다. 숟가락질을 잘 못하는 것은 물론 씹거나 삼키지 못해 몸도 쇠약해져 있었다. 다행히 별내 요양병원에는 남자 요양사가 계셔서 일주일 동안은 그분과 함께 남편을 휠체어에 태워 산책도 다니고 간단하게나마 운동도 시켰다.

하지만 그것도 잠시였다. 척수까지 전이된 암이 장기며 신경을 모두 마비시켜 버려서 음식을 잘게 썰어 먹여줘도 그대로 흘려버리고, 양쪽에서 어깨를 받쳐서 부축해주어도 파킨슨 환자처럼 걸음을 질질 끌며 다리에 힘을 주지 못했다. 어떻게든 남편을 일으켜 세우기 위해 전복이며 새우를 얇게 다져 넣은 죽을 만들고, 있는 힘을 다해 남편을 휠체어에 앉혀 운동을 시켰는데 의사는 그 모든 것이 남편에게 해로울 수 있다고 했다. 의식이 없는 상태에서 떠먹여주는 음식을 먹었다가 기도로 들어가면 질식할 수 있고, 휠체

어에 앉았다가 미끄러져 다칠 수 있으니 침대에 누워있게 하라고
했다.

의사의 말대로 남편을 더 이상 휠체어에 태우지 않자 남편은 온
종일 비몽사몽 간에 자는 날이 많았다. 그런 남편에게 나는 해 줄
게 없었다. 그나마도 낮에는 남편을 돌볼 수 있었지만 요양병원 규
정상 밤에는 함께 있을 수가 없었다. 남편을 혼자 병실에 두고 나
올 때마다 가슴이 오그라드는 것 같아 도저히 집으로 갈 수가 없
어서 나는 밤마다 기도원으로 향하였다. 절망과 낙담 속에서 나는
주님께 몸부림치며 기도했다.

주님은 그곳에서 예배를 통해 두 번이나 에스겔 37장의 말씀을
주셨다. 마른 뼈의 회복을 말씀하시면서 내게 '회복할 것이 있다'고
하셨다. 도대체 어떤 회복일까? 육체의 회복인지, 영적 회복인지 알
수는 없으나 주님이 하시면 능치 못할 일이 없다고 믿으며 계속 철
야 기도를 다녔다.

거룩한 신부로 단장시켜 가신 주님 - 암이 축복이었습니다!

온 종일 병실을 지키고 있어도 눈 한 번 마주칠 수
없을 정도로 병세가 악화된 남편을 병실에 홀로 두고
나와 천보산 기도원을 올라갈 때마다 그 칠흑 같은 밤이 꼭 내 상

황 같았다. 그러던 중 하루는 내 마음에 강하게 회개의 중보기도를 할 수 있는 심령을 주셨다. 그동안 둘이서 그렇게 회개한다고 했지만 주님은 나를 통해 더 충분한 분량의 회개를 채우게 하셨다. 남편을 보며 아파하셨던 주님의 마음을 내 안에 넣어주신 것이다.

"내가 네 남편에게 그토록 많은 시간을 주었건만 네 남편은 나보다 세상을 더 사랑했다."

"내가 그토록 많은 시간을 주었건만 네 남편은 세상의 우상 앞에 절했다."

이 말씀을 하시면서 주님은 너무나 아파하셨다. 가슴을 비수에 찔린 것 같은 주님의 아픔이 내게 그대로 전해져왔다. 나는 죄의 문구보다 남편의 죄로 인해 슬퍼하시는 주님의 마음이 나에게 부어졌기에 그 아파하고 계신 주님의 마음을 부둥켜안고 울고 또 울었다. 그리고 남편을 대신해 회개했다.

"주님 용서해 주세요. 그이 죄악이 나의 죄악이오니 나를 용서하시고 남편을 용서해 주세요."

주님의 아픔은 내 마음을 찌르고, 내 오랜 기도제목을 생각나게 하셨다. 남편은 항상 겸손하고 온유한데다 화낼 줄 모르는 호인이었기 때문에 누구에게나 존경받았다. 하지만 그랬기 때문에 더더욱 세상을 놓지 못했다. 세상의 섬김과 명예를 사랑하고 주님보다 나를 더 사랑했다. 주님 아닌 것으로 기울어진 그 마음, 그 중심을 보시며 주님은 그토록 안타까워하셨던 것이다.

나는 평생 많은 이들을 주님께 인도했지만 딱 한 사람, 남편은 제대로 전도하지 못했다. 다른 사람들에게는 성경을 가르쳤지만 남편에게는 한 번도 성경강의를 한 적이 없다. 결혼하면서 나는 절대 남편의 위에 서지 않겠다고 결심했기 때문이다. 결혼 전에 남편은 불교 신자였고, 나를 사랑해서 교회에 다니기 시작했다. 성수주일은 반드시 지키겠다고 약속했기 때문에 예배에 빠지지는 않았지만 그 마음에 하나님이 계신지는 알 수 없었다.

그는 분명 성실한 사람이었고, 내가 하는 모든 일에 있어서 든든한 동역자였다. 10의 5조 생활을 묵묵히 참아줬고, 아침부터 밤까지 전도하는 아내를 품어주었다. 어떤 목회자도 할 수 없는 일을 남편은 사랑으로 감당해 주셨다. 하지만 그것은 인간적 의로움이었다. 하나님을 향한 사랑에서 발로된 게 아니라 자신의 인격적 성숙에서 나온 것이고, 나에 대한 사랑에서 비롯된 것이었다. 세상을 섬기듯 하나님을 믿는 사람, 하나님을 섬기듯 세상을 사랑하는 남편을 보며 그 마음이 주님께로만 향하길, 온전히 주님만을 섬기기를 간절히 기도했다. 그것이 내 평생의 기도제목이었다.

하지만 남편에게 믿음을 강요하지 않았다. 아무리 내 마음이 간절해도 남편의 믿음을 세울 수 있는 분은 하나님뿐이시기에 나의 말이나 행동으로는 절대 자아를 바꿀 수 없으며 오히려 분란만 일으킬 뿐이다. 게다가 나의 모든 것을 부족함 없이 채워주는 남편에게 내가 영적 잣대를 들이대며 교만할 수는 없었다. 그는 나의 머리이고 나는 그의 발바닥이 되어 존경하고 사랑함으로써 그가 온전히 주님 앞에 서기까지 인내했다.

하지만 남편을 위해 기도할 때마다 가슴에 돌을 얹어놓은 것처럼 무겁고 답답했다. 그래서 1994년 미국에 갔을 때는 작정하고 남편을 위해서만 집중적으로 기도했다. 결혼하여 10년이 다 되어 가는데도 믿음의 진보가 없는 남편을 주님은 어떻게 하실지 그 마음을 어떻게 빚어 가실지 답답하고 궁금하여 그 문제를 놓고 주님과 씨름했다.

그때 주님은 내게 "네 남편은 고넬료다 "라고 말씀하셨다. 이방인으로서 최초로 세례를 받은 사람이며 '경건하여 온 집안과 더불어 하나님을 경외하며 백성을 많이 구제하고 하나님께 항상 기도하는 사람, 고넬료. 남편은 정말 고넬료와 같은 사람이었다. 주님께서 그 마음에 온전한 믿음을 허락하시면 이방인에게 삶으로 복음을 전할 수 있는 의로운 사람이었다.

주님의 말씀은 내게 강한 확신으로 다가왔다. 주님은 반드시 '세상의 의로움'으로 살고 있는 남편을 '믿음의 의로움'을 지닌 의인으로 바꿔 주실 것이다. '의인은 믿음으로 말미암아 살리라'라고 말씀하신 주님께서 우리 남편의 의로움을 하나님을 향한 온전한 믿음으로 변화시켜 주실 거라는 믿음이 생겼다. 과연 그때 유학시절 남편은 처음으로 신앙고백을 했고, 세례를 받았으며 미국에서 성경공부 모임에 참석하면서 오하이오 콜롬버스 한인교회 이근상 목사님을 통해 주님을 알아가는 기쁨을 누렸다.

하지만 남편이 주님을 온전히 영접하기까지는 꼬박 30년의 세월이 걸렸다. 결혼 후 교회에 다니기 시작하면서부터 남편은 줄곧 새벽기도까지 나가는 신실한 교인이었다. 그러나 주님은 경건의 모양이 아니라 마음의 중심이 어디를 향하는지 거기에 관심을 두셨다. 주님이 원하신 건 '주님을 향한 옹근 마음'이기 때문이다. 주님을 향한 마음 갖기를 아무리 원해도 환경이 나를 세상으로 내몰고 자아가 꺾어지지 않을 때 주님은 그것을 정리하여 주신다.

그렇게 생각하면 남편의 암은 축복이었다. 2년 동안 투병생활을 하면서 비로소 남편은 세상을 다 정리하고 하나님과 인격적으로 만났기 때문이다. 투병생활 2년 동안 남편은 아내, 자녀, 일, 명예 등을 모두 내려놓고 주님과 온전히 교제했다.

오랫동안 기도해 왔던 제자훈련을 암에 걸린 후 춘천에서 요양하면서 받았다. 감사하게도 요양했던 지역의 춘천 경강교회 장목사님께서 남편을 제자훈련으로 8개월 간 양육해 주셨다. 또한 그 기간 동안 말씀과 암송과 가정예배로 시작하며 주님과 동행해 갈 수 있게 하셨다.

주님이 내게 남편의 투병 중 응답으로 주셨던 '회복'의 의미는 바로 영적인 회복, 주님의 신부로 온전히 거듭나는 회복이었다. 의식이 있을 때 남편이 마지막으로 했던 말이 "아멘"이었고, 무의식중에 했던 마지막 말도 "아멘"이었다. 2년 동안 남편은 정결한 신부로 주님의 나라에 들어갈 준비를 마친 것이다.

남들에게는 남편의 암이 저주로 보였을지도 모르겠다. 그 병으로 인해 주님을 향한 남편과 나의 믿음과 충성을 오해했을지도 모르겠다. 어떻게 자신을 내려놓고 주님을 따르겠다고 한 선교사 부부에게 저런 병이 걸릴 수 있을까, 저들이 위선적인 것인가. 하나님이 가혹하신 것인가. 남편의 병을 처음 알았을 때 나 역시 같은 마음이었다. 마음 속 깊은 곳까지 샅샅이 훑으며 죄를 찾을 때는 주님에 대한 의구심이 있었다. 나도 모르는 나의 죄, 남편의 죄로 인해 받은 주님의 징계일까? 도대체 왜? 생각나지 않은 죄악까지 회개하며 주님과의 깊은 친밀함에 도달하기 위해 수없이 몸부림쳤다.

하지만 암은 축복이었다. 사는 동안 남편의 마음이 온전히 주님을 향하지 못했지만 그것으로 인해 남편이 암에 걸린 것이 아니었다. 암은 죄의 결과가 아니라 우리 자신만을 향하는 내면의 죄를 씻어내고 주님과 친밀한 관계를 맺으며 생명으로 나아갈 수 있는 축복의 시작이었다. 주님이 내게 약속하신 '회복'은 영원한 생명을 사모하며 주님나라에 들어갈 수 있도록 영혼이 회복되는 것을 의미했다.

2년 동안 주님은 그 약속을 성실하게 이행해주셨다. 남편은 거룩으로 옷 입혀진 가운데 주님의 신부가 되어 주님 앞으로 뚜벅뚜벅 나아갔다. 그와 하나님 사이에 나도 아이들도 세상도 없고 오직 '구속한 주'만 보이는 관계, 그 아름다운 관계를 맺기 위해 주님은 우리에게 2년의 투병생활을 허락하신 것이다.

이생의 자랑보다 하늘에 상급을-
스리랑카 선교의 제물로!

요양병원에서 지낸 3주후쯤 서울대병원에서 입원 연락을 받고 2인실로 입원하게 되었다. 같은 질병으로 입원하신 분들이 남편보다 더 멀쩡해 보이셨는데 자꾸 운명을 달리하시는 걸 보면서 나는 남편이 주님의 품에 안길 날이 얼마 남지 않았음을 감지했다. 그때 내가 남편을 위해 해 줄 수 있는 일은 기도와 말씀, 찬양하는 것밖에 없었다. 나는 잠자듯 누워있는 남편의 귀에 사랑과 감사의 고백을 수없이 들려드렸다.

세상에서 남편과 함께 할 시간이 얼마 남지 않았다고 생각하자 남편을 그리워했던 분들과도 작별할 수 있는 시간을 갖게 해드려야겠다고 생각했다. 그래서 춘천에서 요양할 때부터 오시겠다고 했던 코이카 단원들, 함께 스리랑카에서 일했던 분들이 남편과 만날 수 있는 시간을 마련했다.

병원에는 남편과 비슷한 연배의 실버단원을 비롯해 딸 같이 남편을 따르던 혜리 단원, 그리고 스리랑카에 계셨던 코이카 과장님이 다녀가셨다. 그들은 모두 남편의 모습에 충격을 감추지 못했다. 불과 몇 달 전까지만 해도 건강하게 일을 감당했는데 의식을 잃은 채 누워 계시니 놀랄 수밖에.

남편에게 코이카는 인생의 마지막 시간 동안 빈민국을 섬길 수 있도록 기회를 제공한 고마운 곳이었다. 더구나 스리랑카는 남편의 마지막 홍수방지 프로젝트를 시행한 곳이기에 그곳을 추억할 수 있는 분들의 방문은 내 마음을 더욱 아프게 했다.

사실 코이카와는 발병 초기에 보험료로 6개월간의 치료비만 보조받은 채 연락이 두절된 상태였다. 스리랑카로 출국하기 전과 후에 코이카에서 종합검진을 받았지만 X-RAY로는 병이 발견되지 않았고, 귀국 직후에 폐암 말기 판정을 받았기 때문에 코이카에서는 치료비용 관계를 보험회사에 인계하여 처리하게 하였다. 그리고 귀국 후 6개월 간의 치료비 230만원을 지원해 주었을 뿐 누구 한 명 전화로 안부를 묻는 사람조차 없어서 나도 잊어버리고 지냈다.

그러다 단원들과 직원들이 방문하자 스리랑카에서의 기억이 새록새록 떠올랐다. 그들은 남편이 한국의 이름을 걸고 열대지방의 열악한 곳에서 봉사하다 병을 얻어 사경을 헤매고 있는데 사역만료 후 귀국 직후에 암이 발견되었다는 이유로 코이카에서 문병조차 오지 않은 것에 대해 분개했다. 그리고 남편의 죽음이 헛되지 않도록 코이카에게 알리자고 했다.

그러자 과장님께서 봉사기간을 마치고 암이 발견된 경우에는 어떤 보상이나 보장도 없다고 알려주셨다. 보험회사를 통해 만료 후 6개월간의 치료비 중 90%를 보조해주는 것 외에 코이카가 해 줄 수 있는 것은 아무 것도 없다고 했다.

그 말을 듣자 솔직히 기운이 빠졌다. 남편은 한국에 오기 1년 전에 우리가 거주했던 스리랑카 폴로나루와의 농촌지역을 위해 프로젝트를 구상했다. 그 지역은 벼농사 지역으로 우기 시에 비가 많이 오면 물에 잠기는 상습 침수 지역이었다. 남편은 코이카 단원이 할 수 있는 소단위 프로젝트에 응모하여 2만8천5백 불 (한국 돈 3천만 원 정도)의 펀드를 지원받아 8개월 동안 16킬로미터 홍수 방지 둑 건설 프로젝트를 시행했다.

지원 금액은 소규모에 해당하는 것이었지만 사업내용은 군 단위의 대형 프로젝트였다. 그래서 비용을 감당하기 위해 그 지역 개발청과 농민회와 연계하여 정부의 도움을 받아 포크레인 한 대를 무상으로 지원받고 기사 두 명 월급과 수당, 기름, 차량유지비와 수선비 등 기본 경비지출을 하며 프로젝트를 진행했다.

군 단위의 지역을 홍수로부터 보호하기 위해서는 2.1 미터 이상 높이의 둑을 쌓고 경운기가 다닐 수 있는 농로를 16킬로미터 정도 건설해야 했다. 그런 대단위 공사를 적은 비용으로 하기 위해 남편은 말 그대로 몸을 던져 헌신했다.

길도 나지 않은 현장을 찾아가기 위해 버스를 몇 번이고 갈아타고, 내려서도 한참을 걷는 것을 매일 반복했다. 당시 코이카 단원은 차를 운전하지 못한다는 규정이 있었기 때문에 남편은 드문드문 도착하는 버스에 의지해 출퇴근을 했다. 40도를 육박하는 더위에 남편은 혼자서 16킬로미터가 넘는 공사현장을 찾아다니며 감독했다.

가끔 그 길에 동행할 때마다 나는 남편의 눈썰미가 놀라웠다. 도시계획 전공이라 길을 찾는 눈이 탁월했던 것일까? 몇 번을 가도 똑같아 보이는 길 위에서 나는 더위에 지치고, 끝없이 이어진 들길에 숨이 막혀 근처 그늘에서 쉬고 있으면 남편 혼자 현장에 다녀오곤 했다. 근무지인 개발청에서 가끔 데려다주기도 했지만 그것도 찻길까지였고 그나마도 이틀에 한 번씩 현장에 갈 때마다 부탁하기 어려웠던 남편은 묵묵히 혼자 그 일을 감당했다.

워낙 남편이 우직한 성격이라 불평 한 마디 없었지만 몸은 정직했다. 현장에 갔다 올 때마다 탈진하여 머리조차 들지 못하는 날이 점점 많아졌다. 저러다 남편이 죽겠다고 생각할 만큼 힘들어할 때 남편 대신 내가 농민회에 부탁하여 경운기도 좋고 오토바이도 좋으니 어떤 운송수단이든 동원하여 남편의 출퇴근을 책임져 달라고 간곡히 말했다. 덕분에 석 달 가까이 그분들의 도움으로 버스가 갈 수 없는 곳은 농민들이 경운기와 오토바이로 바래다주었다.

공사를 진행하면서도 어려움이 한두 가지가 아니었다. 포크레인이 고장 나서 일이 중단되기 일쑤였고 부속이 없어서 차질을 빚은 적도 부지기수였다. 포크레인을 빌려주었던 관청에서는 대여기간이 지났다고 기계를 회수하겠다며 공사를 정지시켜서 그것을 조율하는 데도 진을 다 뺐다. 결국 마무리 공사 때는 기계를 다 철수해버려서 포크레인을 임대해야만 했다.

그런 우여곡절이 계속되면서 4-5개월이면 충분히 끝날 거라 생각했던 프로젝트는 8개월이 지나도 끝나지 않았다. 임기 만료기간은 다가오는데 공사는 마무리될 기미가 안 보이자 남편은 애가 타서 농민회와 기사님들을 설득해 철야를 강행했고, 결국 우리의 임기가 끝나는 10월 초에 완공을 마쳤다. 지독한 무더위와 언어장벽, 그리고 무책임하게 일을 진행하는 이들과 씨름하며 남편은 16킬로미터 둑을 건설하는 대장정을 마친 것이다.

그리고 한국에 돌아와서 곧 뇌암 판정을 받아 투병생활을 시작했기 때문에 스리랑카의 소식은 듣지 못했다. 그러다 페이스북을 통해 스리랑카 개발청 직원이 기쁜 소식을 전해왔다. 우리가 돌아온 후 11월부터 2월까지가 스리랑카 우기라서 그 지역에 홍수가 크게 났는데 800가구 6000 에이커의 농경지가 모두 보호를 받았다고 했다. 그리고 그 지역 개발청 청장이 그 공로를 홍수방지용 둑 건설에 돌리며 그 프로젝트가 성공적으로 이루어졌다고 평가했다고 알려주었다.

암을 발견한 것은 귀국 후였지만 아마도 남편은 스리랑카에서도 고통을 겪었을 것이다. 그런 와중에도 주님께 올린 마지막 사역이 많은 사람들을 구하는데 쓰임 받았다는 것이 우리에게는 큰 위로가 되었다. 그 소식을 들으면서 우리 부부는 함께 눈물을 흘리며 감사와 기쁨을 나누었다.

그러면서 한편으로는 마음이 쓸쓸했다. 스리랑카 코이카 본부 관리요원이 둑 공사의 준공식과 완공식에 참석했지만 그분들은 계약직이기 때문에 2년 임기를 마치면 그만이다. 결국 공사를 진행했던 남편 외엔 그 공사가 어떻게 진행되었는지 아무도 기억할 사람이 없다는 사실에 마음이 울적해졌다. 물론 서면으로 결과보고는 올렸겠지만 한 사람의 단원이 얼마나 헌신적으로 일했고, 그 일을 마치고 돌아와 생사의 기로에서 사투를 벌이고 있다는 사실을 코이카 본부에서도 알아야 하지 않을까?

병문안 온 단원들은 남편이 제출했던 프로젝트 결과 보고서를 가지고 와서 그 수고와 이름이 헛되지 않도록 코이카에 내가 직접 알리라고 권면해주셨다.

처음에는 나도 그 말에 동의했지만 기도를 하면서 마음을 바꾸었다. 우리 남편이 코이카를 통해 스리랑카에 간 건 사실이지만 우리는 선교하러 간것이었다. 내 남편은 선교하는 나를 위해, 하나님 나라를 위해 코이카라는 옷을 입고 간 것뿐이었다. 그렇게 생각하니 코이카는 우리 부부에게 고마운 존재다. 실버단원이라는 옷을 입었기에 그 불교성지인 폴로나루와에 들어가 우리가 어려운 이웃들을 섬길 수 있었고, 불교에 대항하며 여러 지역에 교회를 건축하며 그 지역을 진동시킬 수 있었기 때문이다. 그 모든 역사를 성령님이 행하셨고 이를 위해 남편이 선교의 방패가 되도록 주님이 남편을 사용해 주셨다.

그렇다면 그의 이름이 하나님의 나라에 기억되고 있을 것이다. 이 세상이, 코이카가, 내 남편의 이름을 기억하고 알아준들 이생의 자랑밖에 더 되겠는가. 남편의 죽음을 헛되지 않게 하기 위해 코이카에 발병과 투병 과정을 알려서 그분들이 설령 더 보상해주고 남편의 이름을 기억해 준들 내 남편이 다시 살아나는 것도 아니었다. 그런 일로 하늘나라에서 받을 상급을 이 땅에서 다 소모해 버린다면 얼마나 억울한 일인가!

나는 코이카에 알리는 일 따위는 그대로 접기로 마음먹었다. 오직 주님이 기억해주시고, 이런 소중한 기회를 주신 주님께만 영광을 돌리길 소원하는 마음으로 우리의 사역을 말하지 않기로 했다.

선교지에서 맥성경 세미나를 할 때마다 요한계시록의 결론인 믿음을 지키는 일을 강조했다. 초대교회 당시 믿음을 지킨다는 것은 순교를 의미했기 때문에 선교지에서도 "함께 영광의 순교를 각오하고 이 땅에서 믿음을 지키자"는 것으로 맥성경 세미나의 결론을 내렸다.

그런데 남편이 선교지에서 병을 얻어 죽음에 이르게 되자 주님께 간절한 기도가 절로 나왔다. "큰 믿음도, 선교에 대한 비전도 없었던 남편! 나를 사랑하고, 주님을 사랑하여 그저 함께 동행해준 남편! 이런 남편에게 선교지에서 주를 위해 일하다 병을 얻어 곧 주님 품에 안길 영광의 기회를 주셨는데 이것도 순교라고 해 주실 거죠?

주님은 이 기도에 어떤 응답도 없으셨다. 하지만 그 후 말할 수 없는 기쁨이 내 마음에 부어졌다. 배에서 샘이 터져 나오듯 죽어가는 남편의 병상에서 기쁨이 샘솟아 사랑과 기쁨으로 남편의 마지막을 섬기게 하셨다. 주님께서 너무도 이 아들을 사랑하셔서 한국에 두지 않으시고 선교지로 부르셔서 스리랑카 선교의 제물이 되도록 주님나라를 위해 사용하시고 주님나라에 상급을 쌓게 하신 그 은혜를 생각할 때 눈물이 앞을 가리며 감사를 올리지 않을 수 없었다. 그래서 병원에서 간병하는 순간순간 기쁨과 환희에 차서 감사와 사랑을 남편에게도 주님께도 한없이 올려 드렸다.

"네, 주님. 아무도 알아주지 않아도 좋습니다. 주님만 기억해주시면 됩니다. 주님 감사합니다."

반평의 천국 –
하나님의 구원이 흘러가는 곳

남편의 질병이 발견된 시점이 결혼 30주년 무렵이었다. 30주년을 기념하여 '한국에 돌아가면 유럽여행을 함께 하리라' 마음먹고 귀국 후에 여행을 예약했는데, 질병이 발견되어 다 취소하게 되었다. 그때 드는 생각이 '내 생애 30년 동안 남편과 함께 하면서 가장 행복했고, 주의 길을 가는 동안에도 남편의 큰 배려와 사랑을 입었기에, 앞으로 30년 간 남편이 병상에 있다 해도 그 발 아래 엎드려 수발을 들리라' 결심했다.

그런 마음을 주셨기에 간병하는 동안 남편을 향한 나의 마음과 태도는 존경과 감사와 사랑으로 가득했고 거기에 더하여 "남편을 순교라고 여겨 주실 거죠?"라는 기도 후 알 수 없는 기쁨이 내 속에서 터져 나와 더 큰 기쁨 속에 간병생활을 계속했다.

그렇게 서울대 병원에 입원해 있었던 25일 동안 우리도 모르게 우리 부부를 지켜보는 눈길이 있었는데 그 반응이 제각각이었다. 그 중에 60대 부부로 창원에서 오신 분들은 "예수 믿으면 너같이 되나?"며 나에게 화를 내기도 하셨다. 또 옆에 있는 환우가족들이 우리에 관해 궁금해 하며 화제 삼아 이야기를 나누기도 하셨다.

"정말 예수를 믿으면 저렇게 될까?"

생사를 알 수 없는 상황에서 사투를 벌이는데 우리가 기쁘게 찬양하며 평안한 마음과 사랑으로 환자를 대하는 모습이 불신자인 그분들께 너무 이상해 보였기 때문이다. 그들 부부는 죽을병이 아닌데도 입원해 있는 동안 답답하여 맨날 싸우는데 죽음 앞에 서 있는 우리는 어떻게 평안과 기쁨으로 찬양할 수 있냐며 화를 내시다가 나중에는 신기해하셨다.

또 다른 환자분은 시술 전에 당신의 딱한 사연을 말씀해 주셔서 기도를 해드렸더니 '아멘'으로 화답하셨다. 어떻게 아멘을 아시냐고 물었더니 주변에 자신을 위해 기도해주시는 천주교 친척분이 계시다고 했다. 그리고 이후에도 몇 차례 더 기도를 해드리자 그 아주머니가 퇴원하시면서 "저희도 교회에 나갈게요"라고 말씀하셨다.

그 말을 들으면서 우리가 어디에 있든 그리스도의 향기요 편지임을 다시 한 번 깨달았다. 전도는 말로만 하는 게 아니었다. 우리를 지켜보셨던 불교신자들은 "정말 예수를 믿으면 저렇게 되나봐"라며 자기들끼리 수군거리고 예수님을 궁금해 했다. 아무리 병상에 있고 죽음 앞에 있을지라도 주님이 주신 기쁨과 평강은 감춰질 수 없기 때문에 그 기쁨은 번져갈 수밖에 없었다.

한번은 한 병실에 있었지만 한 번도 이야기를 나눈 적이 없었던 장로님이 퇴원을 하시면서 30만원의 위로금을 주셨다. 깜짝 놀라서 왜 이런 돈을 주시냐고 했더니 당신이 간암이 재발되어 염려와 걱정 속에 병원을 찾았는데 우리의 평안한 모습을 보고 스스로 회개하며 주님께 위로를 받았다고 감사의 마음을 전하셨다. 또 다른 장로님은 우리가 코이카 단원들과 나누는 이야기를 들으시고 본인도 주를 위해 최선을 다해 살고 있는데 선교사의 삶에 큰 감동을 받았다고 하시며 퇴원 전에 연락처를 달라고 하셨다. 다시 선교지에 나갈 기회가 생기면 함께 동역하자고 하시면서 이후에도 문병을 와주셨다.

말기암 환자인 남편을 둔 부인의 예기치 않은 회심도 있었다. 그분은 남편이 조폭 출신인데 기독교인을 워낙 싫어해서 말만 섞어도 노발대발했다. 그래서 서로 눈인사만 주고받았었는데 나중에 적십자병원에서 다시 만나게 되어 복음을 전했다. 밤 12시에 휴게실에서 말씀을 전했는데 성령님께서 그 부인의 마음을 열어주시어 남편이 돌아가시면 곧바로 교회에 나가겠다고 결단케 하시고 영접기도를 올리게 하셨다.

남편의 마지막 길을 배웅했던 적십자병원에서도 전도는 이어졌다. 말기암 환자를 대상으로 자원봉사하시는 호스피스 분들의 권유에도 끄덕 않고 "이 나이에 나 믿던 것 믿고 갈라요" 하셨던 할머니가 주님을 영접하셨다. 간병하는 따님이 안 계실 때 섬겨드리면서 복음을 전했는데 씨앗이 마음 밭에 뿌려진 것이다. 그 후에도 혹여나 고통 중에 주님을 잃어버릴까봐 종종 찾아뵙고 기도해드렸는데 할머니는 염불 대신 찬송가를 들으시며 주님을 붙들고 계셨다.

남편 소천 전에 입원하셔서 우리 앞 침상에 계셨던 할머니는 신장이 갑자기 악화되어 수술을 받으신 후 우리와 함께 지내셨다. 연로한 할아버지가 간병하시는 게 오히려 불편해 보여서 내가 도와드리겠다고 하자 남편 분은 퇴원하실 때까지 병원 출입을 하지 않으셨다. 다행히 수술 후 경과가 좋아 할머니가 혼자 금세 걸으셔서 나는 옆에서 조금 거들어드리기만 했다. 그런데도 퇴원하기 전에 봉투에 1만5천원을 담아주셨다

깜짝 놀라 봉투를 돌려드리자 할머니는 그냥 가면 평생 후회할 것 같다고 하시면서 퇴원하면 집에서 키우는 닭을 잡아서 내 건강을 챙겨주시겠다고 하는 게 아닌가. 몸보신을 할 분이 내 건강을 걱정하는 게 이상해서 왜 내 건강을 챙기시냐고 묻자 두 딸과 내가 남편을 대하는 모습이 너무 사랑스럽고 감동스러워서 뭐라도 해주고 싶다고 하셨다.

그리고는 당신의 어머니가 지금도 살아계시는데 신유의 은사자라고 하시며 어머니에 대한 간증을 들려주셨다. 그런데 정작 당신은 도를 믿는다는 게 아닌가. 하나님의 능력을 눈으로 확인한 분이 왜 그런 종교를 갖게 되셨냐고 묻자 영감 등쌀에 교회에는 갈 수가 없다고 했다. 그 말을 듣자 영감님과 떨어져 온전히 복음을 받아들이게 하시려고 주님께서 수술을 받게 하신 게 아닌가라는 생각이 들었다.

그래서 할머니가 퇴원하시기 전에 복음을 전하려고 기회를 엿봤지만 자꾸 방해가 있었다. 응급 환자가 세 명이나 들어와 병실이 어수선했고, 우리 옆자리에는 생사를 다투는 환자가 기계와 함께 들어와 임종을 기다리고 있었다.

그리고 그 새벽이 채 지나기 전, 새벽 4시 40분에 남편이 주님 품에 잠드셨다. 사라와 나는 남편의 마지막을 배웅하고 경황없이 혜신이에게 전화하여 사위와 함께 마지막으로 아빠를 뵙게 한 후에 영안실에 모셨다. 그리고 6시가 넘어 병실에 돌아와 정리를 하고 같은 병원 장례식장으로 향하려는데 발이 떨어지지 않았다. 울먹이며 잘 가라고 인사하시는 할머니를 도저히 그대로 두고 나올 수가 없어 두 손을 붙잡고 복음을 전했다.

그러면서 이 복음은 내가 전하는 것이 아니고 내 남편이 하늘나라로 가는 마지막 길에 할머니에게 천국을 선물로 주고 가는 것이라고, 영생을 선물로 받는 길은 예수님을 영접하는 길 밖에 없다고 간곡히 말씀드렸다. 그러자 할머니는 내 남편의 죽음 앞에서 복음을 받아들이셨고 내 남편의 마지막 선물인 예수님을 받아들여 구원의 길에 들어서셨다.

그리고 엘리베이터를 타려고 나가는데 문 앞에서 주님을 영접한 불교도 할머니의 딸을 만났다. 그분 역시 그냥 지나칠 수가 없었다. 그 할머니 따님께 내 남편이 천국에 가셨다고 이야기하자 펄쩍 뛰며 놀랐다. 그분께 나는 남편이 떠나면서 주시는 예수님을 선물로 받아 자매의 남은 인생을 주님께 맡기고 살자고 권면했다. 그러자 눈물을 펑펑 흘리며 그분 역시 엘리베이터 앞에서 주님을 영접했다.

그리고 자기가 그동안 은혜만 입고 우리에게 아무것도 돌려드리지 못한 죄인이라고 장문의 카톡을 보내왔다. 하지만 자매는 죄인이 아니었다. 남편 가는 길에 남편을 통해 복음을 받아들여 내 남편에게 영광의 선물을 드린 남편의 면류관이자 상급을 주신 우리의 기쁨이었다. 나는 자매에게 감사한 마음을 전하며 다음에 만날 것을 기약했다.

어디서든지 주님의 구원을 흘러가게 하신 주님을 찬양했다. 내가 간병했던 침상은 한 평도 안 된 반 평짜리였다. 그러나 그곳에도 천국이 임했다. 병실 그것도 반 평의 침상에서도 천국을 누리게 하신 하나님, 천국은 그곳에서도 물 흐르듯 이리저리 흘러가 스며들어가는 것을 주님은 보게 하셨다. 그래서 나는 주님이 참 좋다. 너무도 좋다. 무엇을 하든지 어디를 가든지 거룩함과 평강과 기쁨이 흘

러가는 주님나라에 거하게 하시고 주님이 드러나게 하시니 감사할
밖에.

반 평의 침상에서, 그 죽음의 목전에서도 나는 우리가 그리스도
의 편지이고, 그리스도의 향기라는 것을 체험했다. 굳이 말하지 않
아도 그 향기를 진동케 하시니, 주님이 흘러가는 그 길의 통로가
되는 것은 고통 속에서도 피어나는 꽃처럼 기쁨이 넘치게 하셨다.
그 반 평이 천국이 되게 하신 주님을 찬양하며 감사드린다.

죽음의 찬가, 천국으로 가는 길

시시각각 다가오는 남편의 죽음은 내게 큰 시험이었
다. 생과사의 갈림길에서 기도로써 죽음의 문제를 훈
련받았다고 생각하며 안심하는 순간 다시 풍랑이 일어나 나를 염
려와 공포 속으로 몰아넣었다. 그럴 때마다 나는 기도의 줄을 붙잡
고 몸부림치며 기도했다. 불같은 시험에서 건지실 이는 오직 주님
뿐이시니 내가 붙잡을 것도 오직 주님뿐이었다.

적십자 병원의 준중환자실은 중환자실에서 나온 사람이나 들어
가기 직전인 사람들이 있는 곳이었다. 그곳에 있으니 죽음이 일상
처럼 흔했다. 환자 침대와 보호자 간이침대가 간격 없이 다닥다닥
붙어 있었는데 하루에도 몇 명씩 환자가 바뀌었다. 밤새 앓다가 세
상을 떠나는 사람들이 많았기 때문이다. 그렇게 가까이서 죽음을

목도하고, 죽음과 사투를 벌이다 운명을 달리하는 순간을 바라보는 것은 쉽지 않았다.

의식도 없는 환자들이 열에 들뜨고, 숨소리가 달라지다가 새벽녘쯤 기계가 멈추고 서는 걸 몇 번이나 반복하다가 심전도 기계의 그래프가 평평해지면서 '삐'소리와 함께 모든 수치가 0으로 되는 순간을 숨죽이며 보는 것은 긴장의 연속이었다. 밤새도록 죽음이 그 검은 장막을 펄럭이며 환자의 얼굴을 덮었다 말았다 하는 모습을 보는 것 같았다. 도저히 잠을 이룰 수 없고 마음도 복잡했다.

이왕 잠들 수 없다면 일어나 환자들을 돕자는 마음에서 임종을 기다리는 가족들에게 환자의 종교와 상태 등을 물어보았지만 이미 지칠 대로 지친 가족들은 뭘해도 소용없다면서 괜히 헛힘을 빼지 말라고만 했다. 가족이 원치 않으면 어떤 시도도 할 수 없었다. 나는 죽음의 문이 열렸다 닫히는 것을 보면서도 한 영혼이 지옥으로 가는 것을 허망하게 지켜 볼 수밖에 없었다.

그 상황이 너무 애통해서 주님께 기도하다가 문득 천국을 경험했다. 죽음을 통과하여 지옥으로 간 영혼을 위해 아파하다가 그 문이 지옥만이 아니라 천국으로 통하는 축복의 문임을 깨달은 것이다. 주를 믿지 않는 자들은 죽음의 문 앞에 지옥의 늪이 기다리고 있지만 주님의 자녀는 죽음이야말로 하나님 나라에 이르는 문이다. 그 문을 통과하면 이 땅에서 경험하지 못한 하나님의 영광 가운데 살터이니 죽음이야말로 축복이 아니고 무엇이겠는가.

우리가 진리를 경험한들 천국에서 그것을 직접 보는 것과 비교할 수 있으며, 이 땅에서 자유를 누린다 한들 그것이 참 자유이겠는가. 우리가 주의 영광에 참여한다 한들 주님 면전에서의 영광의 한 점만큼이나 누리고 있기나 한 걸까? 오히려 이 육체의 옷을 입고 있는 게 부담스럽고 천국을 더 소망하게 되었다. 주님의 존전에서 사랑하는 주님과 함께 하는 영광에 참여하는 기쁨을 누리고만 싶었다. 그렇다면 죽은 자가 슬픈 자가 아니라 살아있는 자가 불쌍하고 슬픈 자가 된다.

그렇게 생사의 갈림길을 지나간 믿음의 자녀만이 천국에서 진정한 영생과 기쁨과 환희를 경험할 수 있다는 것을 깨닫자 죽음이 두렵고 떨리는 길이 아니라 희망과 환희와 영광의 통로로 다가왔다. 그러자 숨도 못 쉬고 사지를 움직이지 못한 채 식물인간처럼 되어버린 남편도 달라 보였다. 육체의 눈으로 바라보면 그는 생명력 없는 시간을 보내고 있는 거지만 하나님의 눈으로 바라보면 그는 축복의 문을 통과하기 위해 준비하고 있는 것이다. 나의 시선이 바뀌자 육신의 집을 벗고 하나님 품으로 이사하는 자들을 보면서 죽음의 찬가를, 죽음의 환희를 노래할 수 있게 되었다.

그러면서 나는 남편을 기쁨으로 기꺼이 주님께 보내드려야겠다는 마음을 다짐했다. 혼자 남을 것이 두려워 그 축복의 문으로 남편을 더디 보낼수록 남편만 더 힘들어질 뿐이었다. 그것은 남편에 대한 사랑이 아니라 나의 이기심이란 생각이 들었다.

2016년 12월 31일. 그날도 내가 남편 침상을 비울 수 없었지만 내 몸 상태도 말이 아니었다. 간병인 없이 2년 넘게 남편을 돌보다 보니 몸이 많이 상한데다 그 당시 남편의 설사가 계속되는 바람에 어깨가 나가버려 팔을 움직이기가 힘들었다. 방학이 되어 미국에서 아빠를 간병하러 온 아이들이 내 몸 상태를 보고는 잠깐이라도 쉬라고 성화를 해서 집에 다니러 갔다. 집에 도착하자 11시가 거의 다 되었다.

그런데 그날이 2016년의 마지막 날이라 송구영신 예배가 있었다. 도저히 몸을 가눌 수 없었지만 그대로 예배에 참석하기 위해 교회로 향했다. 그날 주님은 송구영신 예배 때 말씀으로 남편의 죽음을 준비하게 하셨다.

"다윗이 죽을 날이 임박하매 그 아들 솔로몬에게 명령하여 이르되 내가 이제 세상 모든 사람이 가는 길로 가게 되었노니 너는 힘써 대장부가 되고 네 하나님 여호와의 명령을 지켜 그 길로 행하여 그 법률과 계명과 율례와 증거를 모세의 율법에 기록된 대로 지키라. 그리하면 네가 무엇을 하든지 어디로 가든지 형통할지라"(열왕기상 2:1~3).

만나교회 담임목사님이신 공목사님은 2017년을 '순종하는 삶에 오는 형통'을 강조하셨지만 내 마음에는 다윗이 '이제 나는 세상 모든 사람이 가는 길로 가게 되었노니'라는 말씀만 반복해서 울렸다. 이제 주님께서 남편을 데려가시려고 하시는구나!

이제 내 남편도 세상 모든 사람이 가는 그 길을 가겠구나.

다윗이 솔로몬에게 유언했던 것처럼 이제 때가 되었다고, 나에게 대장부처럼 허리를 펴고 담대히 힘써 대장부가 되라고 유언하는 남편을 대면했다. 그 말씀이 바로 남편이 나에게 남기고 싶었던 유언이라고 생각하자 마음이 무너져 내렸다.

주님은 그렇게 말씀으로 먼저 마음의 준비를 시키시며 2017년 새해를 맞이하게 하셨다. 아린 마음으로 남편을 보듬는 중 3일 새벽 4시가 지날 무렵 남편은 홀연히 우리 곁을 떠나 영광의 주님 나라로 이사하셨다. 몸과 마음을 정결하게 하고 잠자듯 우리가 보는 가운데 남편은 주님 품에 안기셨다. 마지막으로 남편의 기저귀를 갈면서 나는 거룩한 예배를 드리듯 사랑과 감사로 씻겨드리고 새 환자복으로 갈아입혀 드렸다. 말갛고 깨끗한 모습으로 남편은 아름다운 삶의 향취를 남긴 채 그렇게 주님 품에 안기셨다.

주님의 정결한 신부가 되어

주님은 내게 아버지셨다. 조실부모가 아이의 탓인 양 낙인찍고 손가락질하던 사회에서 아버지를 일찍 여의고도 당당하게 어깨를 펴고 살 수 있었던 건 아버지 되신 주님이 내 뒤를 든든하게 지켜 주셨기 때문이다. 그 아버지가 너무 좋아서, 그 아버지께 인정받고 싶어서 앞뒤 재지 않고 달려온 지난 세월 동안 주님이 내게 베풀어 주신 은혜는 한량이 없다. 그런데 그 아버지의 사랑을 느낄 수 없는 순간이 내게도 다가왔다.

2017년 초에 남편을 주님 품으로 보내고, 3월에 어머니마저도 주님께 안기셨다. 내 인생을 받쳐주었던 두 개의 기둥이 모두 하늘나라로 이사해버렸다. 그것은 내게 예상치 못한 슬픔과 절망을 가져다 주었다.

어머니와 남편 그리고 형부까지 차례로 하늘나라로 보내드리고 나는 혜신이와 함께 미국 워싱턴 D.C.로 갔다. 갑자기 세 분의 죽음을 목도하고 난 후 지칠 대로 지친 나를 주님은 미국으로 보내신 것이다. 20년 전 미국에서 말씀으로 나를 수술하셨던 주님은 그곳에서 새로운 가족과 함께 마음의 허전함을 달랠 수 있는 기회를 허락하셨다. 살뜰하게 나를 보살펴 주는 두 딸과 사위 그리고 하루가 다르게 할아버지를 닮아가는 손주 하민이를 보며 나는 주님이 주신 은혜에 감사할 수밖에 없었다.

하지만 그 기쁨이 나의 영혼까지 채우진 못했다. 남편도 안 계신 이때 내가 있어야 할 곳은 선교지라는 생각이 머리에서 떠나지 않았다. 동시에 남편 없이 홀로 어떻게 선교지로 떠날 것인지에 대한 두려움도 엄습했다. 하지만 나는 이것 역시 주님을 믿어드리기로 했다.

나보다 나를 더 잘 아는 주님이 선교지에서는 여자 혼자 지내기에 안전하지 않다는 것을 너무도 잘 알고 계실 것이기 때문이다. 그런데도 불구하고 주님께서 남편을 데려가셨을 때는 나를 위해 예비하신 선교지, 주님의 예비하신 현장이 반드시 있을 거라고 그냥 믿어졌다. 그런 믿음으로 주님의 예비하신 선교지를 기대하며 미국에서 날마다 새벽제단을 쌓았다.

새벽예배 때 드리는 기도에는 지역을 위한 기도도 있었다. 미국 워싱턴 D.C. 옆에 위치한 버지니아에 두 딸이 결혼하여 살고 있었기 때문에 나는 그 지역을 놓고 날마다 기도했다. 선교사인 나는 어디를 가든 그 지역을 살리기 위한 기도의 중보자로 서길 바라는 마음에서 내가 서 있는 지역을 위해 기도를 해 왔다. 그래서 세계 정치의 중심가로서 지대한 영향을 끼치고 있는 워싱턴 D.C.의 교회들이 살아있도록, 아이들이 섬기고 있는 열린문교회가 성령으로 미국과 세계를 살려내는 교회로 세워져 세계선교가 무너지지 않도록 기도하며, 또한 다음 선교지를 정확히 인도받기를 간구하며 사부인과 함께 메시야장로교회에서 새벽을 깨워 기도했다.

그동안은 남편이 돌아가시면서 태어난 손자인 하민이와 내내 함께 지냈다. 그렇게 미국에서 3개월을 보낸 후 자녀들을 떠나 한국으로 돌아오고 나서야 진정 홀로되었다는 것을 실감하게 되었다. 내가 과연 자녀들도 없는 한국에서 스스로 잘 지탱하며 살아갈 수 있을지 미지수였다. 그런 생각을 하며 한국행 비행기에 탑승했는데 주님께서 오는 내내 에스겔 47장을 묵상케 하셨다.

그리고 주님은 나로 하여금 '성전에서 흘러 나오는 물'이 내 무릎에 오르고, 다시 허리에 오르고 머리까지 차올라 헤엄 칠만하고 능히 건널 만큼 충만케 하실 거라는 확신을 갖게 하셨다. 또한 그 물이 닿는 모든 곳이 다 회생되고 치유되듯 나도 거뜬히 치유하시리라는 믿음을 갖게 하셨다.

한국에 돌아와 집에서 혼자 지내며 나는 약속하신 그 은혜의 생수에 서서히 잠기기 시작했다. 그러면서 안에서부터 채워지는 충만을 맛보게 된다. 혼자 있어도 외롭지 않았고, 남편을 기억나게 하는 사진을 봐도 슬프지 않았다. 주님은 그 생수로 나를 채워 가고 계셨다. 그런 와중에도 내 마음 한켠에는 앞으로의 비전에 대한 갈망이 있었다. 그래서 한국에 돌아왔다고 주님께 말씀드리기 위해 기도원에 가서 기도하면서 그 기도를 집중적으로 하려고 했는데, 그때는 조카의 중보기도로 채우셔서 정작 나의 기도는 드리지도 못하고 내려왔다.

그리고 모교회인 만나교회에 새벽 일찍 나가 깊은 기도를 드리는데 내가 설교했던 문장 하나가 세찬 메아리가 되어 나를 강하게 때렸다. 예전에 나는 너무도 아프고 힘든 성도들을 향해 "주님 한분이면 안 되겠습니까? 꼭 주님 플러스알파가 있어야만 하겠습니까?"라고 선포했었다. 그런데 그 말씀이 나를 향해 되물었다.

"나만 있으면 안 되겠니? 나로 충분하지 않니?"

주님의 음성이었다.

나는 자신은 없지만 나지막이 "주님이면 됩니다. 주님이면 충분합니다"라고 대답했다. 하지만 차마 내뱉지 못한 내면의 물음이 내 마음을 붙잡고 늘어졌다.

"육적인 그리고 정서적인 공허는 어떡하죠?"

그리고 주일 새벽에 꿈을 꾸었다. 주님께 '주님만으로 충분하다'는 대답을 드린 지 일주일이 지났을 때였다. 꿈에 흰 양복을 입은 신사가 '어느 중년 여인의 인생을 담은 책을 출판하게 되었다'며 책 한 권을 사람들에게 내밀어 보여주셨다. 그 앞에 있던 나는 그 책을 보면서 혼잣말로 "저건 내 인생 스토리인데…"라고 중얼거렸다. 그리고 그 신사분을 바라보는데 그분을 향한 사랑의 마음이 내 마음 가득 채워졌다. 그러면서 나도 모르게 "저런 분이 나에게 마음을 달라고 하면 어떻게 거절할 수 있을까?"라는 해괴망측한 걱정을 했다.

꿈에서도 당황스럽기 이를 데 없었다. 너무나 당혹스러워 스스로 어쩔 줄 모르다 꿈에서 깼는데 직감적으로 그분이 예수님이라는 생각이 들었다. 그리고 그때서야 나의 영원한 신랑은 주님이심을 인지했다. 그것을 깨닫자 말할 수 없는 기쁨에 싸여 연애하는 사람 마냥 육신의 신랑인 용성씨 자리가 주님으로 가득 채워지는 환희를 주일 내내 맛보았다.

나도 모르게 "주님 한 분이면 족하구나. 주님만 계시면 충분하구나"라고 고백하며 기꺼운 마음으로 주님 안에 거하는 것, 그것보다 더 큰 은혜는 없음을 확증하게 된다. 그동안 사명을 구하며 주를 위해 충성하겠다고 결단했지만 내가 할 수 있는 건 아무것도 없었다. 주님과 손잡고 그 흘려보내주시는 은혜를 따라 가는 것, 그것이 믿음이요, 그것이 진정한 은혜였다.

주님은 내가 이 나이가 되어서까지도 어린아이처럼 날마다 주님을 새롭게 배워가고 알아가게 하셨다. 내가 한 말을 그대로 기억하시고 이루시는 주님은 지난 날 내가 다른 사람들에게 권면하고 선포했던 말씀을 삶으로 살아내길 원하셨다. 그 말씀이 나를 향하고, 내 삶을 역동시켜 내가 선포한 그 말씀대로 살아내길 바라셨다.

주님은 나를 아픔과 고난을 통해 말씀을 선포하는 단계에서 그 말씀을 살아내는 단계로 이끌어 가길 원하셨던 것이다. 감사한 일이다. 어찌 나 같은 자가 선포한 말씀의 단계를 지나 그 말씀을 살아내는 믿음의 단계로 서 갈 수 있겠는가? 오직 주님이 나를 친히 만지시고 주님의 은혜로 채워주시어 인도하실 뿐이다.

나를 생수의 강으로 채우시며, 이제까지 아버지이셨던 주님이 이제 나에게 신랑으로 다가오셨다. 내 인생의 선물로 보내주신 남편과 32년 인생을 행복하게 마감하고 영원한 신랑 되신 주님과 내가 영원히 하나 되게 하기 위해 나를 찾아오신 것이다.

그렇게 찾아오신 주님은 관념적이고 추상적으로 성경 속에 존재하는 활자로서의 남편이 아니라 내 가슴을 두근거리게 하고, 떨리게 하는 살아있는 남편이었다. 나의 혼과 영과 육을 완전히 지배하고 충만케 하시는 그분이 나의 신랑이라니. 그동안 무수히 말했던 '정결한 신부'의 개념이 머릿속이 아니라 몸과 마음, 감정으로 생생하게 느껴졌다.

그리고 영원한 신랑 되신 주님과 시작하는 '순결한 신부'로서의 삶에 대한 기대와 소망이 내 안에 넘쳐났다. 아버지 되신 주님의 손을 붙잡고 가는 인생과 내가 사랑하는 남편 되신 주님의 손을 맞잡고 가는 길은 같지만 달랐다. 새로운 사랑이 시작된 것이다.

신랑 되신 주님을 만나기 전까지 나는 내 나머지 인생을 떠올릴 때마다 남편 없이 홀로 천성을 향해 걸어가야 하는 외로움을 떠올렸다. 나의 진정한 기쁨은 남편과 함께 묻어두고 천성을 향해 뚜벅뚜벅 걸어가기만을 바랐다. 하지만 이제는 아니다. 나는 날마다 기뻐하며 신랑 되신 주님의 손을 잡고 걷고 있다. 내가 알지 못하는 즐거움 속으로 인도하시는 신랑의 발걸음에 즐겁게 귀 기울이며 그와 보조를 맞춰 한 걸음 한 걸음 내딛는다.

그 길은 말씀의 길이요, 기도의 자리다. 주님을 향한 충성의 맹세도, 헌신도, 사역도 사라지고 오직 거룩한 신랑의 신부로 사랑받는 그 자리에서 나는 주님의 사랑 안에서 날마다 새롭게 태어나고 있다.

주님과 동행하며...
성화영

망망한 바다 한가운데서 배 한 척이 침몰하게 되었습니다.
모두들 구명보트에 옮겨 탔지만 한 사람이 보이지 않았습니다.
절박한 표정으로 안절부절 못하던 성난 무리 앞에 급히 달려 나온 그 선원이
꼭 쥐고 있던 손바닥을 펴 보이며 말했습니다.
"모두들 나침반을 잊고 나왔기에 … "
분명, 나침반이 없었다면 그들은 끝없이 바다 위를 표류할 수 밖에 없을 것입니다.

우리는 삶의 바다를 항해하는 모든 이들을 위하여
그 나침반의 역할을 하고 싶습니다.
우리를 구원하신 위대한 주 예수 그리스도를 널리 전하고 싶습니다.

"하나님은 모든 사람이 구원을 받으며
진리를 아는 데에 이르기를 원하시느니라"
(디모데전서 2장 4절)

반평의 천국

지은이 | 성화영
발행인 | 김용호
편 집 | 함혜원
발행처 | 나침반출판사

제1판 발행 | 2018년 1월 5일

등 록 | 1980년 3월 18일 / 제 2-32호
주 소 | 07547 서울특별시 강서구 양천로 583
블루나인 비즈니스센터 B동 1607호
전 화 | 본사 (02) 2279-6321 / 영업부 (031) 932-3205
팩 스 | 본사 (02) 2275-6003 / 영업부 (031) 932-3207
홈 피 | www.nabook.net
이 메 일 | nabook@korea.com / nabook@nabook.net

ISBN 978-89-318-1551-1
책번호 가-9062
값은 뒷표지에 있습니다.